消費組合論

「消費」の再定義に向けて

Izumi Hotta
堀田 泉

風媒社

消費組合論――「消費」の再定義に向けて◉目次

序章
消費組合の再生に向けて

消費組合とは今でいう生協(生活協同組合)のことである。日本で最初に出現したのは明治初期に遡るが、一九〇〇(明治三三)年制定の産業組合法で協同組合のひとつとして定められ、主として戦前に使われた呼称である。両者には、社会的・歴史的条件に規定された連続と断絶がある。この過程を批判的に追えば、消費社会の病弊とその克服に向かっての課題が多少なりとも見えてくると思われる。まずは近現代社会における「消費」の特質とそれが置かれている問題状況、とくに自然との関連へと目を向けてみたい。

1 生産と消費

「消費」なり「生活」なりは人間の生存の経済的な基底として、いかなる社会においても、またどの社会階層の人間にとっても普遍的なものであることはいうをまたない。だが、グローバル化を背景にした資本主義社会としての現代日本社会においては、それなりの特徴を備えたありかたになっている。まず極めて大雑把に資本主義のなかでの消費の位置を確認しておくならば、近代西洋の資本主義成立期においては、消費は生産に従属的なものとして出発した。ヴェーバーの「プロテスタンティズムの倫理」が指摘するように、ここでは生産を主体的に支える「労働倫理」が生成しており、諸個人の生きる意味——アイデンティティ——を用意してさえいた。だが、消費についてはそのありかたに積極的な意味づけや倫理・道徳的な動機も伴われてはいなかった。「プロテスタンティズムの倫理」によれば当時は消費や浪費はむしろ再生産への意をそぐものとして貶価されていた。生産の側の正当性は、自由な競争が最大の効率をもたらすというところに求められ、資本家は、労賃を切り下げ、新技術を開発して生産コストを低下させることによって生産競争に攻勢をかけ、資本蓄積を推し進めた。だがこの「効率」とはある一定、あるいは一部の観点から評価されたものに過ぎない。その結果として——観点を替えれば「非効率」といってもいいであろうが――「飢餓賃金」に追いやられる労働者との荒々しい階級対立を生むことにもなった。つまり生産をするだけしておいて、あとは市場任せでは周期的恐慌も免れえない。国民に購買力がなければ国家の軍事力を背景にして植民地争奪、帝国主義戦争へと進む。ここで払った代償の大きさは二〇世紀前半の世界史に深く刻みつけられなければならない。そしてここで確認されるべきはこの時代における「生産」の「消費」に対しての優位である。

その反省かどうかはおくとしても、国内では二度とも世界大戦の戦禍を免れた二〇世紀アメリカにおいて、戦間期から資本主義は大きな旋回を遂げていく。いわゆるフォーディズムの成立である。ここに至って初めて需要=消費が資本主義経済の要として、すなわち生産を牽引するものとして立ち現れてくることになった。初期資本主義の常識を破る「労働者に高賃金を」というフォーディズムは大量消費=豊かな社会を保証し、それに裏づけられた大量生産との好循環を実現したかに見えた。冷戦体制下では資本主義国家は共産主義に対抗するべく福祉国家の理念のもとに、野放図な自由競争をある程度規制し、財政を出動させてセーフティネットを張り、大衆が安心して消費に励むよう制度的にこれを後押ししていったのである。そして同時に私企業を中心とした資本主義的な生産体制も確実に進展していった。ここに労働者をも完全に含めた勤労する諸個人に共通する消費についての社会的意識が広がる。それは資本主義社会に特有のものというわけではないが、モノの消費が豊かになればそれだけ幸福度が増す[1]ということと、消費力の差異によって社会的ステイタスが認識されるという二つの素朴な意識である。ここには「消費は美徳」といった以上の「消費倫理」はないが、「生活」と「消費」とが一個同一のものとして意識され、大量生産と大量消費の循環のシステムのなかに組み込まれ、いわゆる西側の先進資本主義諸国を蔽っていったのである。

しかしフォーディズムはそれ自身の成功によって危機を迎える。自動車に象徴されるように国民車の普及過程においては好循環はいったんは達成されるものの、豊かさがゆきわたれば需要は頭打ちになる。にもかかわらず豊かな社会はこの動きをデザイン、セールス、クレジットなどを駆使してさらに無理にも押し通そうとする。生活の維持に不可欠な消費財をはるかに超えて、広告宣伝によってステイタスへの意識をくすぐりつつ、とにかくモノが次々に大量に製造されてばらまかれていった。生活におけるモノの必要さのレベルも豊かさによって引き上げられていった。そして資源はシステムの外に無限にあって、そこから調達するものであり、また廃棄物は有害なものも含めてシステムの外に排出することを当然としていた［見田 :1996:77-79］。この過程が自然に対して、とてつもない負荷をかけていること、人類全体の存亡に関わってくること、すなわち対自然という点から見れば持続不可能なシステムであることが社会的に自覚され始めたのが二〇世紀も終盤にさしかかる頃であった。それは消費中毒となったフォーディズム王国アメリカの経済的凋落と軌を一にしていた。

そこでたとえば日本的経営に基づく多品種少量生産に見られるように生産の側ではポスト・フォーディズムへの途が探られていった。それで生産の優位は高まったかというと逆で「消費が生活である」という社会的意識に即応するかたちでフレクシブルな生産が、わがままな意味合いを含んだ消費者主権に従属しつつ、利益を追求するかたちになっていた。

フォーディズムの翳りと符節を合わせて当時の先進資本主義諸国は福祉国家の見直しが進み、規制緩和によって資本主義的企業を活性化しつつ財政の破綻を避ける方向に舵を切った。官民癒着や公務員の倫理的堕落といったこともこの傾向に拍車をかけた。この流れで再び競争が効率を生むというイデオロギーが復活してくる。これがいわゆる新自由主義なるものであるが、「新」の名を冠するものの、原理的には資本主義勃興期の弱肉強食の自由競争、小さな政府という理念としては同一のものである。しかし、決定的に異なるところは情報技術を中心とする技術革新によって国家の規制が間に合わないほどに経済のグローバル化と暴走とが進み、それだけ短期間に富やモノの移動がおこなわれ、国家・地域間の格差、国内的にも富の分布の不均衡が進んでいくという事態である。そしてこの格差とは消費生活へのアクセスの度合いによって目に見えるかたちで最も明確に認識される種類のものであり、資本主義の現在の姿であるといえよう。

このような状況にもかかわらず個人の消費が経済政策の命綱であることに、とりわけ日本社会の意識は一貫して変わらない。長期にわたる不況の結果、消費が不振になると物価が下がる、そのことによって企業の収益が落ちる、すると税収も賃金も下がる、賃金が下がれば個人の消費マインドはますます落ちるし、国家財政も圧迫され、不況が加速されるというスパイラルが徹底的に喧伝され、これを表現するデフレという言葉は社会のあらゆる階層から蛇蝎の如く嫌われている。

だが、この関連で消費が指し示す主たる意味内容は、商品を市場で購買するという経済的行為およびその使用によって獲得される幸福あるいは快楽に局限されていること、そして個々の人間の生存に必要なものを含む限りにおいて無前提に善なるものと承認されているということである。このことがすでに指摘したように、今度は人類全体の生存への脅威および諸国民、諸民族間の暴力的な対立へと結びついていることはただちに了解されよう(2)。個々人の消費行為における意図を超えて自然や社会への脅威がもたらされるという問題性がここに見てとれる。あるいは全体の観点から見た社会のシステムと個人から見た具体的な生活世界との関連は如何にという問題も認識される。個人の消費が命綱であるという政治経済的主張はそれだけですむわけでなく、批判的に吟味されねばならない。

だからといって、資本主義との関連から消費を自然や社会環境に対するネガティヴな関係からのみ考察するのは十分ではない。さしあたり持続可能な社会という問題はすぐれて社会的な問題であるということを確認したうえで、個々人の状況に立ち返ったレベルからも消費を考えていくように視野を広げる必要がある。

2　消費と競争

自然に負荷を与える度合いの強い生活様式がゆきわたる社会、それは豊かな消費を享受しているいわゆる先進資本主義社会、あるいは結果としてそこを到達点として目指す諸社会といってもいいが、そこでは見てきたように新自由主義に基づく規制緩和、自由競争の進展が目覚ましい空間である。情報技術をネットワーク化し、自らをその中心にした世界都市が形成されている空間である。そのひとつである日本を例にとってみれば、消費の不振を核とするデフレからの脱却の反対命題として「成長」や「景気回復」が自明の如くの合言葉になっている。「回復」といえば過去の栄光への回帰願望ということになるが、かつての高度成長の時代とは消費の位相が異なる面が露わになってきている。競争は個人間、集団間でおこなわれるが、モノに溢れた現在ではその結果における勝者と敗者の格差が顕著になっている。かつて一億総中流という意識に行きつく過程では、競争の結果としての収入の格差はあってもそれは全体として消費の水準が上昇していくという実感によって補償されるような無邪気な時代であった。むしろ生産あるいは仕事に重きが置かれていて、その尊い勤労と努力の結果、豊かさを獲得したのだという言説がこれを正当化していた。

ところが情報化、グローバル化の進行のなかで、現今の競争は一瞬にして勝者敗者の厳しい峻別をもたらし、長期的にはその結果を固定化する社会構造をつくりあげる。そして競争は一般的にいえば、個人の分断と勝利を示す表徴を明確化する。消費はその面が極めて大きい。勝者、あるいは勝者になるための技術や頭脳を持っている者は、思うままに消費にアクセスでき、そこでの選択の幅広さが勝者のしるしとなる。そして次々に新しいモノを手に入れ、古いものを廃棄していく。このサイクルの速さも勝者のしるしとなる。勝者たちの消費生活は、それに至れなかった人たちの妬みや反感を買うので隠されもするが、メディアによって情報として流され、勝者へと向かうこれより若干下の階層の到達目標＝モデルとなって競争に拍車をかける。(3)

他方で敗者は消費に縁がなくなるかといえば、極端な敗者の場合を除けば決してそうではない。とりわけ消費先進国においては次のように消費への意味づけが今日風に変化してくる。すなわち、非正規雇用のような消費資金獲得にとっては条件の悪い雇用形態へのシフトが広がり、またそこには知識や技術を必要とする労働がそうあるわけではないというところから、かれらにとって仕事＝労働＝生産の意味や誇りは限りなく減価される。となるとかつてはそこで確証できたアイデンティティは個人的消費へと向かうことになる。それは、置かれた状態がもたらすストレスの発散でもある。バウマンによれば、それは経済力に規定されて安価で長持ちしない、うつろいやすいものの獲得へ向かうという。あるいは一点豪華主義へ向かうということもあるだろう。勝者ともどもポストモダン的消費(4)といってもよい。なぜなら消費の醍醐味は勝者敗者にかかわりなく、主観的な選択の広さと速度にあるからだ。そしてそこに自分らしさが込められるのであるから、商品は自分らしい嗜好性といった審美性と、他者との差異という文脈に置かれることになる［Bauman:2008:62-66］。この過程を追って確認できるのは、このような消費はなべて最終的には個人の私的な事柄へと向かっていき、競争とともに個人を分断し、不平等を可視化し、ますます生活の維持のための必要というところから遠ざかって、自然環境にとっても厳しい状態をつくり出していくということである。また、従来の南北問題を激化させるかたちで、消費先進国による資源供給国への収奪が持続的に高まり、資源国にとっても到達すべきモデルが高度な消費社会にあるから、不平等はさらに目に見えたものとなり、国際社会において暴力的な緊張関係をつくり出す。この状況全体をバウマンは「個人化社会」と呼んでいる。

このような問題を抱えたままで、消費を持続的に拡大すれば、国内的にはデフレが脱却できるのか、国際的には貧困への呪詛を根拠とするテロリズムを絶やすことができるのか、できるとすればその社会とは何なのか——それらへの問いはしばし置くとしても、ここで注意しなければならないのは消費が徹底的に私化するということは、消費する主体にとって、それがいかなる社会的結果をもたらすかということを見えにくくなる作用をもたらす。あるいはそれが見えていても黙殺するという傾向を生むということである。かつて生産がかろうじて優位を保っていた時代における公害問題とは、生産者＝企業の利益本位の姿勢が自然や社会にもたらした災禍であった。その因果関係は証明さえされれば極めて目に見やすいものとしてあった。しかし原発に見られるような現在の環境エネルギー問題について見るならば、それにも加えて消費者が誘惑されていく経路があり、そのなかで消費者は「原発がなければ地域経済も立ち行かない」といったような意識をもって事態の進行に結果的に一役買っているということである。そしてこの因果関係は可視化しにくいものである。

もちろん誘惑する、されること自体がすべて否定されていいわけではない。消費社会がつくってきた文明化作用も無視するわけにはいかない。自然環境に負荷をかけない科学技術への期待も大事である。しかし、以上の考察を通じていえるのは、「消費が生活である」ということについての深い意味転換が必要であって、現代社会における生活全体のなかで消費が著しく量的にも意味的にもバランスを欠いているという認識から出発しなければならないということである。

3　システムとアソシエーション

この消費問題のなかでの個人化を促した動因は何であったか、それを転轍させる方途はいかなるものであるかということを理論的に考えるには、ハーバーマスの「システムによる生活世界の植民地化」

［Harbarmas:1987:307-327］の議論が問題の布置を確認するためには有効である。それによれば行為領域の統合システムとしての現代社会は、もともとは生活世界の利益関係追求から分化して出てきた。ここでは「貨幣と権力」（資本主義や国家の政治的官僚制）によって成果をあげるという目的合理的な行為が核となり、生活世界が具備する倫理道徳や美といったものを効率性の追求のもとに追いやってきた。他方で生活世界とは、直接顔の見える対話的理性、倫理や審美を含むコミュニケーション的合理性の場であるのだが、システムがそれに侵入し、支配しているのが近現代の歩みであるというのである［花田:1996: 第5章］。ここには空間の編成をめぐる抗争がある。グローバル化はシステムの空間再編成であり、私化された個人的消費は植民地化された結果としての生活世界のそれであろう。この空間をめぐって、新しい社会運動が示される。システムから疎外された者たち、にもかかわらずそのシステムを支えているという矛盾を意識した者たちのまなざしに支えられた運動になってくるのである。ここに植民地化の構造を理解する初発の契機があり、私化された消費に対してもそこから自己を顧みる通路が開けるはずである。それは新たな共同性を創造し、公共性に埋め込んでいくことにも繋がる。

としてみると、ここで社会の共同性と消費の共同性の区別と関連に着眼する必要があるだろう。消費そのものは最終的にはほとんど個人の行為でいったん完結するが、その過程においては多くの段階で共同性を必然的に帯びている。具体的な消費の仕方についての情報、新しい消費の様式の伝達、個人的な消費の集団や社会に与える影響などに関する、そしてまずはモノの消費に関する対話的コミュニケーションが、人間が社会を営む以上もともと存在する。ここから倫理道徳、美的感覚など効率性には回収しきれない観点をも包含して消費そのものに対する批判的思考が芽ばえ、さらには消費を私化させている社会の構造の認識がもたらされ、それを変革していく可能性が開けていく。その道筋は容易なことではないが、これまでの議論からそこに不可欠な理念的基礎を示しておきたい。

消費財に溢れたという意味での「ゆたかな社会」のシステムにおいて、自明とされる価値は「選択の自由」ということにあり、ここに現代的なアイデンティティのありようもまた導出されるということはすでに見てきた。これは近代西洋の政治経済社会の歴史のなかで生成してきた「個人の自由」に根拠をもっている。だが、その歴史的出立から見れば、もともとの自由の語法 free from ～にあるように、具体的な災禍や恐怖や暴力から自由になることがその第一義であった。[3] そのことと競争的なシステム内の勝利者として、無限定に提供される商品を自由に選択して消費できるということとは、少しは重なっているとしても、明らかに乖離している。

たとえば原発再稼動への異議申し立てに対して、二〇一四年五月二一日に福井地裁で出された大飯原発運転差止請求事件訴訟の判決文にはこうある。

「原子力発電所は、電気の生産という社会的には重要な機能を営むものではあるが、原子力の利用は平和目的に限られているから（原子力基本法2条）、原子力発電所の稼動は法的には電気を生み出すための一手段たる経済活動の自由（憲法22条1項）に属するものであって、憲法上は人格権の中核部分よりも劣位に置かれるべきものである」

ここでの人格権の中核とは個人の生命や身体に関する安心・安全である。つまり、「ゆたかな消費社会」へと向かう（そのために原発を不可欠とする）経済活動への自由は、生命の脅威からの自由に優先されてはならないのである。それはもちろん消費社会の否定ではない。生存の脅威から自由な消費社会へ至る道が探らなければならないことをこの判決は示している。そしてこの訴訟の主体はシステムと生活世界の間にあってその関連を問う人々である。

こうしてみれば、消費社会における競争的な「選択の自由」のかなりの部分は、競争の結果得られた観念、支配的イデオロギーであって、「システムに強いられた自由」ともいうべきものである。そのような自由は他者を自分と感情や価値を共有するものとしてのコミュニケーションを開く方向に働きにくい。私的消費の秘密に蔽われるか、反対にこれ見よがしの顕示的消費に堕ちて、反感や羨望を買って、諸個人を分断する作用を果たしがちである。すべての消費が、そうであるというわけではないが、現今の消費社会においてはこの面が著しい。

消費にかかわる理念は、そのような自由にではなく、近代西洋ではむしろ同じ出自をもつ「平等」に定礎されるべきである。これは消費財の量的な享受が個々人に平等にいきわたるということではまったくない。個々人の必要や価値観や置かれた状況によって消費の具体的な様態は異なる。その違いを確認し、担保したうえで平等を措定するならば、それはまず、先ほどの人格権にもかかわることだが、生存に対する安心についての平等が措定されるべきである。死が万人に平等に与えられている以上、その反対概念である生存、生きること、さらにいえば各人が自分にとってよりよいと思われる個人的な生を、他者のそれを侵害しない限りにおいてまっとうすること、ここに実質的平等が置かれなければならない。

それには生存を脅かすリスクが何であり、どう避けられるのか、その際に生じる問題点は何であるかを考えること、そのうえでリスクを社会全体で拒否するか引き受けるかを決めること、引き受けるならばそのリスクを平等に配分すること――これらの点について合意を得るためのコミュニケーションが確保されたうえで、社会運動のアソシエーションを形成することが決定的に重要になってくる。そしてそれに関わる個々人には、自らについては当然だが、他者が現在引き受けているリスクをわがものとして考える感性と想像力がいる。それは生活世界に適合させるためのシステムを再創造することになるだろう。

そこへと至る道は簡単ではない。だが消費は生活の一部である。消費者が財貨の生産者であるとは限らないが、生産者はすべて消費者である。この意味において消費を主たるテーマにしたアソシエーションは直接に普遍性を帯びている。個人の消費行為の社会的関連を論じあい、確かめる努力がここで求められる。それは消費の多様性と個人的な選択を保証しながら、成員間、組織間が同等の立場でコミュニケートすることによって合意を見出す場の形成である。システムを変革する可能性はここから見出すよりほかない。そしてそれは生産へと反映されていかなければならない。

このようなアソシエーションとは、ますます自然的・社会的なリスクがレベルアップしつつある社会に向かってこれからつくりあげていくべきものではあるが、白紙の状態でわれわれの前にあるものではない。その可能態がすでに消費組合、生活協同組合として存在していた。そして存在している。これに批判的に学び、再生させていくことが困難な道への第一歩の踏み出しになる。本書が消費組合をとりあげるのはこうした経緯からである。それは今ある生協の自己変革の過程かもしれないし、新たに組織される社会運動に担われるかもしれない。いずれにしても今、目の前にあるものが手がかりである。だからこの消費組合運動における思想と理論が何であり、現在の生協や、それに類する社会運動がこれをどう生かしているか否かについての歴史的な省察と展望が必要になるのである。この問題設定のうえに、本書がどう構成されているかを以下に示しておこう。

4 原点としてのロッチデール

消費組合がこの世に産声をあげたのは、協同組合のどの教科書にも書かれているように一八四四年に結成されたロッチデール先駆者《パイオニア》組合であった。その思想的淵源はエンゲルスによって空想的社会主義者とされたロバート・オウエンにあった。ニュー・ハーモニーに共同村（共同生産、共同消費）を建設したオウエンは、環境が性格形成に多大な影響を及ぼすという理論的信念のもとに教育に重きを置いた。この試みは失敗したが、ここで消費組合の初発から人間の質的な育成という枠組みが用意されていることが確認できる。

ロッチデールはそこに民主的な要素を盛り込んだ。争議に敗れた機織工が中核になって出資して組合をつくり、夕方から店番になって店舗を経営するところから始まった。ここでの結束の原理は「平等」と「生活（生存）」にあり、後の協同組合運動に貫かれる思想の源がここから実践を通じて形成されていった。組合内では個人の出資額を制限し、出資高にかかわらず一人一票制で意思決定し、市価販売をおこない、仕入れとの差額を剰余金とし、それを出資高ではなく購買高によって組合員に払戻した。さらに一定程度の教育への費用を控除し共同に享受すること、たんに払戻しをするだけではなく、生活を見直すことによって貧困から脱出するよう組合員を啓発すること、正直な経済行為を志向することなど消費生活の具体性への顧慮、あるいは倫理的規範が存在したことが着目されるのである。それが組合員それぞれの安心のできる生活を目指していたことは想像に難くない。

このように消費組合はもちろん組織としては経済的利益が実現されなければ成り立たないが、右のように理念的・思想的目標がその存立に不可欠であるということを確認しておかなければならない。だが、このバランスは組織が大きくなればなるほど困難なことになり、しばしば組合内の対立を引き起こしている。「政治的中立」においても事情はまったく同じであって、組合内での個々人の政治的自由を認めたうえで組合としては政治から自由であるというのが方針であった。

組合の理念は連帯の基礎にはなるが、指摘したように同時に対立の要因ともなる。とくに宗教や特定の価値観の組合への組織的侵入が不可避に随伴することによってである。ロッチデールが克服しなければならなかった課題のひとつに、宗教の介入の排除があった。それゆえに宗教や思想信条の自由を謳ったうえで宗教的な中立が組合存立の基礎になっていたのである。それだけにこのことは、この種の社会運動に対してつねに政治のみならず宗教の問題が生ずることを示している。消費組合が生活をテーマにするとき、宗教あるいは「価値観」との関連についての顧慮は欠かせないのである。この点は日本の消費組合運動を見ていくうえで必須のことである。

ロッチデールの民主的運営はもちろん当時のイギリス市民社会の先進度を反映してはいるが、市民社会は同時に経済の社会でもある。資本主義的私企業の利潤とは範疇的には異なる剰余金を消費組合は生んで、分配分の残りを積み立てていき、組合生産にも乗り出した。その経済的成功はイギリス社会に消費組合だけでなく多くの種類の協同組合を生み、ヨーロッパ諸国に伝播していった。組合間の連携もとられ、一八九五年には各協同組合の連合体である国際協同組合連盟（ICA）も結成され、一九世紀後半のひとつの社会的勢力となっていった。ロッチデール以降のこの間のたった五〇年で、イギリスの都市人口は全人口の二分の一から四分の三になっている。この劇的な都市化の進行と消費組合の伸長は完全にパラレルである。そしてこの経過において都市的なコミュニティの一翼を消費組合が担っていったことは確かである。そして「都市」こそが商品の購買を通じた消費の場である。

消費組合・協同組合運動がこのように成長してくると、示唆したように「政治的中立」に影が差し、いずれ政治的な流れのなかに身を置かざるをえなくなってくる。見てきたように消費組合は自由主義的経済競争に基づく資本主義やそれと手を携えて進む国際政治における帝国主義的競争とは相容れない経済原則を内包する組織であることから、主として社会主義の潮流に位置し、フェビアン社会主義、ギルド社会主義、第二インター、ボルシェヴィズム等々と多様な関連を持ち、二〇世紀に入れば二つの世界大戦のなかに巻き込まれていく。ここでは社会主義・共産主義政党、労働組合との複雑で多様な相互関係が形成され、それが消費組合運動の分裂や衰退をもたらしたり、そのような組織に従属したりするという問題を生んだ。そして戦前日本の場合のように、時の政治体制のなかで他の左翼勢力とひとまとめにされて圧殺されていく経過をたどる場合もあった。消費組合運動と「政治」の関係という避けて通れない問題がここに確認できる。この論点については本書第7章で正面からとりあげられる。

ロッチデールの精神は右のようなコンフリクトのなかで、協同組合における消費組合の優位性と民主的運営の尊重というフェビアン社会主義なかんずくシドニー・ウェッブ夫妻に引き継がれた。消費者民主主義と生産者民主主義を前者の優位性のもとに役割分担してチェックしあい、消費者と生産者の顔の見える関係を提起したウェッブの慧眼は現在のグローバル経済の暴走と、そこからくる資源への競争的獲得競争への対抗的基軸へのヒントを提供している。そしてロッチデールの精神は絶えざる政治闘争の渦を経て、第二次大戦後、協同組合を国際的に繋ぐＩＣＡの運動のひとつの主要な底流となっていく。

以上をまとめると、ここロッチデールの歴史のなかに内外の消費組合運動の全歴史に貫通する課題がすべて含まれていることが確認できる。すなわち、

①平等な市民という立場の堅持
②経営（効率）と理念（価値観）の調整
③政治的中立の確保
④自立的な教育
⑤生産者と消費者の接合
⑥都市コミュニティの形成
⑦支配的な経済システムへの対抗

などである。ロッチデールについては本書では消費組合の精神の原点として随所で参照されることになる。

5　日本の経験（一）共働店から新興消費組合へ

日本においては消費組合運動の事情はどうであったか。そこから何を課題として学べるだろうか。まず明確な社会運動としての消費組合の出発点は長期にわたるアメリカ滞在経験で見識を深めた片山潜と高野房太郎が手がけた明治三〇年代前半における「共働店《きやうどうみせ》」といえよう。ロッチデールは両者に知られてはいたが、ロッチデールのように市民のヴォランタリーな運動として始まったのではなく、これもかれらの指導のもとに日本に初めてつくられた労働組合を完全に母胎として誕生した。初期の片山の都市社会主義、高野のゴンパース流労働組合運動がその成立の骨格をなしていた。共働店に関わるのは労働組合員に限られ、「政治的中立」は存在しなかった。それゆえわずか数年の間に労働組合内に共働店は広がったが、官憲の労働組合への弾圧によって一瞬に消えていったのである。この運動には相対立するふたつの大きな柱があった。ひとつは片山の都市社会主義の基調をなす「生活」に根づいた労働者の経済的のみならず精神的・文化的自立という「理念」であり、この内容は本書第1章で示される。いまひとつは高野が掲げた労働者の経済的地位の向上による国力の増大という目標から導かれる「事業性」あるいは「効率」という「経営」の重視であった。消費組合において、理念をとるか利益をとるかというせめぎあいが最初から存在したのである。内部対立を避けて高野が運動から身を引き、弾圧を受けて片山が政治的な社会主義に傾くということで、この対立は、つきつめたところで以後の運動への遺産となるような知見を得るというところに至らなかったのは惜しまれる。そして片山には、その個人史からも来ているのであろうが、労働者の経済的および精神的自立を育む「教育」の重要性がこの運動でもはっきり自覚されていた。「共働店」にかかわる片山と高野の連携と対立は本書第2章で論じられる。また片山らの運動は一時的ながら明治期に消費組合思想の広まりを導出した。それは本書第3章で示される。

このような上からの呼びかけや指導による組合結成は、それに呼応する自覚的で熱心な組合員もいたが、総じて一般の組合員の足腰や心構えが弱かった面を指摘しなければならない。また、政治との直接の関係を持たざるをえなかったところに、さらには、政治がもたらす運動への大きな影響を正確に考慮しえなかったところに、これ以降、戦前までの日本の消費組合運動の一貫した弱点としての特質があった。それは消費組合が、大なり小なり社会変革の思想を内包する限り、避けては通れぬ過程であり、結果としては政治への敗北、従属の歴史であったといってもいいのである。

協同組合に関しては、日本においてはむしろ逆の方向で上からの独特な形成が遂げられた。品川・平田の藩閥官僚の主導のもとに中央政府による地方の組織化、農村、とくに小農の経済的零落を防ぎ、資本主義的再生産軌道および軍事的組織へと組み込むといった国策的意図を持たされて明治三〇年代に法整備されて誕生した産業組合がそれである。これは初発から農村の信用組合や生産組合に重点が置かれ、消費組合は主要なものとしては位置づけられることなく、市街地購買組合として都市部を中心に組織されていった。ここには都市の住民、とりわけ消費を担う新たな社会層として出現しはじめた官公庁関係者、俸給生活者がその構成要素として含まれていた。企業の温情的な組合もここに含まれる。しかし消費物資を安く買うという以上の存在理由はなく、従って不況時、物価高騰時に組織数が増大するといったものであった［奥谷:1973:87］。理念なき経営という意味ではこの組合の帰趨は産業組合自体が大政翼賛会に収束するというまたしても政治的な歴史も含めて、躓きの石として学ぶべきものがある。

その後、大正末期から昭和一〇年代にかけて、大正デモクラシーの流れを受けて社会運動として労働者を主要な構成要素として含む多くの消費組合が再生した。いわゆる「新興消費組合」と呼ばれるものである［山本:1982:117-128]。[6] それらは集合離散が激しかったが、出発点としては友愛会系（鈴木文治、安部磯雄）、共働社系（岡本利吉）、共益社系（賀川豊彦）、の三潮流があり、労働者中心の連合体としては共働社の流れをくむ左派系の関東消費組合連盟が目立った活躍をしていた。これらの中でもとくに仔細が世に知られていないが重要な役割を果たした岡本利吉の理論と活動が本書第4章で発掘される。

これらの新興消費組合もかなりの部分が労働組合や無産政党、他の社会運動・宗教運動などと関係をもち、その背後にある政治的党派の影響を強く受けた。この時期の消費組合の特徴と問題性は、運動論としては明治の経験を学ぶことがなく、同じ轍を踏む傾向が多々あったこと、思想的にも実践的にも、たとえば岡本や賀川といった有力な指導者を戴いていたこと、理論的には協同組合論を中心に学界でも消費組合に関する組織的な研究が進んだこと、そして決定的なこととして、組織労働者だけでなく、都市市民層にも組合員を広げていったことがあげられる。しかし、これらの苦闘と成果も第二次世界大戦に至る軍国主義の波に飲みこまれ、開戦時にはほとんど消滅していった。

6　日本の経験（二）実践家や理論家たち

この消費組合運動の指導者たちの動きを見ると消費のアソシエーションを考える重要なポイントが見えてくる。まず岡本は剰余金配分、一人一票の民主的組織といったロッチデールの意義を深く理解し、つねに現実の消費組合に反映させせようとした運動家であったといえよう。かれは政治的にも思想的にも特異な経歴をたどったが、もともと労資協調による産業自治の思想から出発した。企業における法に基づいた、今でいうコーポレート・ガヴァナンス的な自治を考えていたが、労働者側のハンディキャップという現実と、総同盟系の友愛会から純労へと労働組合運動を旋回させた友人平澤計七との交流から、組織労働者に消費組合を説き、「共働社」を設立し、組合内の唯一の非労働者として業務にあたった。その期間は短かったが、自由よりも公平・平等を基礎に置いた消費組合運営を目指した。自宅を「労働会館」として提供して労働金庫も創設し、かつて片山も切望したであろう「連帯」と「教育」の場をつくったことは注目される。また独自の「保険」理論を構想し、ここにも自治と平等と連帯の思想を吹き込んだ。本書第6章は岡本の保険論の紹介と次に述べる賀川の協同組合論・保険論との対比がテーマになっている。

また岡本は資源配分にかかわることとして、生産者と消費者の交流についても独自の見解を示している［岡本 :1922.3］。そして消費組合は分裂してはならないというかれの思考には個々の消費組合による下からの「連合」という着眼と理論があった。資本主義と消費組合とがどう関連していくかという問題、すなわちシステムと生活世界との関連については、「分離運動」という独特の方法論を展開している。共働自治の理想に向かって資本主義を直接打倒せずに、資本主義の枠内からさまざまな組織が連合して体制から分離していくというものであり、運動の社会的な広がりを構想する思想であるが問題もある。

しかし、同時に岡本が生涯を通じて何よりも優先的に貫いたのはかれの人間観・宇宙観に基づく精神的な気高さという至高の価値観であった。これは運動としては自らの宗教にも高められて、先駆的に選ばれた者たちからなる農村コミューンへと、いわばオウエンへの里帰りといった道を歩む。それは失敗に帰し、自治は墨守したもののロッチデールの民主制との縁も切れるのである。消費組合の積立金と一部私財をもって一時は労働争議を指揮した岡本だが、当時の左翼思想には理論的には絶対に与せず、運動のうねりのなかで都市から農村へと、しかも皇道思想にまで行きつき、戦後も世界共通語の考案などに取り組んだかれの独特な軌跡は、それなりに「生活」と「地域」といった一貫した視点も含み、消費組合の意味内容と困難とを検討するうえで多くのヒントを残している。そして消費組合において宗教的価値観がいかに作用するかという問題を残している。この点は次の賀川豊彦も事情は同じである。

賀川は消費組合運動だけでなく、貧民救済、労働運動、協同組合運動、農民運動、無産政党運動など数多くの社会運動を実践し、政治的にも思想的にも振幅が大きかったが、一貫していたのは唯心的なキリスト教的社会観、すなわち人間性や人格の進化が究極の問題であり、これが経済や国家を形成すべきであるという信念であった。従って貧者や労働者の経済的地位の向上それ自体が目標とされるのではなく、それを通じていかに人間愛や友愛が実践・実現されるかというところに重きが置かれていた。

そのうえで主に戦前の賀川の活動を見てみると、かれは神の国運動の実現態として諸協同組合——とりわけ信用組合の経済力を接着剤として——を共働させてこれを組合国家システムへと至らしめる壮大な理論的構想を持っていた［賀川 :2009=1937］。そして消費組合はあくまでもその一構成要素となっている。その際の資本主義との関係は「協同組合は資本主義と競争する」と位置づけられている。資本主義、とりわけ資本家の高圧的、官僚的な性向は嫌っても、システムとして同一の土俵に立つことを避けはしないのである。この点はかれが政策的に力を注いだ保険論に具体化され、そのなかでも産業組合に本質的な疑問を差し向けず、これを利用していこうとすることにも通底している。かつてかれが創設した灘神戸購買組合は戦後に量的な大発展を遂げたが、かといって、かれが手がけた当時の多くの協同組合が事業論的に成功したかというとそうでもないし、かれはそこに運動の中心を定めていたわけでもなかった。むしろ重きを置くのはこの運動の過程における教育による人間性の向上であって、これは信念を深く理解し、共有できる者たちが自らの実践をもって人々に指し示す「上から」の教育の性格が濃かった。これも、「利益（従って剰余金でなく）は分配せずに社会改良に向けるべきである」という提言とともに、ロッチデールの精神からは離れてしまっている。

賀川のあらゆる面での精力的な実践力、弱きものへ注ぐ慈愛に満ちたまなざしは十分に評価されてしかるべきである。消費という概念にしても、それを物的なものに局限せずに感覚や心理的な観点から照射する問題意識も、現代の消費社会を考察するうえで重要な着眼点を用意しているといえる。しかしそれを支えている唯心性が現実の国家や資本主義経済へのリアルな認識を妨げる。賀川の軌跡や理想は多くの論理的矛盾や現実との乖離があり、そして謎に満ちている。賀川の協同組合論への批判的考察は本書第5章を構成している。

ただ、ロッチデール以来、組合員の精神的紐帯、それを促す教育ということが消費組合運動の不可欠な要素となっていることに鑑みると、岡本と賀川に共通することとして、そこに宗教的信念や価値観が過度に介在すると、教祖と使徒といったような関係が生じ、組合内での同市民性や対話的コミュニケーションが崩れ、またそもそもの組合結成の基盤である経営がないがしろにされてしまうのである。かれらの消費組合運動への資金調達が財界(岡本)や印税(賀川)というのは象徴的である。

言い換えれば、新興消費組合の運動は、宗教や労働組合や非合法党派などの指導者のパーソナリティが消費組合を引っ張るという傾向が強かった。それゆえに路線や方針をめぐっての内部対立や分裂が絶え間なく、それに乗じた国家の弾圧を招き寄せた。組合の方針決定のプロセスにおける下からの合意形成がないがしろにされたか、あるいは個人的な熱意はあっても下部にその組織化への実力がなかったという当時の日本の他の社会運動と同様の未熟さを消費組合各派が抱えていたからであるといえる。このことも含めて他の社会運動との関連をどう保つか、経営を堅実にしたうえでそれを自己目的にせずにいかに社会変革に結びつけるか、時の政治体制や経済制度との距離をいかに取って自立性を確保するか——など新興消費組合の残した論点は現在も有効である。とくに消費の意味転換を互いに理解しあい、具体的な実践へと手を携えて道を進めるのは、相互の信頼に基づく下からの合意形成が不可欠であるからだ。

この意味で、敗戦直後の協同組合再建運動のなかで、戦前の組合分裂の教訓が生かされたといえなくもないところがある。一九四五（昭和二〇）年に、産業組合指導者までも含めて戦前の消費組合各派のイデオロギーの異なる指導者たちが中心になって日本協同組合同盟が成立し、協同組合の法制化に向けて足並みをそろえている。この背景には戦前においては消費組合間で鋭い対立がある一方で、相互の人間的信頼があったことと、食糧難、飢餓によって消費そのものが脅威にさらされていたことがある。政治運動や労働運動ではこのような結束は生じにくいことを考えると、消費という生活の基本をテーマにする社会運動は、直接の弾圧の可能性の低い現在では、立場は違っても広汎な社会階層を結集できるアソシエーションの可能性を秘めている。

消費をテーマにする運動の可能性と行く手を阻むものは協同組合、消費組合に歴史的・理論的に取り組んだアカデミズムの学者たちの仕事のなかからもうかがうことができる。かれらが積極的にそれを論じているということもあるが、政治的文脈に置かれるなかで、むしろかれらの言説の混乱や矛盾が語り出しているのである。これをとりあげて論じるのが本書第8章である。

ロッチデールに感激し、その紹介に精力的に努めたにもかかわらず、大政翼賛会・統制経済に流れた本位田祥男、消費組合経営の合理化を経営の本質は違うもののアメリカのチェーンストアの経験に学べと収益性を強調しつつも産業組合の非民主的な致命的欠陥を突いた緒方清、国家独占資本主義批判の立場にあってロッチデールを「あきなひ主義」＝収益重視に堕ちると正面から否定しながらも、戦前における市民の地道な共同購入に精を出し、消費組合の啓蒙に努めた大塚金之助、同じくマルクス主義に立脚し、「商業利潤の節約」の理論をもってロッチデールがブルジョア的であるという限界を主張しながらも、農村の協同組合に民主的な息吹を込めようとした近藤康男――歴史的な制約があるとはいえ、かれらの仕事における論点の多様さと自己撞着は消費組合・協同組合運動の持つ複雑に入り組んだダイナミズムを想起させるものである。そしてかれら理論家によって提起され、論争された諸問題は現在においてもアクチュアリティを欠いてはいない。消費組合理論は未解決のまま残されている。その状況の一端を戦後の生活協同組合において見ておこう。

7　消費組合の再生に向けて

さて、戦後における消費組合は生活協同組合と名を改め、生協法に根拠づけられて再出発した。この法は多くの欠陥をいまだに持っているが[8]、組合の存立を保証している。戦前のように国家からの直接の暴力的支配を受けることはなく、数多くの生協が結成され、成長していった。連合体も結成された。

戦前とは異なるこの基礎のうえに、戦後間もなくは生活の必要物資の調達、粗悪品の追放、高度成長期以降においては有害物質を含む商品や公害企業の製品ボイコット、独自商品の開発といった消費そのものに関わるテーマを掲げて運動が進められたが、何よりも特徴づけられるのは、組合員の獲得数、商品の取扱高の飛躍的な発展という経済的躍進であった。ここには、一九八〇年代にピークを迎える班活動＝無店舗経営といった日本独自の経営方法による創意工夫の成果もあった[9]。そして「生活」という名が示すように、消費活動そのものに降り立ってこれを反省的に捉えるという契機よりも、生活のあらゆるニーズに応えるといった点に活動の主眼があり、課題の拡散があったことは否めない。安く買えればいいといったように生協の理念に対して関心のない組合員も、そのままでずっと組合員としての獲得の対象にされてきたところがある。かつての市街地購買組合との同一性をここに見てもよいだろう。運動は消費の意味転換を不可欠のこととして随伴すべきであるがゆえに、生協ではなく古い消費組合という名称に私がこだわるゆえんである。しかし、論じてきたようにそれはいうまでもなく消費組合そのままの「復活」ではない。

戦後のICAもまた、政治からは一定の距離を置く状況は開けたものの、冷戦体制の影響を受けて、参加各国の政治体制の違いや経済の発展状況の違いからくる軋みが生じる時代が続いた。一九八〇年に提起された著名なレイドロー報告も、協同組合の世界的連帯そのものを主目的にしているがゆえに、「飢え」、「生産的労働」、「生活や社会の保全」、「協同組合コミュニティ」といった活動の優先分野が総花的に並べられ、自然や環境の問題に対する危機感をもとに、参加各国の協同組合の異なる立場を腹を据えて調整に乗り出し、目的を定め、そのための役割分担を合意して、地球レベルのリスクを解決していこうとする具体策を打ち出しているとはいいがたい。消費そのものにたいする根本的な意味転換、そしてそれを通じた社会変革の道を示すことがまず望まれる。

そして近年における日本の生協は、新自由主義の結果としてもたらされた、取扱う商品のグローバル化、女性の就労形態の変化などから帰結している班による共同購入の不振などにより、営利という唯一の存在形態を持つ資本主義的企業と同じ土俵で競争して効率をあげるという立場を余儀なくさせられている。[10] 他方で公営セクターとも異なり、経営が成り立たなければ生協運動もないのは確かだが、「経営（効率）か理念（価値観）か」という消費組合発足時からの不可避の立場上のせめぎあいが、前者を優先するかたちで進められている傾向が強い。主観的意図はどうであれ、リスクや痛みを共有するのではなく、それを不平等に分配する結果がここから帰着してしまうならば、その前に歴史に学ぶべきことは多い。

そして日本のさまざまな生協は、他の経済組織よりも制度としての民主制が整備されているとはいえるが、実際においては官僚制的な、あるいはトップの独断専行による運営という面がないわけでもない。さらには専従労働者と一般組合員の権利上の関係の問題もあるが、情報を共有したうえでの議論と教育の場がつくられるよう工夫が必要であろう。

そしてグローバル化によって進められた生産者と消費者の空間的分離、そこからもたらされる不可視化された社会関係を批判的に捉え返すには、両者の「顔の見える近接性」が必要であろう。産直、職住一致、地域通貨などがその具体的なものとしてあげられているが、その際には「地域」が鍵となる。消費組合運動の歴史が絶えず地域や都市コミュニティと繋がっていたことが想起されてよい。

他の社会運動や社会組織との、目的をはっきり区別したうえでの連帯、消費組合内での対話的コミュニケーションによる学びあいを核とする同市民の消費問題についての連合をつくり、そのことによって消費がもたらす個人的行為の社会的関連を反省的に捉え返し、生活世界を植民地化するシステムを変革していくことが[11]、今、消費組合の課題であり、個人と社会と自然との正常な関係を構築することに繋がっている。

注

(1) しかし他方で、このような「モノの消費」が「他人指向」的であり、豊かさに楽しみが伴えばそれだけ空疎感を増すことも早くから指摘されていた。「われわれは失楽園に向かいつつある世代である。パラダイスを見つけながらもどうしてよいかわからない人間たちなのである」[Riesman:1968:186]。

(2) 設備投資的な生産や公共工事のような生産的消費も最終的には個人的消費に帰すると考えるならば、二重の意味で環境に負荷がかかることになる。

(3)「金持ちは社会的ヒエラルキーに一定の位置を占めるためのある種の個人的広告として派手に登場する。下に立つ人はみなそれを観察し、一段高い階級の人びとをできるかぎり模倣する。消費は一つのトリクル・ダウン(水滴)過程であった」[Schor:2000:15]。この過程でマスメディアの果たす役割は極めて大きい。

(4) 消費文化における日常生活の審美化の過程を扱い、それをモダンからポストモダンへ至る様相として手際よく説明するのはフェザーストーンである[Featherstone:2003:65-82]。しかしこの背景にはフェアトレードや南北問題というような政治経済的な課題が関連していることを見逃してはならない。

（5）自由とは「拘束を受けない」という以上の意味を持たず、「特権」というネガティブな内容を含んで「権利」の思想に先行していたと［木崎 :2004:46 以下］が論じている。
（6）しかし、この名称が文献上明確に定義されて扱われるのは［山崎 :1928］に遡る。
（7）片山は第二インターアムステルダム大会の際に訪問したブリュッセルで労働組合事務所と消費組合とホールを兼ねた立派な「人民の家」について記述している。かれはこの時はすでに消費組合運動から遠ざかっていたが、感慨を持って見学したことは想像に難くない［片山 :1967:（下）153］。
（8）協同組合においては、法の縦割りがあり種類の違う協同組合を結ぶ法が整備されていないことが生産者と消費者を直接結びつけにくくしている。生協法については県域制限、購買制限、認可制といった活動へのネックがある。
（9）その成功は当時の専業主婦の割合の多さに規定されている。非正規雇用で多くの女性が働いている現在においては、班コミュニティから生活を考え直すという方向への条件はより困難を増している。ネットによる個別配達も近年の傾向だが、ここにどのような共同性を見出すかは今後の課題であろう。男性の働き方のありかたももちろん関与してくる。そして消費生活におけるジェンダー問題が班による共同購入には存在する。一方で女性、とりわけ「専業主婦」のライフスタイルに適合的な組織化だからである。だが他方で、生活とりわけ食品等の安全についての関心や感受性が高いのも現状では女性の共同性に大いに根ざしている。班活動は生産における日本的経営にも似て、閉鎖的、排他的になる場合もあり、また相互啓発に資するものにもなりうる。女性に限られるべきものでもないが、現状では圧倒的に女性の場所となっている。
（10）私企業と競争せざるを得ない現実への危機意識が一九九五年のＩＣＡ大会における「二一世紀に向けての協同組合宣言」に表明されているが、組合の価値や原則を守れという抽象的な言明に留まっている［北出 :2012:73-75］。この点では大嶋の市民企業家の視点を盛り込んだ「複線経営」の発想が興味深い［大嶋 :1998:232-236］。
（11）琵琶湖の汚染問題が自らの生活様式に原因があることを自覚し、まずは無リン石鹸を扱う環境生協を設立し、生協の地域性の枠を乗り越えてエネルギー問題へと視野を広げてＮＰＯへと至る滋賀県の住民運動などはその一つの好例である［京都新聞 :2008.12.1-7］、［藤井編 :2004］参照。

第1章

「東洋経済」における片山潜

1　二度の「日本脱出」

一八五九（安政六）年に生まれ、七五年にわずかに足らない生涯を送った片山潜は、そのうち三三年余を外国で暮らしている。もちろん旅行者としてではなく、生活の本拠を置きながらの滞在である。一八八一（明治一四）年に上京した時点をかれの自立の出発点とするならば、社会的活動期間における在外期間の時間的比率はさらに高まる。

かれは横浜から合州国西海岸に向かって生涯で四回船出をした。初回は岡山の美作から上京した三年後の一八八四（明治一七）年で、これは一一年三カ月（足かけ一三年）におよんだ留学渡米であった。最初の三年間で経済的に自活する方法と言語を修得した後、メリーヴィル大学、グリンネル大学、アンドーヴァ神学校、エール大学等に学び、最後はイギリス視察を経て卒論「欧米の都市問題」を書きあげ、帰国する。ただし帰りの船が悲惨であった。タコマ出航後八日目にしてストラテネヴァス号のエンジンは突然停止し、二カ月間太平洋上を漂流する。餓死・座礁の危機を前にして死を覚悟し、命からがら帰国した片山は、渡米経験を生かすかたちで、まずキリスト教的セツルメント活動を開始した。神田三崎町にキングスレー館を興し、幼稚園と夜間青年教室の運営に携わる。続いて一八九七（明治三〇）年頃からアメリカ帰りの高野房太郎らの労資協調的な労働組合運動に加わり、「労働組合期成会」の結成、鉄工組合の組織、『労働世界』や『社会主義』などの機関誌の編集発行、演説会や地方遊説といった実践活動のなかで、しだいにリーダーシップを発揮しつつ、やがては政治運動に身を投じ、社会主義者としての途を歩んでいく。一九〇一（明治三四）年、幸徳伝次郎、木下尚江、安部磯雄、河上清、西川光二郎らと日本最初の社会主義政党「社会民主党」を結成（即日禁止）し、弾圧と闘いながら息つく暇もない運動の日々が続いていった。

一九〇三（明治三六）年の二回目と、一九〇六（明治三九）年の三回目の渡米は、それぞれ期間も二年、七カ月と短く、しかも明確な目的があった。それはアムステルダムで開催された第二インターナショナル第六回大会への日本代表としての参加のためと、日本での運動の分裂や妻の死、病気と貧困などで疲れ切った片山を気遣った友人岩崎清吉（後の東京ガス社長岩崎清七）が運動から足を洗わせようと、テキサスの米作農場に転ずることを画策した事業への視察であった。この二回の渡米を米作渡米と便宜的に呼んでおく。ハイライトはアムステルダムであるにしても。(1)

第二インターでは、周知のように日露戦争として交戦中の日本の片山とロシアのプレハーノフが壇上で反戦平和を誓う堅い握手を交わし、両国の労働者は志を同じくするとして、脚光と喝采を浴びた。ほとんど情報のなかった明治期日本の労働運動の指導者の生きた言葉がはじめて西欧で聞かれたのである。このことは、日本での運動の機関誌を発刊するたびにかれが英文欄を設け、持続的に欧米の労働団体や政治団体の発行する新聞雑誌と交換していたこととともに、片山が晩年にクレムリンで厚遇を受ける大きな要因となった。米作農場経営のほうは、片山も多少の興味を示したようであったが、所詮は肌に合うものではない。共同事業者である現地日本人との関係もうまくいかず、頓挫した。

帰国した片山は、社会主義者としてさらに運動に邁進するが、それは以前にもまして茨の道であった。しだいに明確になっていった幸徳らの直接行動派との対立と分裂、さらには片山派の社会主義同志会での西川らとの対立を内憂とするならば、外患は大逆事件へと至る政府の社会主義者への苛酷な弾圧の高まりであった。片山はそれに耐えつつ労働者を相手に徹頭徹尾、普通選挙と議会主義をつうじた社会主義を説き続ける。

四回目の、そして帰ることのなかった出航は一九一四（大正三）年、片山潜五四歳。当時の感覚では老境の域にさしかかっていた年齢といってよい。その前々年、正月の東京市電のストライキを扇動した容疑で逮捕され、半年以上の収監の後、明治天皇死去の大赦で出獄したものの、常時監視が付くこととなり、生活の資も得られず、志を貫くには家族を残し、亡命する以外に方途はなかった。

その後、渡米当初は苦しい生活のなかで、サンフランシスコの日本人社会を中心に労働運動を組織するが、やがて運命が劇的に旋回する。アムステルダムでの片山の活動を記憶にとどめていたオランダの技師であり社会主義者であったリュトヘルスに、ともに活動しようとニューヨークに誘われ、さまざまな任務を与えられるようになり、(2)ロシア革命の進展もあいまって急速にボルシェヴィズムに接近する。リュトヘルスを介して亡命中のトロツキー、ブハーリンらと交わり、二派に分裂していたアメリカ共産党の一本化に貢献した。そして連邦政府に追われつつ、米大陸南部の共産党をオルガナイズする命を受け、メキシコを経由してモスクワに到着し、長年にわたる革命家として大歓迎を受ける。それから先はコミンテルンの要人となり、渡米してから一九年二カ月でモスクワにて生涯を閉じるのである。

この四回の渡米を見ると、「脱出」というべきは一回目と四回目の渡米である。初回はプル、最終回はプッシュという決定的な違いがあるが、「日本にはこのまま居られない」という本来の意味での「脱出」であった。そのどちらも計画図があり、成算があったのではまったくなく、何が待ちかまえているかさえも覚束ない状態であった。

第一の脱出である留学渡米は、わずかな耕地を有する農家の次男として、農作業や山仕事を黙々と続けて一生を終えるという子供の頃から見通せた唯一のライフコースへの拒否が主たる動機である。学問をしてひとかどの人物になりたいという明治初期の時代風潮としてはよくあるそれだけの、しかし堅固な決心でかれは、故郷美作国条郡羽出木村から一三里の道を歩いて岡山に出、神戸まで船に乗り、神戸から横浜までまた船旅、そして横浜新橋間を鉄道で上京する。離婚後かれと兄を必死で育てた母とのその時の別れはまことに感動的である。片山によれば、母は二度と息子に会えないと思うと悲しみが増すから門のところまでしか見送れず、健気にも「私のことは心配せずに勉強して出世せい」といったという。この母のことは、留学中の片山がつねに気にかけていたことであった。米国で貯めたわずかな金を届けようと帰国する友人に託するが、あっさりと持ち逃げされてしまう。そして母の予言どおり一八九二(明治二五)年、グリンネル大学卒業時にその訃報を受け取った。四年かかる課程を母のために三年で済ませ、帰国するばかりになっていた予定を延期、変更し、社会学へと研究領域を広げて深め、大学院への進学を果たし、一八九五(明治二八)年の四カ月にわたるイギリスでの都市視察、およびその成果をまとめた卒業論文「欧米の都市問題」で留学を締めくくる。母の死がなければ、少なくとも『都市社会主義』の片山はない。

このような上京と留学だから、海軍兵学校予備校の攻玉社、漢学の岡鹿門塾、藤岡の森鴎村の私塾というように上京時代に学んだ場所も学問的傾向も一貫しないというよりも東京では生活費と学費を稼ぐことが一番の問題であったのだ。米国留学もこの勢いである。岡塾時代に知り合う岩崎清吉が、徴兵逃れのために方策はないかと片山に相談したところ「渡米すればいい」と突飛なでまかせでいったことが発端である。「米国は何処にあるか、又何うして行けるかも知らなかった」[片山:1954:109]とかれは述懐している。しかし、その言に従い早速留学した岩崎の、「米国は貧乏人でも勉強できる所だ」という手紙を受け取り、そのまま片山も渡米する。所持金は一メキシコドル。英語もまったくできない状態で二五歳直前の片山はサンフランシスコに上陸する。

その後はすでに記した通りであるが、このような「真っ白」な、何でも受け容れようとする、あるいは受け容れざるをえない状態で「脱出」した場合、吸収した重要なものはしっかりと身につくということを指摘しておきたい。ここで片山はキリスト教徒になり、西洋古典や小説や演劇(シェークスピア)、歴史、数学、ドイツ語、社

片山潜

会主義に目を蒙かせたラッサール伝、社会学、都市改良の実情など大学内外で相変わらず一貫性もなく手当たり次第に多くを学ぶ。だが決定的なのは、日本語も満足に使えなくなるまでもの長期間、米国社会でみずからの手足を使って生き抜いて学問をしたということであろう。そこで経験したことは、美作の小村がそのままでいけば世界のすべてであり、そういった小世界を束ねるものとして東京があった日本の社会環境におけるものとはまるで違ったものであった。彼我の違いはかれを驚かせたとともに、そのよってきたる理由や意味をたえず意識させずにはいなかったと思われる。さらには生きる流儀にさえ影響を一生及ぼし、帰国後の日本での社会主義運動のなかでかれが孤立したり疎んぜられたりする一因となったという副作用もともなった。[3]

二回目の「脱出」はあまりにも対照的である。石橋湛山は片山への弔文のなかで「喪家の犬の如く」日本を追い出されたと表現している［石橋 :1933:Nov.25］。片山自身も第二の脱出の直前に執筆した自伝で留学時代の歴史科《クラシカル》での落第を回想しつつ、こう述べている。「之が一生涯に落第した第一で、次の落第は世渡りに落第した。日本で失敗したなど何れも苦き落第であるが……世渡りの落第は妻子と分《ママ》れて益々生活の困難をせねばならないので落第の罰はなかなか重くるしいものに感ぜらるる。世に落第のない社会を作りたいものだ。少なくとも落第の結果、落第者及其家庭の困難せぬ社会にしたいものである」［片山 :1954:160］。

だが、滞米三年目での片山の新境地への動因には、かれの直接的な努力ではなく、過去の活動の堆積が与り知らぬところで評価され、いわば外在的な力として働いていた面が濃厚である。しかし片山は一片の疑いも持たずに、生涯の最後までこの途をつき進んでいった。こういった場合、かれがずっと身につけてきたものは、どのように変貌したのか。また、新たに何が加わったのか。それはかれの社会認識とどのように関わっているのか。

片山に対して、なぜこのような視線を向けるかというと、多くの論者が指摘するようにかれは理論の人ではなく、実践や意志の人であったからである。コミュニズムの理論から見れば、かれの生涯は極めて発展段階的であり、肯定的にであれ否定的にであれ、整理しやすいし、評者の立場さえ固まれば評価もしやすい。しかしそれでは片山その人の本質の理解を妨げ、その遺産を正当に継承することを妨げはしないかという疑問を抱かせる。

私は、片山に関する以前の稿［堀田 :2002: 第5章］で、渡米留学の直接の成果として一九〇三（明治三六）年の執筆になる『都市社会主義』の現代的意義を論じた。それは社会主義理論としては混乱と矛盾に満ちた未熟なもの、それゆえ「水道ガス社会主義」、「社会改良主義」などと揶揄され、同年出版の『我社会主義』やその後のかれの言説や行動の中で次第に克服されていったものという見解に異を挟むものであった。片山自身さえ後年になって「資本主義の下に於て都市改良の容易に絶対に望まれぬことを自覚した今の予は別段に趣味を持たない……ヨシ改善した処で、日々新たに出来る貧民其者を全廃した露国のやうにすることは絶対に困難であることを自覚せる予には何うしても今日の都市改良を以つて満足が出来ない(4)」という記述をしているのだが、しかし『都市社会主義』には日本の「都市社会」の基本的な問題が提起されているのであり、その分析も都市財政の分析と民衆の自立をもって国家の強圧的な都市政策に対抗する方途を示した先駆的なものであったことを私は論じた。それゆえ解決されていない必須の課題としてわれわれの前にあるということも指摘した。

この「都市社会」に寄せる片山の思いは『都市社会主義』公刊後も長期にわたって維持されている。第二の脱出後でさえも、言葉では否定してても拭い落としきれない感さえある。本章では米作渡米後から第二の脱出直前に至るまでの「東洋経済」時代に焦点を当て、このことを検証しつつ、この領域でのかれの貢献を明確にしたいと考える。

2 「東洋経済」と片山潜

東洋経済新報社は一八九五（明治二八）年に町田忠治（一八六三―一九四六、初代主幹、のちに政界入りし、農相、商工相、などを歴任し民政党総裁になった）によって創設された。ただちに旬刊の『東洋経済新報』が発刊され、『週刊東洋経済』として現存する日本最古の週刊誌となっている。片山がこの出版社と関係するのは、エール大学で共に学んだ後に帰路に同行し、恐怖の洋上体験をともにした法学博士杉田金之助が端緒である。長期にわたる留学後の帰国で日本人の友人もろくにいなかった片山は、その縁者杉田券太郎とまず親しくなる。券太郎の早稲田専門学校時代の政治科の同級生に植松考昭がおり、その繋がりから植松は帰国直後の片山の最初の活動を手伝うこととなった。それは一八九八（明治三一）年に婦人矯風会から出版された『故ウヰラルド嬢小伝』の共同執筆と機関誌『労働世界』の編集の援助だった。植松はやがて、早稲田専門学校教授（後に学長）のまま第二代主幹となっていた天野為之（一八六一―一九三八）の率いる東洋経済新報社に入社する。

米作渡米後、片山の運動が治安警察法による圧迫やアナーキストとの内部対立(5)のために困難を極め、生活も健康も苦境に陥ると、第三代主幹になっていた植松は見るに見かねて一九〇九（明治四二）年夏、片山を記者として正式採用する。(6) 給与は五〇円でその身分は第二の脱出直前まで継続されるのである。そしてその間、かれはそこで生活の経済的基礎を得て『社会新聞』を発行し続け、普選運動を続け、大逆事件後の社会主義運動を支えていったのである。岡田宗司が書いているように［岡田 :1970a］、無名時代や社会主義者になる前ならまだしも、幸徳秋水とともに社会主義陣営の二巨頭と称されるほどの人物が民間企業の社員であり続けたということは、植松の存在を差し引いても驚きである。片山は毎日出社し、編集会議や意見交換の「食堂会議」に出席し、経済や財界の調査研究をおこない、そして本論にとって重要なことだが、毎号毎号せっせと記事や論説を書き続けていった。植松のはからいで中国についての集中的な自由研究もできた。これはモスクワ時代に役立っている。

それだけではない。同社は一九一〇（明治四三）年に『東洋時論』という月刊文芸雑誌を発刊する。片山は趣味の芝居や美術を中心にこちらにもほぼ毎号執筆している。

だが、「東洋経済」という片山の「場所」は明治最終年に起きた東京市電ストライキで突然閉じられる。一九一二（明治四五）年一月一五日に検挙され、裁判を経て大赦で九月二七日に出獄すると、植松はすでに世を去っており[7]、主が不在の『東洋時論』は廃刊の運命にあった。時代も大正に変わっていた。仕事が半減されたので給与も三〇円に減額され、片山は家財道具を売って生計に当てた。出社にも監視が付き、会社には迷惑がかかる。ましてや運動については手も足も出なかった。もはやこの「場所」からの、そして日本からの「脱出」しか選択肢はなかった。渡米費用や手続きは部下の三浦銕太郎が親身になって世話をした。

さて、片山は遡ること一八九八（明治三一）年八月に初めて『東洋経済新報』に「欧米諸国都市水道事業の景況を叙して東京市の水税問題に及ぶ（一）」（九八号――『東洋経済新報』の号数表記、以下同じ）という都市社会論を書いている。それから一九一四（大正三）年一一月「桑港より」（六八六号）に至るまで執筆は総計一〇七回、九二タイトル（連載があるので）に及ぶ。執筆時期と回数は『東洋経済新報』は表1、『東洋時論』は表2にまとめてみたが、これを片山の年譜に重ね合わせると、滞米、社員採用、投獄、官憲の監視などの身辺事情が如実に反映されていることがわかる。つまり片山は毎回が一六〇〇字～五〇〇〇字程度の短い文章を、物理的に執筆が不可能な時期を除いて、入社後はほぼ定期的なペースで書き続けたといえよう。この辺にもかれの性格と労働に対する姿勢が見てとれよう。コラムに近いものもあれば、明確な主張を具えた小論文や、数回にわたって連載され、一つの論文に値するものもあり、たんに事実を報じる「記事」とはいいがたいので、ここではまとめて「著

表1 『東洋経済新報』執筆状況（署名のあるもの）

年度	掲載号数	掲載回数	著述テーマ数
1898（明治31）	98～105号	3	2
1899（明治32）	134号	1	1
1903（明治36）	276～289号	2	2
1904（明治37）	305～308号	4	1
1905（明治38）	342～343号	2	1
1908（明治41）	456～464号	5	2
1909（明治42）	472～509号	6	6
1910（明治43）	510～540号	24	20
1911（明治44）	546～582号	33	33
1912（明治45）	583～619号	7	7
1913（大正2）	620～655号	16	13
1914（大正3）	656～658号	4	4
合計		107	92

表2 『東洋時論』執筆状況（署名のあるもの）

年度	掲載巻号	掲載回数
1910（明治43）	第1巻第1～8号	7
1911（明治44）	第2巻第1～12号	27
1912（明治45）	第3巻第1～3号	3
合計		37

述」と呼んでおく。ここでは「署名」入りのものだけを考察の対象とする。

掲載区分は圧倒的に「社会」欄が多いが、「米国通信」（米作渡米時の便り）、「雑纂」、「論説」などに及ぶ。その他「放資」（投資のこと）、「事業界」、「史伝」、「特別調査」、「訪問」などの区分があり、この雑誌の性格の一端がうかがわれよう。社外にあった時の十数編については「片山潜」の署名があるが、入社に符節を合わせるかたちで、一九〇九（明治四二）年一〇月の「帝国図書館の蛮風」（五〇二号）から片山は、終生の価値観を連想させる「深甫」なる雅号を使い始め、数回の例外を除いてこれを最後まで通している。例外の一つは「東京電車問題における軍隊出動の真相」（五六九号）で「XY生」という匿名を使っているが、これは内容が過激なためであろう。

著述のテーマは実に多岐にわたっているが、およそ以下のように分類できよう。①『労働世界』、『社会新聞』のような、かれが主宰する運動機関誌で主に書き綴ったものと同領域である労働問題、階級問題、農業問題、政治経済問題を扱ったもの。②都市問題、市政や市民生活、教育問題を扱ったもの。これは『都市社会主義』の延長といえる。③は国際関係、外交政策、国際的な革命／労働運動に関するもの。④演劇評論や美術評論など文芸芸術に関するもの、である。重複横断する著述も多くあるので、個別記事の分類というわけではなく、内容上の傾向という意味に解していただきたい。分類できないものもある。したがって以下に示す比率はあくまで大雑把なものである。③は①と②のどちらにも深く関係するのであるが、片山の個人的に独自な領域であるので独立させた。また④は広い意味では②に含まれるが『東洋時論』では圧倒的な分量となっているので独立させた。『東洋経済新報』での著述の分類別比率はおよそ①三割、②三割五分、③二割五分、④一割である。①については、一般商業誌であるということを考えると、この比率は量的のみならず質的にも高いように思える。工場法問題、富裕階級や政治家の道徳的腐敗への非難、東鉄同盟罷工問題やストライキに対する社会の態度、欧米の労働運動やその闘士の紹介（これらの情報は運動機関誌の海外との交換の直接の成果である）などが扱われている。党派的主張は極力自制してはいるものの、労働者の地位向上を呼びかけ、普選を要求し、治安警察法を呪詛する片山の一貫した政治姿勢は他の著作とほとんど変わりなく、反政府的・反官僚的論調は毎回極めて高い。②については次節で検討するが、都市生活に関わる多様なトピックスが次々に登場し、かれの政治的、社会的主張へと展開される。③は移民問題を中心にする日米関係（とくに在米日本人の法的地位や社会的境遇）やアジア情勢の紹介展望（台湾の原住民政策、辛亥革命など）やそれらに関する日本の外交政策を論じたもの。日本の政治家や外交官の外国からの賓客に対するもてなしのしかた、卑屈さと高慢さがないまぜになった外交姿勢の「日本的」特徴についてなどが論じられる。日米関係にも注意が払われる。実体験にもとづいた外国生活の紹介、インターナショナリストとしての政治観など片山の個人史がよくうかがえる部分でもある。④は玄人はだしの芸術評論である。片山は専攻はしなかったものの、米国の大学教育のなかでこれらの人文教養をしっかりと身につけており、それからずっと継続的に興味を持ち続けていた。都市問題視察のためのイギリス旅行の際には、悲惨なスラムや監獄を見学した後、重い心を癒すのに美術館、博物館通いは欠かせなかったと述べている。[8] またセツル時代の三崎町の夜間学校で、生徒の戸張孤雁に渡米のための英語を教えたこともあり［宮川 :1959］、渡米に際しても何かと面倒をみた戸張が帰国後美術家として成功したのも片山には嬉しかった。『東洋時論』には戸張の文章も散見される。しかし、第二の脱出後に戸張は夭折した。

『東洋時論』の状況も見ておこう。この雑誌は一九一〇（明治四三）年に創刊され、二年後に廃刊されている。「新報」では例外はあるものの一冊につき一回の執筆であったが、[9]「深甫」は第二巻一〇号の五回をはじめとしてかなり複数の執筆がある。それも「食堂会議」というコラムもあれば、二〇枚を超える「評論」もある。片山のための雑誌のようなものである。[10] 掲載区分は「雑録」、「漫録」、「雑纂」、「劇壇」、「食堂会議」、「翻訳」等である。片山執筆以外の区分には、「小説」、「論壇」、「社会統計」、「時報」等があった。内容の比率はおよそ①二割、②三割、③なし、④五割、である。最後の執筆は一九一二（明治四五）年の第三巻第三号に載ったシドニー・ウェッブ夫妻の The Prevention of Destitution の翻訳（部分訳）である。

「東洋経済」以外にも片山は多くの新聞雑誌に原稿を書いたが、それらに比較してこの「東洋経済」の論調の指摘すべき特質があるとすれば、形式上はすでに示唆したように、②が他に比べてかなり多いこと、④は「東洋経済」以外にはあまり見られないことが指摘できる。[11]

では、「東洋経済」における片山の著述の内容はいかなるもので、そこにはどのような思想が流れているのだろうか。その来し方行く末を確認しながら現代的意義を探っていきたい。

3 「東洋経済」における片山の思想とその構造

「東洋経済」の著述②は『都市社会主義』を受け継ぐものであるといえるが、その中心を貫くものは、「市民的意識の覚醒」であると私は前稿で示しておいた。そしてそれはかれの留学において、アメリカ社会で生き残っていくために身につけざるをえなかった「個人の自立」であった。片山は生涯を通じて理論の人ではない。実践から理論へと向かう人物である。アメリカでキリスト教に入信したのも、生活の苦しさのなかで信仰にすがるということはあったにしても、市民としての「信用」がそこに介在していることがほのめかされている。[12]労働においては技能を高め、精一杯働きそれ相応の賃金を求める、そしてその金で勉学に励み、自らを進歩向上させること、弱い者にはその自立のために手を差し伸べたり相互に支え合うこと——これが明治初期の日本社会に欠落しているというのが、かれが自らの日米の比較体験から認識した最大のものであったのは想像に難くない。[13]この認識が日本に帰ってから、「自立」していない個人が形成しつつある「財政的に自立していない都市」へと批判的に向けられていくのである。それとともに労働運動との出会いを通じて「個人」は「労働者」として具象化されていく。

労働者が働きかけの第一の対象として明確に措定されたということは、『都市社会主義』と同年に『我社会主義』が出版され、片山がキリスト教的、労資協調的、社会改良的立場から、階級的経済主義的社会運動へとスタンスを「発展的」に転換していくという文脈から説明されてきた。事実、片山もマルクスをはじめとする欧米の社会主義諸文献を学び、進化論的解釈は濃厚に帯びてはいるものの、自らの運動の指針としていく。しかし、実践の中でかれが関わる労働者は、かれにとっては資本主義的経済関係の人格化されたものというよりは、つねに生きた人間なのであり、日々を「よりよく生きる」べき「個人」なのであった。『消費組合』［片山 :1908:4］のなかで、かれは資本主義的階級関係のなかで労賃が不当に抑えられていることを強調した後に、これを上げる闘争をするだけが労働者の使命ではない、少ない賃金でいかに豊かな暮らしを築くかを考えなければならず、そのために中間マージンや掛け売りを廃して労働者が自ら経営する「協働店《ママ》」を作らねばならないのだと主張し、実現させている。求めるものは決して金の豊かさだけではないのである。この提言は本書全体で展開される消費組合論の先駆といっていい。また、イギリス視察旅行でも、消費組合とともに「労働者倶楽部」にかれが格別の関心を払っているのを見てとることができる［片山 :1897a:175-178］。当時の日本では議論にもならなかったが、労働者の相互交流と啓発の具体的な場を片山は常に意識していた。これらの視点は当時の社会主義運動家のなかで異質であったというよりもむしろ日和見主義的なものとして侮蔑の対象でさえあった。しかしこの視点は「東洋経済」ではさらに鮮明に打ち出され、それと社会運動との接点が探られていくのである。

　そもそもかれの「社会主義」あるいは「都市社会主義」理解の出発点は、「資本主義」との対比によるものではなく、「個人主義」であった。そしてそれは最初はアンビバレントなものであった。「日本に於る労働」では、自らの労働運動の経緯を顧みながら、労働者は組合として組織されると、地域を越えて助け合い、公共心が高く、「個人主義でなくして社会主義のところがある」［片山 :1899b:49］と書いている。つまり個人主義とは私利私欲に走るというネガティヴなものとしてとらえられるのである。しかし、ほとんど同時期の執筆になる「市政と社会主義」では、「……田口卯吉先生は社会主義と個人主義とは決して衝突せざるを論ぜられたり、余は当時先生の点に就て大に感服したる一人なりき、如何となれば社会主義は個人の意思圧制し撲滅せんとするものにあらずして、却て社会主義に依って各個人の円満なる発達進歩を計らんとす……吾人は今真正なる社会主義は真正なる個人主義と啻に衝突せざるのみならず相一致して進歩しつゝあるを見る者なり、然り吾人は此の調和的進歩を都市政事に於いて最も著しきを見るものなり、欧米の諸大都市が其市政改良に於て都市事業に於て進行しつゝある方針及び手段は殆んど皆社会主義的なり、即ち都市的社会主義は欧米諸市政の一大基礎と云ふも敢て過言にあらざるべし」［片山 :1899a］となっている。社会主義と個人主義とは対立しないという後者の見解が、これから見るように「東洋経済」では前面に打ち出されていくのだが、その際に個人と社会を媒介するものは家族や地域社会や社会的諸組織である。この構図をもって片山は「東洋経済」二誌に日露戦争後の日本社会を具体的に論じ続ける。その一端を紹介していこう。

（1）「生活の質」

まず、「就職難と人生の意味」（五七一号）を見てみよう。片山はこう述べる。不景気ゆえ学校出の就職難が取り沙汰されているが、それは生活の何たるかを理解せぬ人である、学生は職業を求めるが、それは月給取りになることをのみ望んでいる。自己の学んだ学問を応用して独立の生計を立てようとはしないといって今の言葉でいう「起業」を促すのである（ここでは露天商人が成功していく過程が例示されている）。両腕で稼いだ麦飯は祖先伝来の美食に勝ると「ヂッケンス氏」を引きながら、真に労働の神聖さを解すれば世に就職難はないはずであると片山はいいきる。ここには短いながら「労働」、「自立」、「学問」の相互関係が象徴的に明示されているし、それは留学体験が強く身につけさせたものである。

労働が決定的に大事だからこそ、「休息」も不可欠である。「休息の神聖」（五四一号）で片山は、五〇年間で西洋諸国が数百年を要した発展を日本は大変忙しく成し遂げてきた、この器用さや智能は決して西洋人に劣るものではないが、活動力《エネルギー》や集中力は遙かに及ばない、忍耐力に至っては中国人にも及ばないという。それは時間の観念が極めて幼稚であり、法律の強制力を借りてまで規則的に十分休むという意味で時間を大切にする西洋人の習慣を取り入れてこなかったからだとする。この日本人の欠陥は日本の工場法制定における長時間労働排斥の論拠としても使われるが、「新年の休養」(五四六号)でも休養は「大に働かんが為め」であり、「秩序ある働きは人々の人格を築き上ぐる階梯である」という。さらに続けて、人は現状に満足せず絶えず進歩しなければいけない、労働の苦痛に耐え得る者はすでに「業に天に恵まれた者」であると、ここでグリンネル大学校長ゲーツ博士の言葉を引用する。留学中に出合ったこの言葉は、片山にはよほど印象深かったらしく、『自伝』でも終生の処世哲学としている[片山:1967:162-163]。上京以前からずっと心に抱き続けてきた思いが、はじめて自分の外側から認証を受けたという意味において、片山の「進歩」の思想のルーツであろう。だから、後で見ていくように片山の美術や演劇に向かう姿勢も留学時代の単なる趣味や辛さの気休めといったものから、すべてにわたって前進しようとするかれの総合的な活動の一部へと位置づけられていく流れがこの「東洋経済」で見てとれる。

同時に重要視されるのは、その休息の質である。「公園は貧民の客室」とは『都市社会主義』のなかの言葉であったが[片山:1908:96]、都市景観や教養娯楽、都市の衛生や安全、住居など労働者が再び労働に向かうために、労働現場以外で「よりよく生きる」ことが重視されるのである。しかもそれは「個人として」だけではない。共同性を絶えず帯びているのである。「年末年始の佳例及び富者と貧者」(五四四号)では、富者への注文として「下から上への年末年始の進物を止めよ」、「広告的慈善を廃止せよ」とともに「社会的に新年を迎へよ」と一風変わった提言をしている。それは資産家が出金して都下の興業物を買い切って「公園に手品軽業、音楽隊を演じ、各見世物、寄席、芝居をロハとなし。《ママ》例へば十哩以内の汽車、電車、汽船も買切って自由に便乗せしむるも可ならん。正月三日間は貧民労働者の為に全社会の娯楽機関を挙げて提供するも良策ならん。是れ決して困難なる問題ではない」。そして結語は「凡そ世に最も愉快なる事柄は他人を愉快ならしむる事に及ぶ者はない。由来人間は社会的動物であるから孤独的快楽、私的快楽は社会的快楽に比しては其趣味其結果に於て雲泥の差がある」ということである。

さらには、この生活の質の重視には、片山独特の方法で、市政における合理性の欠如と官僚国家の権力的な市民生活への介入がからめられてくるのが重要である。

たとえば、「露店禁止の誤謬」（五三六号）には外国人に対する体面のために警視庁が東京の露天禁止に乗り出しているが、ロンドン、アムステルダム、ブリュッセル等露店が市民生活になじんでいるところは世界中どこにでもある、本来道路は市民の道路ではないか、犯罪防止にもなると、これに反対する論陣を張る。「幼稚なる我が公衆衛生」（五六四号）では、東京市の塵埃の片付けの緩慢さ、個人の風呂に課税する愚かさを指摘した後に、警視庁が湯屋を管轄下に置き、新設を認めず独占営業を許し、高い湯銭を払わせ市民を不潔に強いているとしている。「東京市の消防と江戸の火消鳶」（五五九号）では、一九一一（明治四四）年四月の吉原の廓街の大火は、消防本部のいうように、風が強かったとかポンプが弱かったということに原因があるのではなく、中途半端な「器械消防」という近代化にかまけて、迅速に出火を報知し、初期消火に駆けつける鳶をないがしろにした構造的問題であると述べる。そして「東京の火消しは義侠的な仕事です……今は鳶の者も警視庁の命令がなくては火事に行くことは出来ませぬ。だから今度の火事の広がるに拘わらず遺憾ながら高見の見物を為して居たのです。……警視庁は吾々の縄張りを破壊して職業を奪ひ、今や器械消防に重きを置き我々如き者を顧みないのです。……火事の起つたのは無論火元の罪でせう。大きくなったのは風が助けたでせう。併し之を早く喰ひとめなかったのは私は警視庁の罪であると思ひます」という親方の言葉で結んでいる。義侠心で結ばれた地域社会の自助的組織が個人の暮らしと社会を結んでいて、上から押しつけられる制度がこれを阻害していることへの注意が払われている。ここでは消防における合理的な近代化すべてを否定しているのではない。古きものとの「調和」的な発展が主張されているのである。

「住宅」もまた、個人の家庭の神聖を保つ場所として重視される。家族もまた個人と社会を切り結ぶものである。「東洋経済」の読者は運動機関誌と違って「社会」欄の隣に「放資」欄があることが示すように、富裕層が想定されおり、そこに向かって片山は発言する。「個人の住宅と封建の遺弊」（五四八号）は、日常生活の便宜を無視する維新以前の城郭的・防御的な豪壮な住宅を建てることが近年の金持ちの虚栄心を満たす風潮になっているが、それは家族の団欒の場をないがしろにするのみならず、いかに金持ちであっても私経済の均衡を欠いた支出にならざるをえず、これを「産業革命」すなわち社会的生産財の生産に振り向けろというのである。「幸福なる家庭を健実なる私経済の上に据へ、以つて社会的経済との調和を計るに努力することは、刻下焦眉の急務である」。また、「素人下宿禁ずべからず」（五八一号）も同様の趣旨であるが、営業的下宿業を組織化しそこから営業税収入を見込む東京市の貧民借家政策によって「脱法」として圧迫されつつある従来の素人下宿を、とりわけ貧しい書生を経済的に支援するだけでなく、あわせて家庭の空気を呼吸させるための場として残すべきだという。

生活の質の重視には、まだまだ経済的に貧しく日露戦争後の不満の渦巻く日本の民衆を前にして、金の力の限界をかれが熟知していたことを示していよう。そしてそこに私利的な個人ではなく、公共心に富んだ個人を定位しようとしているのである。

（2）社会的「調和」

「よりよく生活する個人の自立」が「東洋経済」における片山の根本思想ならば、「調和」は「進歩」とともにそれを具現化する思想であり、その一端はすでに見てきたとおりである。これを労働運動の場で考えるとただちに「労資協調路線」のような運動方針が想起されてしまう。しかしこの思想は、かれの社会認識の根幹につねに存在するものであることがわかる。

かれは「社会人心の緩和と富豪の責任」（五四九号）で「抑も吾輩は経済道徳調和主義を主張する者である」と宣言する。この意味は経済上社会に利することがあっても道徳的に有害ならばこれを排除すべきというものである。重税や生活難に苦しむ民衆が存在するのをあたかも知らないふりをして奢侈に流れるのは、富豪はいくらその経済活動をもって社会に貢献しているといっても、不道徳以外の何ものでもない、「細民労働者を得意とする小商人は続々倒産するも……三越、白木屋の店頭は益繁昌するではないか、……吾輩は満天下の富豪に警告する。社会は一人の社会ではない、社会の社会である」と。

「宗教と経済」（五八三号）、この両者も片山によればまた調和しなければならない。近年の人心が物質的文明に飽き、宗教へと向かう傾向があり、宗教者として喜ばないわけではないが、宗教は科学の前に権威を喪失し、再興が困難な状況にある。経済を無視して救われるわけがない、「真に今日の人心を救ひ得る所の精神的文明は、物質的文明の上に立てられたるところのものでなくてはならない」のである。

また、「社会の階級的調和」（五五〇号）では、片山は資本家労働者という階級分類をとらず、新社会階級を①武士階級およびその系統に属する人々、②町人階級およびその系統に属する人々、③職人階級およびその系統に属する人々、に分類する。①は維新後の社会の上位を占め、国家社会という「公共的思想」に動かされ易いが、経済の能力はゼロである。②は自活的能力は高いが、私利一点張りであって官吏と結託して不正をはたらくほど「公共的精神」を欠如している。③は大なる公共心はないが、朋輩や恩人への義気を持っており、また富の生産に従事し、武士よりは自活的能力がありながらも経済的観念が希薄なために貧困に苦しんでいる。かれの結論。

「武士は即ち町人を師として自活の道を学べ。町人は即ち武士を師匠として、以て政治思想を養へ。職人は即ち町人を手本として明日の計を為す事を知れ」。

ところで、このような「調和」を通じて片山は何を展望しているのか。「調和」といっても、見てきたように現状の貧者と富者の対立をそのまま宥和させろといっているのではもちろんない。「弱者に対する同情」（五二〇号）は「世界の大勢は弱者を扶け起し、彼らを教化し一国を挙つて強健たる国民たらしめ、以て共同的に進歩を計り、共同的に文明を向上せしむるの理想に向かって進みつゝあり」ということなのである。「貧者の覚醒」（五三七号）ではこれが「進歩」を介して「民主主義」に連結させられていく。『都市社会主義』でも強調されていたが、文明の都市を装飾する公園、博物館、美術館等は貴賤貧富の差別なく無料あるいは少額で民衆が享受できるものである。この点からすれば三越白木屋も富豪への非難の対象としての存在だけではなくなってくる。馬車を駆って行く富豪も泥靴の労働者も同じ入り口から入り、同じ商品を見て歩くし、客としては差別されない。貧民も等しく人間であるという「貧者の覚醒」はここに起こると片山はいう。金持ちの象徴であった人力車が電車に変わること、これも然りである。となるとこれは文明の発達が自然に然らしめることとなる。「機械は社会をデモクラタイズする一大有力なるミーンスである」のであって、「貧者の覚醒は北米の奴隷廃止の如く主として他動的でない。社会進化の自然の結果として貧民間に起れる所の自動的の勃興で而かも燃ふるが如き自治的民衆精神の発展である」。

資本主義的生産様式の矛盾を孕んだ発展が階級闘争の激化を生み、革命を必然化するという通俗マルクス主義的歴史観は、当時の日本の社会主義者たちにようやく共有されつつあった。片山も知らなかったわけではない。『我社会主義』では、この点への明確な認識がある。(14) しかしその見地からしても、あたかも二〇世紀中葉のアメリカ消費社会の民主主義イデオロギーさえ彷彿とさせるほど、「貧者の覚醒」の見解は楽観的・進化論的である。

未熟で混乱した「社会主義」と呼ばれても無理はなかろう。しかし、かれはさらに「識者殊に為政者」に対して以下を熟慮せよと呼びかけている。貧者ははじめは「絹まがひの衣装。ヲペラダイヤモンド……擬宝玉を以つて満足するであらう。然れども記憶せよ彼等は決して永遠に之を以つて満足するものではない。斯く満足すると思意する者は覚醒の意味を解しないものである」と結んでいる。あくまでも貧者すなわち労働者の社会的意識の向上が重要であることが示されているのである。これは明治憲法下でも社会主義革命は合法的に可能である、労働者の政権奪取のための普選運動であるとした片山の政治思想に通底している［片山:1910］。変革の主体的条件の準備される過程をここで語っているのである。制度上の改革は経済的地位の向上に加えて「市民的意識」の覚醒をともなわなければならないというところに片山のこの時期の思想の核心がある。

なるほど片山は「治安警察法」を圧制の手段とする明治天皇制国家の暴力的体質に鈍感であったと指摘され、後年、そのことを自己批判するのだが、ここでは目の前の、哀歓にあふれた民衆の日々の具体的な営為を何とか肯定的にとらえようとしており、調和というバランス感覚をともなう認識が、それを支えていたという指摘をしておきたい。

（3）教育

「進歩と調和」を基礎に、よりよく生きる自立した個人が育成される決定的な条件はいうまでもなく「教育」である。そのため、「東洋経済」においては教育に関する著述が多い。大学から小学校まで、あるいは制度外の教育まで議論は多岐にわたるが、ここでも「労働」と並んで、自己形成において重要な役割を果したアメリカの教育と日本のそれを比較するという独自の方法で叙述が進められる。

片山が学び、帰国直後にセツルメントの活動費を捻出しようと自らが中心となって日本人同窓会をつくった

「米国最古のエール大学」（第二巻一〇号――『東洋時論』の巻号表記、以下同じ）は、かなりな分量のまとまった大学論だが、大学理事会の役割、教授の待遇と権限、大学の財政、奨学金などの制度的な紹介をした後に、「入学試験」に見られる人物育成の方針を肯定的に紹介している。入学試験で苦労しているのは日本のように学生ではなく大学である。教育水準を落とさない限りで入学希望者をできるだけ入れようとするのである（かつては無試験入学であった）という。「入学希望の学生に向かっては……極めて親切であり丁寧である、恰かも高い所より手を出して引き揚げんとするが如くである。日本の如く撰り取り的で、而かも農夫か《ママ》篩で米と籾殻とを振るい分けて、かゝらぬものを無遠慮に捨て去るが如き、又は無闇に入れてマビクが如き、惨酷な遺方はしない」といって、入試を数回に分けて合格科目数を漸次満たしていくことや、未合格であっても条件付き入学を許可し、在学中に入試に合格することが予備校に通うよりも学習効果があるという認識をエールが持っているという。要は「斯る面倒を見て入学せしめた生徒であるから決して粗末にしない」ということであり、学業や学生生活が煩雑になってくる二学年のために教員がコンサルティングする「保護会」を作って学力の低下を防いでいることも紹介している。

　学生生活の特質も書いているが、『自伝』を見ると片山は米国の学生生活を決して手放しで賛美しているわけではない。言葉や労働の問題もあって、かれはこれを満喫できえなかった面がある。米国人学生の幼稚な立ち居振る舞い、人種的偏見など辛辣な評があるが[15]、大学の自然環境や学生スポーツの盛んな面は生き生きと描いている。これも『都市社会主義』に連なるものである。「エールは、物知りを造るのが主たる目的ではない、人物を養成するのが目的である」、「学生の最も貴重する者は其自由と独立とである」というのが結語であるのはいうまでもない。

　対するに日本の大学はどうか（「学校生活に対する学生の頭脳を一新すべし」五七二号）。「就職難」のところでも指摘したように「試験のため」「卒業のため」の勉強は安っぽいものであるにもかかわらず、学生、教授、父兄にもこの風潮が蔓延している。しかし「仕事は何でも苦痛であるが、学校の科業丈けは此の苦痛の中に必らず楽みがある。趣味がある、自己の発展を覚へる、世界を広くさせる、人生に深遠な意味あることを自覚せしむる」というわけで矛先は教師に向かっていく。このことを学生が自覚するならば他人のノートを借りて試験勉強することでは満足しなくなるであろう、そして昨年と同一のノートで講義をする教師に真面目な教授を要求するようになるだろう。「学府の講座に在りて発する教授の一言一句は、多年研究の結晶でなければならぬ」と。これはいつの時代にも遵守されないために教育現場でいわれ続けていることだが、「苦学」の片山の場合には改めて迫力を感じざるをえない。

「小学教育と児童の金銭欲」（五六三号）は子供が金銭欲しさに家の金を盗み出すので、校長に親が相談に行ったところ、事もなげに「叱るよりも定額の小遣いをやれ」と答えたことに対する片山の怒りから始まる。金銭が子供に与える悪影響も問題であるが、小学教師が毎日の如く子供に「先生が言われた何々を買って来い」と親にいうように仕向け、親は先生がいうのだからといわれるままに金を出す。こうして子供は消費の欲望に陥るのであるという。この背後には教師と学校付近の文房具屋との「醜関係がある」。教師の月給の少なさがその背景にあるのなら、それを増額するのが本筋であると、これを労働問題に結びつけていく。

「教育に於ける人格の勢力」（五一五号）もまた、現今の青年の不品行や堕落に対する非難を公器に訴える教師や、今の言葉でいう「体罰」をもってこれにあたる教師が多くなっているが、問題はむしろここに見られるかれらの人格的な力のなさにあり、教育制度や教科書の改革よりも教育者こそが改良の対象であると論じるものである。教育問題を扱う片山の態度は、経済関係や権力関係を介しつつ教育をする側への批判となっていくところに傾向的特徴がある。

教育における都市社会主義的観点がうかがわれるものとして、児童や学生の健康問題への注視をあげておこう。「小学教育と肺病教員」（一巻四号）において片山は医学統計を用いて小学校教員の罹患率が一般の人と比較して高いこと、しかし師範学校の強健者の比率は中学校に比較して高いこと、そして教員の給与水準の低い府県ほど教員の結核死亡率が高いことなどから、これが構造的な職業病であることを指摘する。この結果、児童が危険にさらされているのである。改善には約六億円の財政支出を要するが「将来の父母、今後の帝国臣民の健康を維持するのに必要である時は《ママ》。国民は喜んでこれを負担するであろう」としている。放置すれば後の社会的費用ははかり知れない。重税への非難だけでなく、税支出の適正さや効果が着目されているのである。

また、「野球の利弊を論ず」（五七三号）では、明治末期に盛んになってきた大学野球の是非についての論争への片山なりの介入である。とくに官学の教授（新渡戸一高校長、加納師範校長）や文部省の役人が、風紀を害する、学業不成績である、亡国的遊技だ、不良少年だといって反対し、私学の関係者を中心に、実際的修身科である（鎌田慶應塾長、高田早稲田学長）、忠君愛国の活きた教訓であるといった賛成論がなされていた。新聞では朝日が反対、萬朝・讀賣・東京日々が賛成の論陣を張っていた。片山は野球が大学の名声をあげる手段になっていることに危惧はするが、野球自体は科学的に発達した遊技であって、運動能力に加えて明確な頭脳、鋭敏な判断、調和的行動が必要とされる。これに匹敵するのは蹴球だが、対陣的であり、両方の選手が直接接して争うから負傷が多くなるので野球のほうが良いとする。だからこそ選手が野球を悪くしないようにしなければならないといってエール大学のスポーツ選手が平均以上の学業能力をあげていることを示すのである。「反対者か官学及官僚党側に多く、賛成者か私学派に多き、亦大に意味あることである。斯る圧迫的反対は、偶以つて其教育思想の頑迷不霊を表はする者ではなからうか」。青年は野球に励むべしである。学生管理の発想から観念的に論じる「官僚党」側に対して、野球そのもののスポーツとしての特性、具体性に即して教育的効果を論ずるというこの態度も、生活から理論へというかれの流儀に通ずるものである。

(4) 文芸

いままでとりあげてきた「東洋経済」の著述が、それぞれ有機的に関連しあいながら『都市社会主義』の内容を受け継ぎ、その幅を広げてきたことに比べると、片山の美術、音楽、演劇についての評論は、論ずる対象や視角、叙述の方法などあらゆる面が断片的かつ拡散的で整理がしにくい。かれの労働運動や社会主義論と関連しているのはもちろんであるが、グリンネル大学のクラシカルに籍を置いて以来のほぼ唯一の「個人的趣味」の面も強く、楽しんで書いている印象を受ける。この系列の著述が堰を切って現れるのは「東洋経済」入社以降、とりわけ明治四四、五年に集中している(『新報』と『時論』合わせて明治四三年二本、四四年十六本、四五年五本——ただし一〇カ月投獄されている——、大正二年二本、署名入りで)。それも文芸協会や近代劇協会の翻訳劇、帝劇のオペラや女優芝居、本郷座や三崎座に足繁く通った演劇を素材にして論ずるものが大部分である。社会主義演説会は妨害のために開けず、『我社会主義』は発禁となり、幸徳の遺稿「基督抹殺論」を『社会新聞』で論じて起訴され、罰金刑のため資金繰りにゆきづまって廃刊せざるをえなくなり、片山の行動はもはや社費で劇場に行くしか残されていなかったことが推測される。しばしば、十五歳以上も若い主幹三浦銕太郎を伴って出かけていった。

著述の内容は、①劇のあらすじや配役の紹介、舞台装置の説明とその出来不出来の評価、②翻訳劇の場合には言葉の問題や劇の背景をなす外国の文化の解説、③演劇の社会的役割と劇場運営に関する提言、にわたる。

①は劇評としては前提となるものであり、至る所で片山の感性をうかがうことができる。それは自らが心底納得したもののみを信じ、その妥当性を問い、忍耐強く主張していくというかれの人生の他の局面で示される態度と呼応している。②については「坪内博士のハムレットを読む」(二巻一号)が好例である。原典・原語と対

照させながら誤訳・不適切な訳を指摘するが、それだけではない。日本語として方言と標準語が入り乱れており、語尾の不統一は違和感があると指摘している。また「南無天使」といった台詞は宗教思想の無理解によるものだと手厳しい。「文芸協会のハムレット劇を観る」（二巻七号）においても「坪内博士」の「詩的言語」に異議を挟む。芝居はイマジネーションを喚起するものであるから、芝居で使う言語に説明が必要では話にならないのであって、「吾輩はハムレット劇の成功は近代語……少なくとも我国民が容易に理解し得る言語の生粋で書くにあると信ずるものである」と結ぶ。片山にとっては、やはり芝居も平民的でなければならないのであろう。この点でフェビアン協会のバーナード・ショーには好意的である。「ショーの劇と哲学」（六一六号）と「文芸協会のショー劇を評す」（六一七号）では、『二〇世紀』が論じられ、ショーは平易な言語を用い、民衆を意識しているが、その思想は決して平凡でないという。それはショーが個人の自己完成を第一の要件とする個人主義者であり、しかも論理と実際において社会主義者であるからである。「個人主義と社会主義を調和する要素は（ショーによれば）意志である。社会主義は時代の要求であるが、之が実行は個人の自由と発達とを通じて成功するのである」という。しかし協会の訳では、何と「其れ程社会主義と云ふ語が嫌なら他の文字もあらうに」、あろうことか「社会主義」を対極の「個人主義」と訳し替えている、これは乱暴の極みでありショーの思想の本質は表出されないと批判する。「社会主義」と「個人主義」を媒介するものに敏感な片山にとっては協会の自主的規制にしても見逃せない問題であった。

③は文芸と社会運動とを結ぶものである。「経済眼を欠ける現代の文芸」（五七五号）、「文芸と労働者」（五八二号）、では文芸の現状に対する不満、とりわけ階級社会をリアルに描いたうえで、それを芸術にまで高めることをしない文学者を責めるが、論拠はやや平板である。また幾度かにわたって触れている『人形の家』については、「個人の自立」を求める片山からして当然の肯定的評価が与えられているが、これを「男性問題」に結びつ

けているところが片山らしい。「今日のブールズワ階級は人類の半分なる女子をしてノラたらしめんとして居ることである。……吾輩は自覚せるノラを嫌うものではないが、ノラを作りたるものはヘルマーである。吾輩は寧ろイプセンが『海の婦人』に与へたるが如き解放せる男子の出でゝ《ママ》のヘルマーを退治せんことを渇望するものである」と（「文芸協会のノラ劇を見て感あり」五七四号）。

「芝居と人生」（二巻二号）では劇場公営論が展開されている。ここではロンドンが引き合いに出される。そこには芝居好きを反映して三〇〇カ所以上の芝居があり、莫大な収益をあげているために個人の営業にまかされていて劇場公営論は問題にもならない。しかしそれゆえ興行師の利益にならないものは上演されず、それでは芝居の進歩発達はない、芝居は世人が保護すべきという。パリ、ベルリン、ミュンヘン等のヨーロッパの他の都市では地方税か君主の保護のもとに運営されているのであって「沙翁四〇〇年期」にイギリスでも国家的劇場が建設されることを期待している。この主張は都市の細民労働者の教養娯楽という意味でかれの都市社会主義に呼応している。

4 何を学ぶか——「脱出」の果ての片山再評価

以上四項目にわたって「東洋経済」における片山の著述とその思想を見てきた。同時期（明治四三年から大正三年）にかれが健筆をふるったこれ以外の舞台は『平民新聞』『社会新聞』[16]と、“International Socialist Review”や“Die neue Zeit”などの海外の左翼雑誌だった。『社会新聞』は読者を社会主義に目覚めつつある労働者に定めており、海外雑誌はほとんどが日本における政治経済の動向、社会主義運動の紹介、自らの政治的主張が主な内容になっている。読者はいうまでもなく欧米人が想定されている。「東洋経済」は一般市民あるいはすでに示唆したように富裕層をターゲットにしたものであり、したがって語りかける相手の違いによってかれは論調やとりあげる対象を使い分けてきた、とひとまずはいうことができる。このこと自体、日本の革命家としては希有のことといえるが、片山はこの「東洋経済」時代のことを自伝その他の回顧では、簡単に事実関係（それも誤認が多い）と印象を述べるだけで、はっきりと評価を下しているわけではない。定評のある片山の評伝を著したハイマン・カブリンは「東洋経済」の片山を、この仕事にはもはや関心をもたず生計の資を得る手段として見ていたと結論づけ、海外の社会主義雑誌に発表したもののなかにのみ「不屈の反逆者」を見ている［Kublin:1973:225］。その面は否定しきれないにしても、実践運動と同様に、メディアによって著述の傾向や主張を明確に書き分けるほど片山は器用ではなかった。運動のためにこの雑誌を「利用」するにしても、心にもないことを書ける性格ではない。「工場法」や「道徳」をめぐるテーマなど他の新聞雑誌と重複するものも多いし、論旨が雑誌によって変わるわけではない。とりわけ『社会新聞』が廃刊されると「東洋経済」を執筆の場とするしかなかったということもある。

そのことをおさえたうえで、一応その「使い分け」に従うならば、『我社会主義』でかれに認識された階級闘争的視点が「社会新聞」でのアジテーションに連なり、『都市社会主義』はテーマも主張も「東洋経済」に継承されていると見るのが妥当である。それゆえ後年の片山のボルシェヴィキ的成功からすれば、後者の系列の著述は、「傍流」のもの［片山:1960:解説398以下］、あるいは克服されていったものと見なされてきた。

しかし片山は、少なくともこの時点では、使い分けはあるにしても、決して矛盾なくこれらの仕事を同時遂行している。「ブルジョア思想と大隈伯」の支配するこの「東洋経済」での日々が、片山にとってはたんに生活費と運動費を捻出する手段だけであったかというと決してそうではない。東洋経済新報社でのかれの態度は、植松や三浦の庇護にもよるが、決して卑屈なものではなかったし、頑固に自分の意見を通した様子は石橋が記し、岡田が三浦から聞き伝えるところである［岡田 :1970b:Feb.7］。議長植松が率い、ときには深夜に及ぶ和気藹々たる編集会議の様子や、社会主義者としての世間話に耳を傾け、次第に同調していく後の第四代主幹三浦銕太郎との交友を、片山は第二の脱出後に生き生きと回想している［片山 :1967 下 :268-269］。だからこそ、かれがここで書き散らかした原稿の数々は見逃されてはならないのである。さらに片山は、一九二〇（大正九）年にアメリカで『東洋経済新報』に言及し「そうとうの影響をもった、唯一の独立的見解を持ちまた大胆な雑誌である」として高く評価している。[17] 自分もここでしっかりと仕事をしてきたのだという自負は当然あったはずである。

つまり、この二つの立場をブルジョア民主主義と社会主義、社会改良と階級闘争というように対立的、段階的にとらえるべきでなく、少なくとも第二の脱出直前までは片山の意識のなかで、同一のものの力点の相違として存在していると見なすべきではないだろうか。生活への心配り、個人の社会生活の具体性に即して問題を発見し、そこから体制批判や社会運動、階級闘争への経路を探るというかれなりの社会主義を実現するプロセスに、両者はそれぞれの役割を分かち合いながら位置づけられているといってよい。別言すれば社会変革の主体を自らの主体の形成になぞらえて確立するという一貫した方法態度のうえに両者は関連づけられている。そしてこの態度こそが第一の脱出後の苦闘のなかで、かれが身をもって習得したものだったのであり、それは第二の脱出まで維持されることとなったのである。

第二の脱出はすでに記したように当初から希望のかけらもないものであった。それは片山が常に気をかけていた日本の民衆がかれの活動圏から突如完全に消滅したことを意味した。持ち前の忍耐強さをもって、かれは若き時代と同じように異国での肉体労働で生活の資を求め、北米西海岸の日本人社会で労働運動を組織し、自ら活字を拾って機関誌を発行し、日本の雑誌にも寄稿し続ける。しかし日本政府の圧迫干渉はここにも及んだし、アメリカ社会の日本人に対する見方も厳しさを増していた。[18]

その八方塞がりの状況から脱却すると、当然のことながら、かれはレーニン理論をはじめとするコミュニズムと思想を学んだ。「国家と革命」の翻訳もおこなった。[19] これ以降の片山の歩みを詳述し、評価することは本論の範囲を超えるが、現実との格闘のなかから感得したものを頑強なまでに信じ抜いて、これを理論化しようとするという流儀を貫いてきた片山にとっては、もっとも苦手だと思われる「理論から現実を見る」という逆の方法態度に転換せざるをえなかったということをここで強調しておかなければならない。かれの意識の上からも日本民衆の具体性は消え、今までの実践運動はここ即ち革命的共産主義運動へ至る段階的な階梯として位置づけられていく。千葉監獄に在監中に書き始められ、その後三次にわたって書き直された『自伝』の相互対照からもこのことはうかがえる。[20]

しかし、片山はそう簡単にはこのような転換はこなせない。従来のものは残存し、あるいは混濁したかたちで叙述の論旨に混乱をもたらしていく。たとえば連邦政府の赤狩りの検挙リストに載せられ、逃亡中に執筆した社会主義に関する大部の草稿[21]は『我社会主義』の続編ともいわれるものであるが、そこでもプロレタリア独裁が言及される一方で「水道ガス社会主義」が維持されているし［岡田 :1970b:116-118］、公園、図書館、劇場の重要性についても同様である。

そのうえ、従来から注意を払ってきた個人主義と社会主義の関連については、「われわれはすでに社会主義を資本主義と対照して詳論した……なお個人主義の対照物として、一社会哲学として研究する必要がある」としながらも、個人主義はつまるところ自由競争・弱肉強食の資本主義社会と同一視され、社会主義は弱者、敗北者、負けた者の哲学であり政治、経済、道徳、社会組織、政策の「科学的に討査されたるところのもの」［同 :230］と単純な対立図式に解消され、個人主義は利己主義であるという最初の見解に後退しているのである。ここに片山がソ連社会主義建設を学びつつあることの影響を見ることができるかもしれない。

モスクワ時代の著述に至っては、このような都市社会主義的な残滓はほとんど消えるかわりに決まり切った革命的修辞が連ねられた記述が並ぶ。かれが眼前にするソ連の労働者は「五カ年計画」を前倒しで実現するような生気にあふれた存在として描かれるにとどまり、民衆の日々の生活のリアリティ、悩みや苦しみはなかなか伝わってこない。得意の芸術については、コミンテルン執行委員としてタタールを視察した際のオペラ鑑賞が文章化されているが「タタールの詩人によって作られ、タタールの音楽家によって作曲され、タタール人によって舞台装置され、タタールの演技者よって演ぜられ歌われた、革命的なオペラだ。……タタールの音楽と歌はどことなく日本的であるので、私にはことに面白かった」［片山 1960=1930:197］という具合である。

もちろん日本の民衆が忘れ去られたわけではまったくない。だが、シベリヤや中国で帝国主義的侵略の先兵の役目を無理強いされる存在、「米騒動」において天皇制国家に対して、生活苦から革命的に武力闘争を挑む存在として、「歴史的使命」を遂行すべきプログラムのうえに描かれるのみであった。「東洋経済」で喜怒哀楽を共にし、そのなかから現実批判を深めさせた「東京市民」の姿を片山はここでどう思い起こしていただろうか。クレムリンで厚遇を受けながらも、ことさらに片山は望郷の思いが強かったという。羽出木の空は世界一といいつつも「千葉監獄で朽ち果てるよりは、故国のプロレタリア階級のために尽くしたい」［片山 :1954:226］という一念でかれは「忍耐」の生涯を貫いた。

この個人史の最終の文脈からは抜け落ちていったもの、しかし片山に身体化されていたものに本章は光を当ててきた。それは本書で続く「消費組合論」の骨格をなすものである。片山が没してからの八十年余、日本社会は激動の波に何度も飲み込まれ、変貌していった。既存の「社会主義」が問い直され、「資本主義」も迷走し、様々な立場から「社会」が再定義されようとしている今、日本的であってしかも日本的でない片山に今一度まなざしを注ぎ、そこからなお生かすべきものを探るとすれば、この辺りにあるように思われる。

注

（1）参考までにだが、この米作渡米中、片山はセントルイスの万博において氷やアイスクリームの店で労働している［隅谷 :1960: 巻末年表］。マックス・ヴェーバーも生涯でただ一度のアメリカ旅行中に、この万博のセントルイスを訪問している。片山がニューヨークからアムステルダムに向かったのは一九〇四（明治三七）年八月二日。ウェーバーが妻とトレルチとともにニューヨークに入港するのは九月である［W. Marianne:1963:231］。

（2）リュトヘルスを中心にこの時期の片山の動向を追った労作に［山内 :1996］がある。

（3）一九〇八（明治四一）年、社会主義同志会で片山が除名処分を受けたのは、路線問題というよりも、アメリカで失敗を重ねた末に学びとった、合理的で几帳面な金銭管理の感覚と友人づきあいが原因だったといわれている。親分が金の面倒も見るのが当然という日本社会の雰囲気が社会主義運動の世界にも普通のこととしてあったのである。この事情については［大河内 :1972:202 以下］に詳しい。だが、片山のこの態度は金の問題の大事さを示しただけであって、労賃をめぐる闘争がかれの運動のすべてであったことを意味するわけではない。むしろ、金に還元されない生活の質の向上をめざしたのは行論で示されるとおりである。

（4）［片山 :1967 上 :191］。自伝のこの部分は、一九二〇（大正九）年、米国アトランティック市で記述されている。アメリカ共産党統一の過程のなかで書かれたことに注意。

（5）片山は無政府主義者としての幸徳には理論的に対立したが、その人格には評価を惜しまない。幸徳が執筆した著書雑誌は必ず送ってきたこと、刑死前日に健闘を祈る葉書を寄せたことなどを記している［片山 :1967 下 :252］。

（6）これは石橋湛山が当時の営業部長の追懐録で確かめたもの［石橋 :1933］。［片山 :1967 下 :243］によれば一九〇八（明治四一）年後半となっている。

（7）ちなみに領土拡張、対外侵略によって日本の発展をめざすのではなく、内的な市場の発展を重視して経済中心に進めようとする「小日本主義」の植松の思想は石橋へと受け継がれた。

（8）［片山 :1959=1897:200］。同様の記述は［片山 :1954:180］にもあり。

（9）『東洋経済新報』では、既述した五六九号の「東京電車問題における軍隊出動の真相」と「米国民主党の勃興と国情の変化」が重複している。

(10) しかし、片山はモスクワ時代に書いた最後の自伝である[片山:1967下:269]では、この雑誌を『東洋文学』と誤記している。文芸に関する文章を多く書いた記憶によるものか。

(11) 留学渡米帰国後間もなしに書いた、ギリシア悲劇とその国民に与える影響を論じた[片山:1897]がこの領域の最初のものである。

(12) 留学渡米からの帰国後、口述筆記による『渡米案内』は、かれの書物としては異例の売れ行きであったが、そこでは渡米をめざす若者たちに「宗教を信じて居ると云ふことが米国に於ては第一の信用となる」[片山:1901:35]と助言している。まさに「プロテスタンティズムのゼクテ」である。

(13) 内田義彦による明治青年の類型化である「コネ型」と「力作型」の対比をここに見ることができる。片山はまぎれもなく後者であるが、「内省型」や「コンプレックス型」に至らず、積極的に働きかける対象を貧者や弱者に向けていったところにその特質がある[内田:1967]。

(14) 片山の場合は進化論でこれを説明している。「社会進化の順序として、資本家制度の進化により、資本家が横暴を極めることによって労働者が権利に目覚め、赤子が生まれるが如く社会的革命が起こる。そして社会主義へと社会は進化する」というのが第二十八章「社会的革命」の骨子である[片山:1955=1903b:117以下]。

(15) 留学中、朴訥な片山はいわゆるイジメにあってホプキンス・アカデミーを退学している[片山:1954:145-146]。また、黒人と貧白人のために設けられたグリンネル大学が黒人を不公平に扱っていることを記している[同:153]。

(16) 米作渡米以前では『六合雑誌』、『国民之友』、『二六新聞』などが主要な寄稿先であった。

(17) [片山:1960a=1920:364]。その理由はボルシェヴィキ政府に関する多くの論文を掲載し、しかも攻撃しないどころか日本政府に承認させるために精力的な試みをおこなったということである。いくつかの論文を片山はあげているが、正確ではない。『東洋経済新報』にはロシア革命やシベリア出兵に対する情報や論評は適宜掲載されている。

(18) 片山は自身の経験もあってアメリカにおける日本人排斥の動向に早くから関心を抱いてこれをフォローし、憂慮していた。一九〇七(明治四〇)年の『二六新聞』に「北米日本人排斥の真相」が連載されているし[鈴木：1959］、『東洋経済新報』でも五五五、六号に、この状況に有効な手を打てない日本政府を非難する文を書いている。
(19) しかし、片山のアメリカでのボルシェヴィズム理論の理解の進行は緩慢であり、不正確であったようである［山内：1996:116］。
(20) 要は執筆時期が下るほど、自分が早くから社会主義者でありその立場を一貫させてきたという文脈で過去が整序されていくということである。この見解を詳述したものとして［隅谷：1968］がある。そしてその一貫性という立場から片山は明治維新や藩閥政治、労働運動などの日本の政治経済を分析し叙述していくということである。また、［大原：1995］および同書巻末の「片山潜自伝比較表」を参照。
(21) ［岡田：1970］。最初にこれが公刊されたのは［片山：1948］。

第2章

消費組合としての「共働店」

序章において、消費をめぐる自発的なアソシエーションが、差し迫る資源や環境の危機に立ち向かう決定的に重要な拠点であることを説いた。もともと消費の共同性は、その社会の質や社会組織のありかたを決める重要なファクターであったが、二〇世紀以来の資本主義諸国において消費が生産を牽引するという認識が高まるとともに、ますますその度合いを深めている。とくに消費者間の自発的自助組織は経済や環境の領域に関わっていくだけでなく、政治や文化を含めた社会形成そのものに大いなる影響をもたらす可能性を秘めている。

それは、歴史的には「消費組合」という名で呼ばれてきたものであって、本章では日本で最初に運動理論と組織をもった消費組合——明治三〇年代の「共働店」——をとりあげる。片山潜がそこで大きな役割を果たしたのであるが、その準備作業としてかれの基本的な社会認識を前章で検討したゆえんである。わずかの前史から一気に花開き、そして数年で命脈尽きたこの「共働店」運動は、日本のその後の展開や特質、克服しなければならない桎梏を考えるにあたっての原型になる運動と位置づけられる。

1 「共働店」前史

「共働店《きやうどうみせ》」とは日本に労働組合をつくり、定着させようと、一八九七（明治三〇）年、高野房太郎、片山潜らが結成した労働組合期成会の指導によって組織された鉄工組合や日鉄矯正会等の労働組合の内部に、ロッチデールを参考に生まれた労働者の日用品・生活必需品を組合員自らが仕入れて売り捌く売店のことである。(1) 高野と片山は誕生間もない組織労働者にこの「共働店」の重要性を精力的に説き、失敗した店もあったが、その努力の結果、組合結成の進展とともに店舗数や商品扱い高は上昇していった。しかし所詮は労働組合と運命を共にするものであったのであり、一九〇〇（明治三三）年の治安警察法による労働運動の弾圧とともに退潮していった。

この二人の労働組合運動史上の個人的功績については、片山のその後の共産主義者としての華麗な経歴[2]のゆえに高野の役割が軽視されてきた。しかし高野が滞米中の一八九一（明治二四）年、サンフランシスコで「職工義友会」を靴工城常太郎や洋服工沢田半之助らとともに結成したこと、帰国して後、これを再結成し「職工諸君に寄す」を執筆して労働者に配布したこと、片山をはじめ開明的資本家佐久間貞一、毎日新聞社社長島田三郎、社会政策学会員で大学教授の鈴木純一郎、東大の弟岩三郎などの主として知識人の協力を求めて期成会結成を実現にこぎつけたこと、などのゆえに「日本の労働組合の父」というプライオリティの復権がなされている。[3] 消費組合についてはどうであろうか。これも以下の理由から高野ということになる。

両者ともこの運動開始以前にアメリカでの長期の「私費留学生」体験をもっている。片山は一八八四（明治一七）年から足かけ一三年間にわたって苦学を続け、いくつかの大学を渡り歩き、エール大学やグリンネル大学大学院等を卒業して帰国した。高野は一八八六（明治一九）年から一時帰国も含めて一八九四（明治二七）年まで、正規の学校教育は受けなかったが、様々な労働に従事し、また事業を起こして失敗したりするかたわら、経済学を中心に勉学に励んだ。この体験において、両者とも肉体労働を含めた「移民労働者」としての辛苦はつくづく味わい、資本主義社会における労働問題（片山の場合は都市問題にも）に開眼し、労働者や貧者の立場への共感と理解を深め、また日本の労働者に比較したアメリカの労働者の生活の質や考え方の違いにも思いを馳せつつ、労働社会の実態把握に努めている。これらの過程で片山はラッサール、高野はアメリカ労働総同盟（ＡＦＬ）のゴンパースという思想上・運動上の師を得た。とくに高野はゴンパースに直接に面談して指導を乞い、ＡＦＬの日本オルグの資格を与えられて帰国している。[4]

このアメリカ体験のなかで、両者が消費組合運動に直接触れたかどうかは不明である。片山は留学末期にイギリスに旅行し、当時の問題関心に照らした都市施設や労働組合の視察、トインビー・ホールへの訪問などをおこなっているが［片山:1967上:226以下］、渡米後のアメリカ生活全体も含めて消費組合についての記述はない。高野は一八九一（明治二四）年、日本の労働者の状態を改良するためにはまず、結合（団結）が必要なのであり、そのためには団結をすれば直接の利益がもたらされるというインセンティブが要る旨の寄稿をアメリカから本国の「読売新聞」に送っている（「日本における労働問題」［高野:1997:287］）。そこでは第一に疾病の保険、火災の保険といったいわゆる「共済」、第二に労働者の貯金を集める共同営業会社、物品製造、日用必需品の売り捌き等による収入増加、生活費用の縮減が例として挙げられている。そしてとくに第二の方法については財産家（資本家）の資本貸与が必要であると消費組合についての記述がないわけではない。(5) これをもって日本人で最初に消費組合運動に言及したものである［二村:2008:239］とはいえるが、高野の最初の消費組合の認識としては労働運動と消費運動が連結しうるということ、しかし、ロッチデール原則の確かな理解のうえでのものではないという二点が何とか確認できるにとどまる。

ロッチデールとはオウエン主義の流れをくみ、ランカシャーのマンチェスター郊外で一八四四年、労働争議に破れた二八名のフランネル工たちが共同出資して出店したもので、消費組合の元祖として知られている。その運営方法の原則はしばしば改定を受け、現在の生協運動に至っているが、一九三七年の国際協同組合連盟（ICA）のパリ大会で定められた次の七つの原則が、その運営における精神を現在においては最も的確に表している。

一、公開の原則　二、民主的運営の原則（一人一票制）　三、利用高比例割戻の原則　四、出資金利子制限の原則　五、政治的・宗教的中立の原則　六、現金取引の原則　七、教育活動促進の原則

イギリスで成功したこの組合はヨーロッパに広がり、大西洋をも越えたが、アメリカでの発達は極めて緩慢であり、生産組合（労働組合を含む）は興隆しても「一九二九年に至る迄は、実にアメリカは消費組合の砂漠」であった［上林:1951:86-87］といわれている。生産における個人の能力重視（アメリカン・ドリーム、フロンティア・

スピリット）の風潮、デパートメントストア、チェーンストア、スーパーマーケット、通信販売などのアメリカで発達した多様な形態の小売業との競争などがその理由にあった。[6] また、ゴンパースの自伝を見ても、高野に直接影響を与えたところの、哲学的理念や政治闘争を排除した「純粋でまじり気のない労働組合」（ビジネス・ユニオニズム）［佐々木 :1974］、反社会主義、反知識人といった論調がちりばめられていて、消費組合についての言及はほとんどない。[7] 高野については労働騎士団との接触もあったので、組合的な慈善活動に触れる機会もあったかもしれない。[8] 片山にはキリスト教関係の関連体験があったかもしれない。

いずれにしても消費組合への着眼と以下に示す実践活動の実績においては、高野にそのプライオリティは認めるにしても、両者とも、当時の日本人としては先駆的にこのことを知る立場にあったとはいえ、具体性と理論的根拠を持って帰国したとはいえないのである。

2 高野と「共働店」

消費組合についての高野の認識は以上の如くであったが、「消費」そのものの政治経済的意義については、かれとナショナリズムとの関連を示すものとしてよく知られている明確な主張があった。これは滞米時代にガントンの経済書『富と進歩』を読むことによって［二村 :2008:105 以下］獲得された次のようなものである。そしてかれは終生この立場を変えることはなかった。

継続的に続けていた「読売新聞」への寄稿においてかれは「産業すなわち生産の終極の目標は何ぞや。消費なり」（「富国の策を論じて日本における労働問題に及ぶ」［高野 :1997:309］）と断じる。労働者の立場に立てば、消費とは衣食住を満たす生活費すなわち「賃銀」と生活水準の向上のための社会的必需品の二つに分けられ、この

左から城常太郎、高野房太郎、沢田半之助

後者は無限大であるという。アメリカの労働者の生活様式を眼前にしたときに、日清戦争に勝利したにもかかわらず、日本の労働者に欠如する決定的なものは、この社会的必需品への意識だと思われた。かれは戦争で得た労働者の取り分をいかにこの方向に転轍できないかを考える。戦後の消費者物価が賃金の上昇を上回っている点を統計的におさえ（「日本の労働問題」［同 :326 以下］）、日本に来た欧米人が、かれらの常識からすれば人間としての誇りを貶める隷属的労働としかとりようのない人力車を駅前に群がる車夫が引く光景が「人力が畜力より安い」[9] ゆえであって、要するに日本の労働者は危機的状況といえるほど低賃金であるから、労働者にこの共同消費の意味合いをもつ社会的必需品への欲求を目覚まし、高める必要がある。それは高い賃金要求に繋がる。この関連を認識させる役割は知識人（高野の言葉では有識者）が「教育」によってなすほかにない。この無限の需要を高めることが生産の向上をもたらし、「貧者を富まさんがために産業を盛んにし、貧富両者に分配する」（「富国の策を論じて日本における労働問題に及ぶ」［同 :319］）ことがすなわち国富の増大になるというのである。高野は絶えず、日本の労働者の「無知」に言及しているが、組合や運動を知らないという意味だけではないのである。

人間としての誇りを導くであろう労働者の消費における文化的水準の問題をかれがこうしていち早く着眼していることは重要である。しかし、この消費観が後の共働店活動でどれだけ生かされたかは後に見るように疑問とせねばならない。

しかも、これを敷衍して高野は、日本の国策である労働者の低賃金を利用した自由競争的外国貿易による経済政策をはっきりと否定し、米国労働者の生活程度の高さ＝高賃金の理由は保護貿易にあり、自由貿易ではこれを維持できない（「北米合衆国における保護貿易主義」〔同:335〕）とする。この論点は後にふれる「内地雑居」問題への基本的立場をなしている。それはさておき、労働者の生活水準の向上それ自体が究極の目的だったのではなく、かれの念頭に決定的に置かれたのは、富国日本への方途であり、そのための労働者の団結=労働組合であった。「労働運動の必要性は人道的な感傷ではなく国の繁栄である」という認識をもって、高野は自ら知識人を中心に組織した期成会の指導を通じて労働組合や共働店を作っていく。かれの頭のなかには、後に片山が直面して旋回することになる「資本家や国家と労働者が抜き差しならぬ対立に至る」という図式はない。そして労働組合期成会の機関紙である『労働世界』に共働店を設置運営するモデルとしての「規約」を執筆する〔労働運動史料委員会編:1960=1898.6.15:136〕。それだけでなく、一八九八（明治三一）年末には、片山との路線の対立の影響もあって、期成会の専従を辞任して横浜鉄工組合の共働店の経営に乗り出す、その失敗後、翌年末には八丁堀に共栄社を設立して経営した。片山にはないこれらの点をもってしても「日本の労働組合の父」だけでなく「日本の消費組合の父」であるということができよう。

さて高野執筆の「規約」であるが、市価販売、購買高による払い戻しなどロッチデールを踏襲してはいるものの、「前文」に相当する「東京だより」において、『共働商店』は労働者の経済的独立に止まらず労働問題の真解釈――解釈とは今でいう解決（引用者）――」〔同〕であると書いているように、「労働組合のための消費組合」というところに大きな特徴がある。第一六条は「本会より配布を受けたる物品の代価は毎月二回払込む」となっており、現金主義をとらず、[10] 第二五条の利益配当については組合事業費積立金（純益の二分五厘）を定め、第三〇条でこの積立金は鉄工組合本部または支部の事業に使用するという点がそれを端的に示している。そして、この事業積立金は利益分配前に引き去るべきとされるものであった。また教育についての条項がないのも、さらにはひとり一票という原則はおろか、議決についての規定がないのも指摘しておかなければならない。

さらに高野は共済や消費組合をつぎのように意義づけた。すなわち、意識の未熟な日本の労働者に対して、労働組合が提供する教育機能を通じて労働組合の必要性を説いてもかれらはこれを喜ばず、「直接的な利益を提供する」（「日本の協同組合売店」［高野:1997:191］）ことが重要であり、これこそが労働組合を補助する消費組合の役割であるということである。ここには高野の労働者観の一端がうかがわれる。ほぼ無償活動といってよい日本の黎明期の労働組合運動に携わるほど、それだけかれは個人としては経済的には困窮していったのだが、「アメリカン・フェデレイショニスト紙」への寄稿のなかで「組合費」を納めない組合員が多いとこぼし、かれらは自分のような組合役員や共済を勧める人間を、貯蓄や投資をもちかけて掛金を持ち逃げする人種のように見ていることを「私たちも詐欺師として非難される栄誉に浴します」と自嘲気味に述べている（「日本における労働運動家の経験」［同:174］）。もちろんかれは労働者を蔑んだのではなく、かれらの無知を憎んだのであるが、このような関連から、組合員が直接に金銭的報奨を受けることのできる共働店設立運営に精力的に取り組んだ[11]。そこには利益を出し、労働者の経済状態の改善のために適切に分配しなければならないという至上命題があった。かれは消費組合はもとより労働組合運動が政治に関わらざるを得ないことを否定はしなかったが、自らの運動が政治的文脈で展開されるのを好まなかった。「純粋でまじり気のない組合」における組合員の支持政党の自由を主張したゴンパースの血を引いているのである。しかし結果はほとんど出ず、期成会役員辞任（明治三一年一一月）→横浜鉄工組合共働店専従（同一二月）→労働組合運動・消費組合運動からの撤退＝新事業を企図しての渡清（明治三三年八月）→その四年後、三五歳での客死という悲劇的な運動歴をたどっていった。

3 片山と「共働店」

他方、片山と共働店との関わりはどうであったか。かれが共働店に最初に簡単に触れるのは一八九七（明治三〇）年の「労働団結の必要」［片山 :1960a:14 以下］においてである。ここでは標題どおり、今日の生産制度、自由競争において労働者は資本家の奴隷とならざるをえず、「労働者の自由と独立を得るの道は、唯相共に団結するにあるのみ」、「ドイツの労働者のごとく、英国の生産組合 Trades Union のごとく労働社会は……国家全体の一大勢力となるべし」という政治経済的な文脈において、そして団結の唯一の例として、「ロクデール Rochdale の共同店《ママ》 Co-operative」が示されている。それはいかにも唐突な、単なる指摘であり、高野のような戦略的理論づけについては不備といわざるをえない。また同盟罷工については「労働者の為に望まさる所なり（必要ならばやむをえず）」とあり、翌年に編集者として『労働世界』を発刊した時の論調と同じく労資協調の域を超えるものではない。しかし、「其（共同店の）株式会社と異なる点は、唯資本に対しては一定の利子を払い、其純益は各会員の買高に依って配当する点にあり、其政治は全然共和的なり」［同 :19］と高野にはない政治面に着眼しているところに特徴がある。この点は『都市社会主義』に至るような系列の、自立的市民の育成、自主的な「経営」の感覚の重視といったかれなりの以前からの思考の蓄積が関与しているといえよう。

高野に引き入れられた労働組合運動であったが、『労働世界』紙上で片山は共働店についての順調な進行状況を逐一報告するとともに、この推奨を説く論陣を次々に張っていく。また、期成会による東北遊説では、高野とも手を携えて同行し、労働組合を組織しただけでなく、共働店も次々に軌道に乗せつつある鉄工組合や日鉄矯正会の会員を集めて共働店の意義を熱心に演説した。[12] かれは共働店運動の成果と有用性を改めて［片山 :1960b:47

以下〕に詳述している。

高野との違いに注意しながら片山の見解を見るならば、「共働店は労働者の城郭なり」〔労働運動史料委員会編 :1960=1898.6.15:135〕では現金主義の徹底を主張し、今日の労働者は賃金を受け取る前に消費してしまい（掛売り）、生活費用に加えて利子までも負担するから賃金奴隷とならざるをえないのであり、この救済策は賃金増額でも労働時間の短縮でもなく賃金を自由に使える「賃金の主人」になることで、これを可能にするのは共働店をおいてほかにないと記している。とくにこの主張は、労働運動が弾圧されて賃金値上げ闘争が不可能になりつつある状況のなかで一九〇八（明治四一）年に出版された小冊子『消費組合』〔片山 :1908〕で定式化されている。また満山逸民の筆名で掲載された「共働店の目的」〔労働運動史料委員会編 :1960=1898.12.1:249〕では、「共働店にして利益が主なる目的にあらずして労働者が相集まり便利を計り相互いに働きまた相親しみて其の厚情を厚ふし其の目的を利益以上の交際に置き彼等が信用を以て万事を取り計らひ労働者独立の基礎を立つるを以て共働店の目的とせば彼等は少しの不平は忍ぶべく少しの不利益も我慢すべし」と記し、経済的利益にもまして労働者の心的結合、相互啓発を説いているのである。ここには片山のヨーロッパでの労働倶楽部等の視察の経験があると思われる。また、片山の署名はないが、高野の横浜鉄工組合共働店についても、その動向を紙上で伝えるとともに店舗の二階に労働組合の事務所を設けていることを評価しつつ伝えている〔同 :1960=1899.1.1:268〕。さらには共働店の運営を通じて労働者が資本家になればいいとの言葉もあり、これはもちろん当時の経済体制や資本家のありようを認めるものではないが、「経営」の感覚を身につけて、労働者が自己の生活を反省しつつ組織していくという教育的意図が込められていると思われる。さらに共働店は労働者が知らず知らずのうちに（購買高払い戻しによって）貯蓄のできる唯一の方法「銭を使ふて銭を儲ける好手段なり」〔同 :1960=1901.2.1:653〕であると論じている。そこには高野のように労働者が経済的に向上すると資本主義が健全に発達するとの認識は出てこない。

まとめてみれば、高野は労働者の「無知」を知識人による教育で克服しようとした。その方向は、日本の労働者が知らないアメリカの労働者の生活水準を念頭に置いて、日本の労働者にそこへと向かう意識を覚醒させるために利益誘導（ひいてはゴンパースのいう高い労働組合費を払えることによる組合の発展）を介在させるという、労働者にとっては外在的なものであった。片山はその知識人として組合運動に加わったわけだが、むしろ労働者が実践を通じて自らの生活を見直し、経済的のみならず政治的および社会的な地位と意識を高めていくという内在的なものであった。ロッチデールに倣って両者とも労働者を教育することの重要性を説いているが、たとえ効果は同じであっても、姿勢としてロッチデールに近いのは片山のほうであろう。(13)

4 「内地雑居」を巡って

両者のこの対質は共働店に限っていえば相補的で微妙なものといっていいかもしれないが、『労働世界』等を見ると、両者の質的な違いに基づいていることが露わになる。消費組合とは離れるが、それは「内地雑居」を巡ってである。この問題は日清戦争以降、不平等条約（治外法権、領事裁判権）の改正とセットになって生起した明治政府が直面した大きな政治・外交問題であった。外国人の国内における自由な居住、旅行、外出を認めるか否か、日本が欧米に列した近代国家としての道を歩むのならば、実際にはかなり形骸化していたにしても、外国人居留地にかれらをとどめておくという建前をどうするかということは避けては通れぬ問題であった。

主婦も外国語を話すようになるべきとか、肉食を増進して日本人の体格を欧米人並みに改良して対抗すべきとかいった荒唐無稽な議論も含めて、外国人が得体の知れない異質な存在としてほとんど想像の域を出なかった大衆も巻き込んで、開放か閉鎖か国論を二分する議論が沸いていた。国内雑居法の発効は一八九九（明治三二）年七月、高野や片山が共働店運動にのめり込んだ時期であった。

本質的な問題は二局面あって、『内地雑居後之日本』のなかで毎日新聞記者横山源之助が強調する、欧米の資本が自由競争というかたちで入ってくると国内資本が駆逐されるのではないかということと、安い賃金で入ってくる外国人（当時は清国）労働者が国内の労働者を駆逐するのではないかという危惧であった［横山:1954］。横山は労働世界の記者でもあって、『労働世界』でも片山や高野も加わり、このテーマで紙面のかなりの部分が割かれることになるが、これほど相互に主張の違う記事が同一紙に掲載されるのも珍しい。

まず高野は、前述の歴史的文書「職工諸君に寄す」［高野:1997:340以下］の冒頭を「来る明治三二年は実に日本内地開放の時期なり。外国の資本家が、低廉なるわが賃銀と怜悧なるわが労働者とを利用して巨万の利を博せんとて、わが内地に入り来るの時なり」との文章で始めている。そしてそれを防ぐ準備として、革命や急進的行動を避け、同業組合を興して全国連合組織を形成し、団結せよと訴えている。保護貿易論者としては当然のわかりやすい主張である。外国人労働者については、一八九九（明治三二）年七月、直後に東京で演説会を控えているにもかかわらず、神戸在住の城の求めに応じて「清国労働者非雑居同盟演説会」に夜汽車で駆けつけ、その顛末と当日配布された檄文を『労働世界』［労働運動史料委員会編:1960=1899.8.15:407］に寄稿している。この集会は中国人労働者に仕事を奪われるという危機感に駆られた神戸の沖仲士組合が主催したものであった。暴力事件も起こっていた。高野の筆になる檄文ではないが、この「檄して四方憂国の士に訴う」には「汚下賤劣乞食に比しき労働者を入国せしむるの必要あるか」、「久しく清国に在住し、支那人の孤児をこれを養育せし仏国の宣教師は言えり、支那は土の中にも盗賊の分子を含むと。然り窃盗賭博は彼らが先天的特性にして、汚穢不潔は彼らが遺伝の弊習なり」というように、かなりの侮蔑的差別的言辞が踊り、むきだしの排斥意識に満ちたものであるが、高野は「（期成会）会員諸君の一考を煩わさん」と結んでいる。これには伏線があって、在米時代に城や高野は、十九世紀後半に労働組合を中心にした中国人労働者排斥運動を目の当たりにし、これに同調していた。[14] とりわけ靴工であった城は実際に仕事を奪われており、城との友情に引きずられた面もあるのかもしれないが、この点でも高野は一貫して排外的であった。[15] しかし、片山の手になると思われる『労働世界』の記事は、高野の話として神戸沖仲士組合の活動を論評抜きに素っ気無く伝えている［同 :1960=1899.8.15:404］だけである。さらに片山は『日本の労働運動』でもこの件ついて触れているが、労働運動としての評価はまったくなく、「何時の間にか消へうせたり」［片山 :1952:112-113］と冷淡に伝えている。

他方片山は卯久会『内地雑居に対する諸大家之意見』［稲生 :1992:208-224］においてインタビューに応ずるかたちで率直に内地雑居問題を論じている。基調は「外国人との交際は案外円滑に行なはるべし」ということであり、かれらの拝金主義（これは横山が強調するところでもある）は昨今では日本人も奉ずるところとなっていて、欧米人との衝突はなく、むしろかれらの事業に対する熱心と機敏さを学ぶべきだという。そのうえで「日本には外国人が起業すべき余地あり」として、日本では資本の欠乏によって進捗していない鉱山鉄道銀行などの事業に、日本人の資本家のように目先の小利益にとらわれず、欧米人は強固な基礎と周到さで参入してきて日本経済に寄与するというのである。そして「長所を学び短所を補う」べきだと続けていく。では短所はどこにありどう補うのかというと片山は、外国資本がいかに低賃金で外国人労働者を使おうとも日本には職工の熟練があり、職工は事情の通じない外国人資本主を嫌って雇われようとはしないと指摘し、短所は日本の職工があまりに低賃金であることにあると考える。これでは職工の技量の進歩も望めない。「日本人は職工を使役するの方を知らず」として、片山は工場上層から身分的な蔑視を受けている気力忍耐もある職工に、目先の打算ゆえに資本家がなぜこれに正当に報いないのかと憤る。「日本の資本家は独立心が無い、兎に角政府に依頼して、利益を保証して貰ふとか、保護金を下げて貰ふとか、何でも腰の弱い卑怯な振舞いをし曖昧卑劣な手段を廻らして居る、所が欧米の実業家はなかなか見上げたもので、米国の銀行者は、かつて協力して其国の政府を保護してやったことがある……ドウか我国の資本家も、チト其眼孔を大きくして、シッカリやッて貰ひたいものですな」と、労働者ではなく資本家を相手に覚醒を促しているのである。まずは資本家が対応することが先決であると。そしてこの趣旨の主張は『労働世界』の片山と思われる無署名の記事にも散見されるのである。そこにはすでにインターナショナリストとしての資質が姿を覗かせている。「排斥を掲げる欧化主義『時事』紙が、西洋人にへつらい、支那人を不衛生と蔑むならば何故日本の労働者の悲惨な状態に思いを馳せないのか、西洋人であっても拝金主義もあれば支那人のごとく耐忍、勤勉なる者もいる」［労働運動史料委員会編 :1960=1899.7.15:383］と、ナショナリティにかかわらず労働者の立場を主張している。そして自伝『わが回想』においても片山は「吾人『労働世界』は絶対の自由を支那人労働者にも許すべきことを主張した」［片山 :1967:304］と記している。

自由貿易か保護貿易かという政策上の議論はともかく、当面の消費組合の問題圏でいえば、ここで注目したいのは組合員の主たる構成者である職工、ひいては労働者へのまなざしである。すでに示唆したように高野は、直情的な思いを込めながら、国家における資本主義の順調な発展という視点を定めつつ問題に対処した。それは論理的には極めて明晰である。すなわち、日本の労働者に富の味を目覚めさせることによって国富は増すのであるから、高賃金の獲得が必要であり、それは労働組合で団結することによって実現される、しかも組合財政の安定がその基礎であると。したがって日本の労働者の経済的条件を悪化させる中国人労働者は排除しなければならなかったのである。片山はむしろ理論的には混濁し、立場もはっきりしてはいないが、ナショナリティを問わず労働者の内面に寄り添うかたちで、ゆえなき偏見ももたず――というよりもこれを否定したうえで――かれらの自立心や誇り、さらにいえば政治的な地位の向上を視野に入れている。この意味においても、出資高にかかわらず同等に、正当に扱われるべきひとり一票の権利を謳ったロッチデールの精神に――意図せざるとも――より近かったのではないか。しかし片山のこの政治への傾斜は、消費組合の問題に限っても、後に検討するように、極めて問題のある変貌を遂げていく。

5　市街地購買組合

その経過を検討する前に、「労働組合抜きの消費組合」についても見ておかなければならない。それは明治政府の内務大臣品川弥二郎やその部下の法制局長官平田東助らの官僚の主導のもとに、治安警察法とほぼ同時に制定された「産業組合法」によって作られた系統の消費組合である。法の制定は一九〇〇（明治三三）年二月、その過程では一八九一（明治二四）年に信用組合法案、一八九七（明治三〇）年に第一次の産業組合法案が帝国議会に上程され、廃案になっているから、これまた高野や片山の高揚しつつある運動と時期的に重なってくるのである。しかし『労働世界』はこの動きを簡単に報じているだけで、内容的にはほとんど検討した跡は見られない。議会の通過をみた後「産業組合法なる」との見出しで「之に依って労働者は小作人および小事業家などと同じく団結をなし経済上の独立をなし以て自己の利業を営む良法なり」としたうえで「労働組合も共同《ママ》店による共働独立工場も社団法人としての保護を受けることができる」としている［労働運動史料委員会編 :1960=1900.3.1:525］。これは片山の見解と思われる。[16] かれが後に『日本の労働運動』において「前者（治安警察法）は労働者のために悲しむべき法律にして後者（産業組合法）は労働者のために悦ぶべき法律なり」［片山 :1952:53-54］としたのは片山の限界を示すものとしてよく知られたことだが、産業組合法は組合の保護だけではなく、官僚による監督規制が、とくに労働組合系の消費組合の動きを封じる役割を果たした。このような事態が明らかになってくるとき、片山はもはや日本に居住してこの事態を見ることはなかった。

もともとこの法のねらいは信用組合と農村（農業）が出発点であって、日本の近代化、資本主義化にともなう中農層の経済的没落を防止するところにあり、同時に平田らの官僚としての立場からすれば、中央統制のうえでの地方行政の円滑な進行の必要から画策されたものであった。そして次第に「遅れた農業を再生産軌道を定置しつつ資本主義生産に適応させる」［中原 :1972:109］性格を強めていったのであった。第一条は信用組合、販売組合、購買組合、生産組合の四種類を産業組合とし、信用組合と他との兼営は認められなかった。したがって消費組合はこの中心をしめるものではなく、購買組合といっても肥料や農機具などの共同購買などが主として想定されていたのである。ライファイゼンかシュルツかという議論はあってもロッチデールとは接点は薄かった。だが日露戦争以降、この法を基礎に都市部を中心に、必ずしも労働者や労働組合をベースにしない、いわゆる「市街地購買組合」が叢生してくる。それらは物価の上昇とともに、できては消えていくという安定したものではなかったが［奥谷 :1973:87］都市の給与生活者を中心に組織され、その勢力は労働者の消費組合をしのぐものであった。その経過のなかでロッチデールも参照されるようになり、産業組合中央会は一九二五（大正一四）年にはホリヨークの『ロチデール消費組合の先駆者』の翻訳と「産業組合調査資料九集」として『市街地購買組合に関する調査』を出版した。後者によれば前年末の組合総数は全国で一九八組合あったが、当時のこの状態は中央会から見ると次のように「事業不振」とみなされている。

「……我が国の市街地購買組合は其の区域概して広汎にして組合員の多くは散在し居るを以て店舗を設備して売却するの方法を実行するを得ず、組合経営上最も不利なる用聞及配給の方法を実行を行なふこと能はず、且つ其の売却価格も如きも所在地の小売値段によりては組合員を満足し能はざるの場合あり又連合会の組織完成せざる為め自己生産、大量仕入の如き有利なる方法を行ひ得ざるの現状ありとす。此の如く我が国に於ては市街地購買組合の発達を促進すべき要素は一として具備せざるものにして、而かも組合員は組合精神を自覚し組合の必要を認識して進んで組合に加入し居るもの甚だ多からず。組合を以て一種の廉売機関の如くに考え居るの状態にあるを以て組合事業の経営至難にして成績の良好なるもの未だ多からざるは蓋し已むをえざることに属す」［産業組合調査資料 :1925:23］。

そして今後購買組合を普及させていくための改善策として、売却価格の市価主義の徹底、現金売買制度の徹底、用聞配給制度（配達）を改めて店舗式を徹底することの三点が指摘されている。

ここから読み取れるのは、ロッチデールの自助自治精神や「資本主義経済組織の桎梏からの離脱」［同 :22］といったことは知識としては存在しているが、議論の枠組は広い区域と散在する組合員という「日本的」制約のなかでいかに利益を出すかということから一歩たりとも出ず、ロッチデールが共同のものとして骨肉化されることすら意識に上らないということであろう。昭和に入るとともに、ますます時代的制約を受けて、これらの組合は数少ない例外を除いて翼賛化し、消滅するに至った。

6　両者の日本脱出

その後の高野と片山に戻ると、消費組合運動から離れていくという点では同じであるが、治安警察法が両者のコースを分けた。すでに醸成されていた労資協調・社会改良から社会主義へ進むか否かという路線上の対立(17)を基底に、高野が運動から身を引くというかたちで期成会の方向は進んでいった。片山は『わが回想』で、ほとんど不自然とも思われるほど高野との対立はなかったと繰り返し強調しており、このこと自体が両者の不協和音を示唆しているともいえるが、唯一の例外としてかれが記しているのは一八九八（明治三一）年一一月二〇日におこなわれた前農商務大臣金子堅太郎の演説を掲載するか否かを巡っての対立であった。労働団結に政府側のお墨付きを得られるという意味で高野は金子に感激しきりであったが［二村:2008:228-230］、片山にはもはや官僚や政府は手を組むべき相手ではないという認識が高まりつつあったと思われる。[18] 金子の演説の直後に高野は無給の期成会常任幹事を辞し（片山が後任）、横浜鉄工組合共働店の専従となるが、その経営も失敗する。翌年夏には清国非雑居同盟問題があり、両者の溝は深まっていった。一九〇〇（明治三三）年の治安警察法以来、政府や事業主による組合への弾圧が峻烈を極めてくると、鉄工組合は急坂を転げ落ちるよう支部や組合員数を激減させ、とりわけ組合財政は行き詰まった。高野は、資金難のゆえに鉄工組合が共済を廃止せざるをえなくなった事態に対し、これを憂え、組合刷新案として産業組合法にのっとり信用組合を鉄工組合内に組織し、政府監督下で営業をおこなって立て直すべしという最後の提案をする［労働運動史料委員会編:1960=1901.5.15:570］。かれも産業組合法に期待を抱いていたことがわかるが、反響も得られず、九月に城と連絡連携をとりつつ新事業を求めて渡清していった。ここで高野の日本での足跡は切れる。

片山の方向は異なった。この状況ではもはや労働組合運動、経済闘争では限界があると認識し、社会主義研究会での活動を強め、社会主義を学び、政治へと向かった。社会民主党の結成（即日禁止）、議会主義のもとでの普選運動へと実践活動の軌跡を描いていく。その一里塚としてかれの社会主義観をまとめた『我社会主義』［片山:1903b］があり、[19] ここで消費組合は特異な理論的旋回を遂げる。もはや共働店はかれの前になく、高野に比較しても共働店経営の実践経験は薄い。そのなかでロッチデール型の消費組合の欧米における発展が情報としてさらに入ってきているという状況の中で、である。

『我社会主義』の骨子は「ツラスト」論、すなわち独占資本主義論である。資本主義経済における自由競争の支配の歴史は強者（資本家）が弱者（労働者）を収奪しつくす過程であり、現状では労働者がまことに悲惨な状態を強いられている——片山が理論的に高野と認識を共有するのはここまでである。だが片山によれば、この経済的自由競争は産業の発達にともなう一時の現象にすぎない。結局この競争は資本家間にも波及し、利益を下げることになるからである。そこで資本家はすでに「ツラスト」を断行して、生産を減じて物価を維持し、小資本を駆逐して利益を増大するという方法をとっていると考える。これは労働者にとってさらなる脅威ではあるが、この「自由競争を非定《ママ》」［片山 :1955:69］すること自体、社会主義――資本家的共働主義――であって資本主義は自らの内部に知らず知らずのうちに「資本家的社会主義」を生み出している。これを一挙に社会主義――片山はこれを公衆的社会主義、あるいは競争を制限するから制限社会主義ともいう［同 :70］――に転換するのだというのが共働店運動後のかれの消費組合についての理論的立場となった。

　するとこのプロセスを推進するには政治と経済の両輪が必要であり、政治的には公衆の意思を反映させるための普通選挙、そして経済的には「共働事業」ということになる。ここで片山はロッチデールとともにブリュッセルの共働店をとりあげる。統計を用いてその隆盛ぶりを紹介するかたわら、日用品を中心とする販売物の生産に乗り出していることを強調する［同 :82］、［片山 :1967: 下 152］。つまり、独占の主体が資本家から協同組合員、しかも生産に携わる組合員に代わるということなのである。その過程において、かれらの政治的意思が反映される普通選挙が不可欠になる。こうして共働店は「国家内の国家」［同 :80］になるというのである。ブリュッセルにはこの利益をもとに労働会館、社会主義者の中央本部、社会主義学校などが整備されているという。もちろん組合が資本主義の枠内にある以上、これすなわち社会主義ではない。片山は共働事業を「社会主義の実地練習」とし、過渡的なものとして位置づける。

　ここには会員間の権利の平等や生活態度の見直しといった観点がないわけではないが、欧米の消費組合の隆盛を、とりわけ統計上から知るにつれて、社会主義への道筋という文脈のなかで共働店の役割を位置づけていくという変化が生じているのを認めなければならない。そしてこの傾向はさらに時代が下がるとさらに顕著となって現れる。

その後片山は弾圧やそれによる生活苦のために日本から脱出し、アメリカで共産主義を学びつつ実践し、かつて第二インターナショナル・アムステルダム大会で名を馳せたいきさつからモスクワに迎えられた後に、一九二五年、政府や大原社会問題研究所の統計を利用しながら日本の大正期の消費組合運動を論評した「日本の協同組合運動」〔片山:1961:105-117〕を執筆している。

短い前文を中心に見ると、日本の協同組合は品川の名とともに産業組合法のもとにあること、そしてこの法はブルジョア化してしまい、産業組合中央会の幹部の堕落ぶりも甚だしいが、しかしなおこの法律は労働者や農民の最貧層の権利と利益を守るものであり、中央会の地方組織はさまざまな「進歩的要求」を出してきている、そして「消費協同組合」については労働者と俸給生活者を中心とする都市消費協同組合（市街地購買組合のこと）が数字的には成長してきていると指摘している。これに関連づけて、かれは明治期、産業組合法施行前に自分たちがおこなった共働店運動を紹介し、その失敗を幹部の未経験、利益がストライキ基金になることを怖れた経営者の圧力、競争相手の商人たちの妨害によって挫折したと総括している。そして最後に「いずれにせよ日本の協同組合運動はたえず発展しており、労働者と農民のあいだでしかるべき宣伝をし、協同組合を組織することによって、この運動は革命的目的に利用できるようになるに違いない（傍点引用者）」と結んでいるのである。

活動報告を毎年農商務省に提出することを義務づけられているような組合が、どうして「革命的目的に利用できる」のか、日本の現実が目の前にないという制約がなせることにせよ、ここには共働店をはじめた片山のまなざしは変貌している。かつては社会改良、貧しき者、働く者への同情という立場を残していたけれども、都市のなかで労働者が共同性をもって生活を「経営」することを学ぶ、そしてそのことによって経済的にだけでなく、市民生活を正常に運営し、組織し、自立していくという思想が、「組織する」主体の交替とともに薄くなっていくのである。また『わが回想』においても英国のロッチデールよりもブリュッセルの消費組合に高い評価を与えている。[20] その理由は「英国の消費組合は既にプチ・ブル化して、政治運動を無視していたが、ベルギーのそれは政治運動の一部として経営されていた（傍点引用者）」[片山:1967:上274] からである。経済だけでなく、政治的独立、「共和的なること」への関心が片山の高野に対比した顕著な特徴であった。しかし、今度は党派的政治性が、逆に現実を理論的に説明していくという構図になっていく。

そしてこれ以降、片山の消費組合についての言及は消滅していくのである。

7 何を学ぶか——「消費」を問う枠組み

ロッチデールは消費組合の最初の、そして最良の出発点であるが、あくまでも出発点にすぎない。それ自身変容したし、これを参照して作られた多くの国の消費組合は多種多様であり、それぞれが現実に応じて異なる脈絡のもとに置かれている。だが、教育のある消費者の合意にもとづいて購買を組織化し、生産者と消費者を結びつけ、商業資本に吸い上げられていた利益を、利益をもたらした者にその貢献の度合いに応じて還元し、生活の向上と改善をはかるというのが、出発に照らした不可欠の共通の要件であろう。そのためには何らかの精神的あるいは実質的な紐帯——共同性——が必要である。ロッチデールでは「先頃職を失ひ、今はほとんど食物も尽き果てて、世の中の有様に悲観した数人の貧乏な機械職工《ハタオリ》」[Holyoak:1925=1968:1=21] がそれであった。

高野と片山になる日本で最初のロッチデール型消費組合である「共働店」は、両者の違いを最大限に無視して共通項を示すなら、それは労働組合運動の一部としての消費組合であり、それゆえに——片山に顕著だが——生産者の側に立った運動となり、労働組合運動が政治的性格を拭えぬ以上、政治に左右されるがままであったと特徴づけをすることができよう。それは片山のように政治に志向していくということと、治安警察法によるかれらに対する弾圧のように政治によって命運を握られていることという双方向のベクトルが働いていた。政治との関係こそ労働環境も生活の物質的基礎も大いに変化している現在に至っても、日本の消費組合運動が抱えている問題である。

それは消費組合運動にとって、ただ独立性を保てないというネガティブなことなのだろうか。このゆえにロッチデールが「政治的中立」を謳っていたかというと、そうではないことがただちにわかる。中立というのはおのれの立場の主張を禁欲することではないというヴェーバーの「価値自由」の議論をここで想起してもよい。かれらは自分たちの要求を通すためにはじゅうぶん政治的であった。また、共働店に比べれば一見ポリティカルではなかった市街地購買組合は、消費組合としての使命を果たしえたとはとてもいえないが政治的な一定の役割を果たした。むしろ消費組合は政治的であることは必然的に免れえないこととして、しかも政治から自立するという問題の設定が重要になる。

もうひとつの共通項は、とくに高野に顕著であるが、経済的利益という制約である。現在に至るまで、経済的な達成度の低い組合は消滅するしかなかった。しかしロッチデールは利益を最終的な目標にはもちろん置いていない。片山にも利益は自己目的ではないという認識はあったが、労働者の経済的地位の向上のためには利益が不可欠のことであった。

政治や経済に強く関わりながら、しかもそこから自立していく、あるいは政治経済に逆に作用を及ぼすという消費組合の課題がここに見えてくる。この点は本書第7章、第8章で検討されよう。

その際に考慮すべきは消費組合構成員の「紐帯」のありようであろう。なぜなら他の利益団体や政治経済的集団と異なって、消費組合は多くの種類の共同性を基礎に組織できるという特質があるからである。高野片山の創成期には唯一これしかなかった労働組合に限らず、現在においては地域、学生、宗教、官公庁、社会運動関係者、ネット上の共通項をもった人びとの集まり……といったように紐帯の基盤は可能性においては自在である。それはすべての人間が消費者であるからであり、個々の立場の違いを踏まえ、しかもそれを越えて消費という一点で連合し、社会的に発言をなしうる可能性がある。

そしてこのそれぞれの紐帯を確認し、意味を問うていくことこそが、ロッチデールがあえて掲げている「教育」ということであろう。ここで共働店に寄せる高野と片山の違いを確認できよう。外の広い世界を知り、「無知」を知識人によって克服していくという高野の教育と、人間として不可欠なことを基礎に生活を自ら組み立ていくという片山の教育である。この両面が消費組合の内部で共有され、行動を喚び起こすものとして骨肉化されたとき、それは私なりに換言すれば消費生活に根をおろした「教養」といってもいいが、政治経済の強力な力を受けつつも、それに反作用していくための欠かしてはならぬ基点のありかを見出しうるのではないか。

たとえばフクシマの悲劇を生んだ日本の原子力政策の歴史を追うとき、痛感されるのはわれわれの社会全体が、一部の例外的存在を除けば、眼前の政治と経済にほとんど埋没することによって、消費をその重要な構成要素とする「生活」を共にするために決定的なことは何かという思考を止めていたということである。「教養」が危機にこそ求められるということを、高野と片山の痛ましい失敗が教えている。

注

（1）高野が共働店を「計画中であり、今後具体化する」旨ゴンパースに書き送るのは一八九八年六月のことである。これを出発点とみなしてよいだろう。かれが共働店の規約を『労働世界』に掲載するのもこの時期である。

（2）片山のこの晩年の経歴とその評価については本書前章を参照。片山は確かに終生一貫して主体的に自らの思想を形成したが、最後の日本脱出以降のその内容はかれの外的な個人的運命に制約されているという観点からのものである。
（3）［Kublin:1959=1957］、大原社会問題研究所の大島清、二村一夫による「職工諸君に寄す」の執筆が高野の手になるという実証によって、この復権のサイクルがなされた［二村:2008］。現に片山の自伝では、「我が国の労働運動に予が参加した時は既に高野、沢田及び城の三人のイニシャチーブになる「職工義友会」成り……予は始めのうちは此運動に一つの客分として参加したことが日本労働に於る歴史的事実である」［片山:1967:上279］と本人が言明している。
（4）また高野は帰国してからもゴンパースの紹介によって、日本の運動の状況をアメリカの労働組合の機関紙に寄稿している。これは運動に邁進するがために困窮した高野の生計を助けるためでもあった。
（5）共済についての高野の関心のありようについては［二村:2008:127］参照。高野はもともとは消費組合よりも共済に強い関心があったと思われる。滞米時代に共済について高野はアメリカ葉巻工組合パーキンスに組合の給付金制度について手紙で問い合わせている［同:127-128］。日本で運動を始めたときも共済が常に念頭にあった（「鉄工組合の結成延期を伝える」［高野:1997=1897:57］）。
（6）チェーンストアがいかにアメリカ消費組合の阻害要因になったかについては［呉:1971］参照。
（7）この知識人を運動に引き入れることから日本の労働組合運動を始めたこと、職業別組合としないという二点は高野がゴンパースに従わなかった事柄である。いずれも日本の社会状態の後進性を高野が意識してのことである。しかし運動を始めてみて、高野は知識人も労働者以上に労働問題に「無知」であるのを知ることとなった。にもかかわらず、知識人の組織が運動の定着のための早道であった。
（8）この点に関連して高野はエセックス郡労働組合評議会から組合員仲間が生産した商品を組合員が購入することについての情報を得ている［二村:2008:128-129］。
（9）高野はここで低賃金だけでなく、長時間労働、婦人子どもの労働も問題にしている（「富国の策を論じて日本における労働問題に及ぶ」［高野:1997=1893:321］）。後の工場法問題への関わりの端緒がここにある。
（10）これは日本の労働者の不慣れな点と他人への不信を拭えないという理由からやむをえずこうしたのであっ

て、あえてロッチデールに従わなかったが、経営が軌道に乗れば現金主義を採りたい（「日本の協同組合売店」［同 :194］）と高野は述べている。

（11）二村は期成会結成後の高野のこのような動きを、この理由に加えてかれの結婚にともなう経済的な必要と、片山との路線対立、アメリカに渡ったときからもともと事業欲が強かったことなどから総合的に説明している［二村 :2008:237 以下］。

（12）これらの鉄道沿線の黒磯、福島、仙台の共働店はかなりの成功を収めた。片山はその原因を機関工は機関庫の所在地の社宅に密集し配達の必要がないこと、運搬に便宜があること、会計が賃金の受け取り場所に出張して支払を受けるので貸し倒れがないことなどをあげている。後述する市街地購買組合の不振の原因と対照的である［片山 :1967: 上 311 以下］。

（13）この点で高野の姿勢は当時の社会政策学会の金井や桑田らの労働者保護の方向と重なる。片山もこの学会に属し、社会主義を巡る論争をもって袂を分かつことになるのだが、それはまさに高野と片山との相違でもあった。この点については注（17）も参照。

（14）カリフォルニアの葉巻工を中心にした運動にゴンパースは自伝で言及している［ゴンパース :1969=1925:221-222］。また二村は、高野が一時帰国した際にアメリカの職場のガールフレンドからの手紙にかれらが中国人差別感情を共有していたことを手紙文を引用して指摘している［二村 :2008:111-112］。

（15）他方で高野は上海の縫製労働者のストライキを肯定的に評価してアメリカン・フェデレイショニスト紙に報告している［高野 :1997=1896:108-113］が、「団結は中国人のような文明化されていない人びとをも祝福します、文明国で組合を避けている人びとはこの中国人縫製労働者を見習うべきです」と結んでいる。

（16）ちなみに同号、巻頭社説において片山（筆名逸民）は労働者と資本家の関係は経済問題であり「此経済問題を解釈するに警察権を以てせんとす其結果や必ず圧制に終るべし、我労働者の独立の精神を挫折して工業の発達を害すべし、資本家の暴横酷虐を増徴せしむべし」と、また幸徳秋水は雑報欄で「是れ実に資本家及び地主を保護して、労働者及び小作人を圧虐するもの也」と書いている。翌号も治安警察法への抗議が続く。この時点においては高野らの反対にもかかわらず、『労働新聞』は社会主義路線をとることを明確にしていた。

(17) 一八九九（明治三二）年七月、労資協調路線をとっていた活版工懇話会で片山と金井・桑田が論争した際に片山が社会主義を支持することを言明したのは周知のことだが、この背景には期成会内部の高野と片山の対立があった。［辻野 :1965:115-116］参照。

(18) 片山の自叙伝は執筆時期の異なる三つのものがあり、新しいものほど自己の最終的な政治的立場を正当化する色彩が濃い。金子演説については「演説は平凡なもので、今読んで見るとくだらない」［片山 :1967: 上 296］という記述があるが、それは労働運動当時のかれの直接の思いかどうかはおくとしても、いくばくかはそれを反映しているといえよう。

(19) これは社会改良から社会主義へという方向であり『労働世界』も漸次その主張に染まっていく、しかし『我社会主義』と時を同じくしてかれは『都市社会主義』を出版し、都市生活への市民の主体的な努力の可能性を探っている。この輻輳した動きはかれの日本脱出の近くまで持続しているのである。本書前章参照。

(20) 『わが回想』では、一九〇四（明治三七）年に第二インターに出席した際に立ち寄ったブリュッセルの「人民の家」――社会党の本部にして消費組合の本店、労働組合事務所を兼ねている――を見学する希望を出し、あわせて協同組合のパン製造所を訪問したことを記している。『我社会主義』直後にはヨーロッパの消費組合にまだ強い関心を持ち続けていたことがうかがわれる［片山 :1967: 下 152］。

(21) ただし消費組合に宗教的な方向付けが入ることの意味と問題点が本書第5章で論じられる。

第3章 日本における消費組合思想の源流

——現代に生きる明治社会主義

モノに限っても消費活動は個人的な生活そのものの中心をなすとともに共同的な側面をつねに兼ね備えている。「個人消費」という経済学的概念があるが、それは消費支出の原資の所在を示しているのであって、消費行為自体はつねに個人的にして社会的な関連に置かれている。それゆえ、社会的な意志決定や社会運動へと必然的に関わっていかざるをえない。本章では消費活動と社会運動との原初的な接点が存在する明治社会主義、黎明期の労働運動における消費組合の思想に焦点を当てる。

明治社会主義における消費組合とは前章で追究した片山潜・高野房太郎らによって担われた明治三十年代はじめの労働組合期成会が母体になる「共働店」と、その消滅後、明治四十年代にかけて試みられた平民社系の消費組合をさす。

日本における消費組合運動、生活協同組合運動は今日に至るまで長い歴史をもっている。共働店や平民社に先立って一八七九（明治一二）年には最初の生協ともいうべき共立商社、同益会（東京）、大阪共立商店、翌年には神戸商議社共立商社等が設立され、先駆的な役割を果たしていた［奥谷 :1973: 第二章］、［山本 :1982: 第一章第二節］。しかし、日清戦争以降の明治社会主義によるものは、ある程度明確な運営理論と実践的な担い手になる社会層を持った日本最初のまとまった消費組合運動であったということができる。とともに、一過性の性格を帯びていたという面もその歴史的位置づけにとっては見落とせない。なぜなら奥谷松治は『日本生活協同組合史』のなかで、戦前日本の生協運動を、①明治前期の先駆的生協運動（共立商社等をさす）、②明治後期の散発的生協運動（片山らの理論と実践）、③第一次世界大戦から第二次世界大戦前までの生協運動、④第二次世界大戦期の生協運動の潰滅というような時代区分をおこなっているのだが[1]、これに従えば本章で扱う②は、③以降と対比させてみると存立の法的根拠も担い手の層も、また運動方針にも断絶がある。この点に留意しつつ、これらの消費組合運動とそれを支えた思想について片山潜、安部磯雄、石川旭山（三四郎）を見ていくところから始めたい。なお、この三人は、濃淡は様々だがいずれもキリスト教的社会主義の系譜にあり、堺利彦、幸徳秋水といった明治社会主義における非キリスト教の巨魁がこの運動に実践的な関心を示さなかったこととは極だった対照をなしている。

1　明治社会主義における消費組合運動の思想と実践

(1)　片山潜の消費組合思想

「共働店」運動の経緯は前章で見たが、片山が共働店の意義を最初に記すのは一八九七(明治三〇)年、『六合雑誌』に掲載した「労働団結の必要」においてである。そこでは一八四四年に二八人の労働者によって開始されたロッチデールの共同の店舗がその後一三〇〇あまりに広がり、会員数一二五万人を擁して多くの利益をあげ、やがて卸売会社を持ち、さらには共同工場を作ってイギリスの一大勢力になっていることが紹介され、労働者はかく団結して「資本の奴隷たるを免」かれ、「生産機械を自ら使用する神聖なる労働者たるの資格を以て社会の表面に立」[片山 :1960a=1897:7] てと強調している。ちなみにロッチデールにおいてストライキで敗北した二八名の機織工たちが積立てた二八ポンドをもって世界最初に結成された消費組合である公正先駆者組合 Rochdale Society of Equitable Pioneers の運動方針は、現在なおロッチデール原則として時代に応じて修正を受けながらも国際的に生協運動の共通の指針になっている。①組合の門戸開放(加入脱退の自由)、②政治・宗教についての中立主義、③出資配当の制限、④購買額に応じた純益の払戻し、⑤現金主義、⑥組合運営の民主化(議決権の一人一票主義)、⑦教育の重視、⑧公正な品質をもつ物資の取扱い(2)、が出発当時の原則であった。ロッチデールの組合史を世界に紹介したことで名高いホリヨークの『ロッチデールの先駆者たち』は、専用の店舗を待たず、組合員の家を借り夕方にのみ店を開け、生活必需品のほんの僅かな品目の扱いからはじめたこの組合が瞬く間にイギリス各地、そして外国にまで発展していった理由をこのように書いている。「混ぜもののない品質、適正な量目、正直なものさし、公正な取り扱い、値切りのない買いもの、掛値のない販売、こうしたことは教養のある人にとっては、道徳的にも、物質的にも、満足が得られる源であり、同じ品物が、よその店で少しばかり安いということよりも、はるかにたいせつなことである。いったん悪徳がはびこると、その抑止に払う負担は、実に大きなものになるのだが、その芽生えを防ぐために払う負担を、どうして、人びとは嫌うのであろうか。売り手が道徳的であるならば、買手も道徳的であるべきである。……わが小さな協同組合は、大きな利益をあげることよりも、交易の道徳的改革を実現することを、より重要視した。この点で組合は、組合員や、利用者の人格の向上に、教育的な成果をあげた」[Holyoak:1968:52]。まさに、ヴェーバー描くところの「正直は最良の方策」のフランクリンであるが、自らも体験した労働者の悲惨な生活状況に同情と憂いを寄せ、資本家の横暴はいうまでもないが、それとともに労働者の合理的な知識の欠けた生活態度もまたこの状況を生んでいるとして労働組合運動を開始した片山の心にこのことが響かないはずはない。「教育」とそこから生まれる連帯をかれは消費組合運動の中心に据えた。これ以降、片山は期成会の機関誌である『労働世界』を中心に、機会あるごとに共働店の設立を訴え、活動状況に関する報告記事を掲載していく。労働者の共同出資を基礎にした共働店の経営が、たんに労働者に対して経済的利益をもたらすのみならず、あらゆる意味で労働者の独立のための教育に資することになり、かつ労働者同士の親睦の場になるというかれの一貫した主張は、次のようなところに見られる。当時の労働者は半月ごとに賃金を受け取っていた。したがってそれまでの生活費は小売店から「掛け」で買わざるをえない。「……彼等は常に借金に追はれ十中の八九は勘定を受け取らぬ前に消費せり……常に得んとする賃銀の奴隷となりて金銭を使用して生活を立つる為めに働くにあらずして常に借金を返へす為めに働く労働者多し……彼等は生活の費用に向かって働くのみならず日々生活する費用の利子をも働き出さゞるべからず困難は愈々益々困難となり地獄の火の車を押して走るが如し之が救済策は賃銀額にもあらず時間の減少にもあらず其の得た賃銀を自由に使うにあり賃銀の主人となりて使ふにあり斯くなすの道は卿等が奮って共働店を起すにあり」(「共働店は労働者の城郭なり」[労働運動史料委員会:1960=1898.6.15:135]と書いているが、これこそロッチデール原則の現金主義の意図する教育実践であり、生活態度を改善し、知らず知らずのうちに「貯蓄心起こす所の教育になる」(「日本における労働」[同:48])。労働新聞の英文欄Co-operative movement in Japanにおいても、労働新聞のオフィス(片山の自宅にしてキングスレー・セツルメントハウス)近くの共働店の盛況を述べ、この成功は労働者にthriftとeconomyを教えていると書いている[Katayama:1899]。またかれは「……私は一歩を進めて、資本と云ふものを労働者が持つことが出来たなれば持たせるが宜いではないか、と斯う云ふのです」(「片山潜氏の社会主義」[労働運動史料委員会:1960=1899.10.15:442])と記しつつ、英国の労働者が共働店経営を巨大な規模に発展させ、外国貿易をおこなうまでに至る「種々の経験」を紹介している。つまり「経営」を学ぶことができるのだということが含意されているのである。これはかれが「労働者をして真の資本家となるを得て其の労働の結果を充分に領収するに至るべし」(「共働店は労働者の城郭なり」[同:1960=1898.6.15:135])と記して以来の特徴的な認識である。そして前述の英文欄では、共働店の次のステップである共働店の連合、そして卸売店の経営を経てやがては共同生産、外国貿易といった共働店の段階的な「進化」が明確に示されている。親睦については「然れども共働店にして利益が主なる目的にあらずして労働者が相集まりて便利を計り相互いに働き又相親しみて其の交を厚ふし其の目的を利益以上の交際に置き彼等が信用を以って万事を取り計らひ労働者独立の基礎を立つるを以て共働店の目的とせば彼等は少しの不平は忍ぶべく少しの不利益も我慢すべし……」(「共働店の目的」[同:1960=1898.12.1:249]ただし記事署名は満山逸民」)という記事が掲載されている。利益だけが目的ではなく教育であるということは重ねて確認すべきである。これらの啓蒙的、実践的主張は労働者の地位と生活を向上させるという一念によってなされているが、理論的にはどう位置づけられようか。さしあたりは「資本」と「労働」の調和をなすものであり、労資協調路線といわれた労働組合運動とパラレルなものであるということはできる。しかし当時の片山にとってはそれが社会主義なのであり、「市政は社会主義の応用」とした一九〇三（明治三六）年の『都市社会主義』［片山:1903a］に呼応するものである。それは以下の「片山潜氏の社会主義」の共働店に続けて記述した部分に明瞭である。「……夫で私は資本家を撲滅するとは云はないです、決して革命的で世の中のことは進む者じや《ママ》ないです、社会主義が行はるゝのは進化的である彼の独逸が鉄道を国有として社会主義を応用しましたけれども独逸の資本家は撲滅されなかった、日本の電信を国有にしたけれども一人も不平を鳴らさないです……資本と労働の調和と云ふものは何が目的か、一般社会の人民が平和的に暮らすことが出来ると云ふのが目的でせう、労働問題と云ふのは何が目的か、資本家を撲滅するのが目的ではない、凡ての多くの人民が働いて楽に喰ふことが出来るやうになれば宜いです」。もちろんこの時点では片山は史的唯物論にもとづくいわゆる科学的社会主義を知らないわけではなかったが、その意味で「社会主義」なる用語を用いているのではまったくない。社会への顧慮を欠いた資本家の利己的な営利活動や労働者の無知、無向上な日常生活など個人の私欲にまみれたものを、ある共同的な視点から社会全体を考え直す問題として是正していこうとする視点が担保されればこの時点のかれにとっては「社会主義」となるのである。[3] これを政治的あるいは理論的な視点から批判するのはたやすいが、このこと自体は重要なことである。

だが、一九〇〇（明治三三）年に治安警察法が公布され、それ以降、共働店が消滅していき、片山が政治運動へと志向していく経過は前章で見た通りである。この過程で「資本主義から社会主義」への移行の理論を修得しつつある一九〇三（明治三六）年刊行の『我社会主義』［片山:1903b］第一七章の三「共働事業の発達」において、かれは共働店を「社会主義の実地練習」と理論的に位置づけ直す。「共働店は資本家制度の社会に於て社会主義を行へる者にして、之を制限社会主義と云ふを得ん。其営業の方法及目的皆共働の主義を応用して、個人の利益を計るものなし。只資本家制度が勢力を有する社会故に、組合と組合外の個人又は団体と取引をなす場合には資本主義に支配されざるを得ず」［同 :79 以下］というように共働店は政治的過程のなかに組み込まれていくのである。しかしここでも労働者教育・親睦の意義は減価されることはない。「共働事業は好個の社会主義学校なり」［同 :80］としたうえで、パン製造に乗り出して多大な利益をあげているブリュッセルの共働店が、大金を投じて労働会館を建設したことを紹介している。とともに自らの失敗体験も教訓として注意を促している。それは共働店崩壊の内的な原因を示唆する「一点の私ありては不可なり、此担任者は公共心富める者ならざるべからず」と記している点である。[4] 組合職員の持ち逃げや小売店との競争のため、現金主義を貫けなかったことが組合にダメージを与えたという道徳的欠陥があったのである。そして消費組合を「是れ実に社会主義者が全社会に応用せんと欲する所の者なり。吾人は共働事業の発達が社会主義の実行に向って有力なる証明を与ふる事を信ずるなり」［同 :84］という言葉で結んでいる。このように『我社会主義』は、共働店の経験を踏まえた片山の消費組合観を社会主義との関係で示したものであるといえる。さらに一九〇八（明治四一）年にかれは八頁からなる小冊子『消費組合』（冊子の中のタイトルは「消費組合の話」）を出版し、一般向けに消費組合の意義をわかりやすく説いている。消費組合とは労働組合によって賃銀値上げが困難になっている昨今の生活難を救済するもひとつの方法であること、欧米ではロッチデールに起源を持ち多大な利益をあげて生産事業にもかかわって隆盛を極めていること、掛け売りの弊を避け、仲買人の中間的利益を省き、広告もまとまった店舗も不要であるから市中の時価販売で多大な利益を出すことができること、積立金や経費を控除した後に出資高と購買高に応じて利益分配すること、その比率は前者が三分の一、後者が三分の二、などのことが一般向けに簡潔に書かれている。

これらをまとめていえば、片山にとって消費組合とは何よりも労働者の生活難を自らの手によって救済しようとするものであり、担い手は労働者以外にはありえず、革命の手段ではないが、社会主義に向かう労働者の経験を深める教育の場であった。さらには、労働組合との関係で見ると、共働店の利益の積み立てがストライキ資金になることをかれは示唆している。これは政府・資本家の危険視するところであった。しかし、消費組合運動の実践の終わりとともに、片山の消費組合に関する記述はこれでいったん途切れる。本書第1章で紹介した、かれが都市生活をめぐって闊達に筆を揮った『東洋経済』にも消費組合に関するものはほとんどない。米作渡米、困難な政治闘争への傾倒と弾圧による亡命といった理由が考えられるが、これまで見てきたものとはかなり違った観点からかれが消費組合について再び書くのは一九二五年のソ連においてである。それについては後でふれよう。

(2) 安部磯雄の消費組合理論

安部磯雄の消費組合に関するまとまった論述は一九〇一(明治三四)年の『社会問題解釈法』[安部:1901]にある。かれは片山と同じく欧米への実りある留学経験の裏付けもあり、文献に明るく、論理的かつ体系的な叙述を遺している。それゆえ片山や石川が引用する欧米の組合の統計資料の紹介などを対照してみると、安部の文献や情報を利用しているところが多々見受けられる。消費組合に関しては理論的なリーダーの位置にあったと考えることができるが、この書は前述のホリヨークのほぼ引き写しになっており、内容的に安部のオリジナリティは少ない。だからかれがロッチデールのどの部分に着目し、強調しているかが安部の主張ということになるだろう。『社会問題解釈法』第五章「自助的事業」で三つの労働者救済のための共働的事業のひとつとして消費組合が扱われるが、この「自助」とは慈善事業や教育事業などの「他助」的なものに対置されている。「自助的事業」は生産組合、消費組合、信用組合からなり、それぞれフランス、イギリス、ドイツに範があるとされる。したがって消費組合はロッチデールである。安部の消費組合論は内容的には二つの部分からなる。前半は消費組合の定義

左から、安部磯雄、一人おいて幸徳秋水、木下尚江、片山潜

と歴史、発展の方向などの理論的部分、後半は消費組合の実際の設立や運営などの実践的部分になっている。

まず消費組合とは「若干の労働者が団結して売店を設け、卸売店より日用の物品を購入し通常の値を以てこれを会員に売却し、斯くて其純利金を購買者の買高に応じて分配するをいふ」［安部 :1901:219］と定義される。出資高ではなく購買高による分配を最初にいうのは、現金主義の強調とともにロッチデールの原則を正確に伝えている。出資についてはロッチデールでは、利子に限度を設けて過度の配当を避けていた。安部は消費組合の歴史的淵源としてニューラナークのロバート・オウエンの名は忘れてはならないという指摘から始める。安部がオウエンに注視するのは、その労働者教育である。片山、石川も消費組合が果たす労働者への教育にはひとしく重要性を与えているが、ニュアンスにはそれぞれ若干違いがある。安部の場合はオウエンが工場内で少年労働者に対する学科教育に力を入れたこと、ロッチデールの組合が蔵書二万冊の図書室を設立したことなど、教育事業にかかわる点への関心が顕著である。片山の場合、それに加えて階級的な自覚の覚醒や連帯、経営能力の育成などの実践的教育に力点が置かれているのが特徴的であった。次いで安部はロッチデールのパイオニアたちの組合設立の歴史と発展をホリヨークにしたがって紹介していく。組合数、会員数、資本金、純益金等の統計数値の増大傾向を時系列的に追いながら、イギリス各地に自発的に結成される組合が連合をつくり、地方別に組織を固め、卸売会社をつくり、貿易によって外国品を仕入れるようになり、また現在のところ失敗も多いが生産事業にも乗り出すという発展進化の経路を具体的に示す。これは片山に同じだが、より仔細に描かれている。卸売会社の設立は消費組合の第二段階であり、経済上の利益に加えて組合外の小売商人等の妨害を防ぎ、扱う物品の品質を高めるためである。さらに次の段階としての生産事業に向かって資本金、積立金が向けられるのが望ましいが、叶わなければ、売店・支店の増設、生産的会社への貸付、会員の借家建築、鉄道その他の株式の取得、卸売会社の株式の取得などに振り向けられるべきであるとしている。このような発展をたどれば労働者の独立は全うされ「是れ社会主義者が夢想する理想社会の一部を現出したるものにあらずして何ぞ」［同：246］ということまでになるのである。ただし、「一部」という限定とともに、この独立とは第一義的には経済的自立に限られることには注意すべきである。(5) 安部は消費組合の設立や運営についても日本の実情を踏まえて論じるというよりも、ロッチデールから発展したイギリスの運動の成功を直接示すことによって運動を促すという方法をとっている。創立委員会、規則の制定、登記、店舗と営業時間、株券、仕入れ、会員外への販売、会長・役員選挙、支配人――ここでも私的濫用の禁が強調される――、親睦などがイギリスを例にとって順次解説されていく。安部の紹介で注目すべき点を挙げれば、総会や選挙においては婦人も男子と同等の投票権その他の権利を持っているということ、店員の労働時間への顧慮――週四十八時間で普通の店員より少ないということ――が指摘されていることであろう。

では、安部のこのような消費組合論はどのような社会認識の上に展開されているのか。そして労働組合運動との関連はどうであるのか。生産組合、信用組合も含めた「自助的事業」の結論部でかれは以下のように日本の現状を踏まえた自らの見解を次のように示す。現今の日本の労働問題は労働者が富を産出するにもかかわらず、自ら得るものは極端に少なく、悲惨な状態に置かれていること、そしてそれに対して資本家の無配慮であることが一番の問題、即ち分配の問題である。現在の労働者は無学なのであって、自覚すれば決起して革命か平和運動かの問題になるであろう。したがって労働者が団結して組合をつくればストライキや革命に結びつくがゆえに世の中はこれを猜疑の目で見る現実があるという。しかしこれは安部によれば当たっていない。イギリスの長い労働組合運動の歴史を見れば、イギリスでは労働者が団結してはじめて資本家が団結した。日本では逆で、労働者が団結する前に資本家が団結してこの憂うべき状況を現出せしめている。[6] 本来ならば政府による労働者救済が急務なのだが、せめて労働者を自助自立させることを外側から妨害するなというのである。労働組合の目的は体制変革ではなく、労働者相互の自助的援助であり、資本家を苦しめることではない。これはまさに「人権」、「人道」の問題であると述べ、さらにこう続ける。労働者自立の手段が消費、生産、信用の組合であるのはいうまでもない。土地、資本、労働の三者が「生財」に必要ではあるが、社会の進歩につれて地代が増加するとリカードがいうように、地主、資本家は「寄食」的であり、しかも支配権力を持っている。だからこそ労働者が共同において資本家および地主の性格をおのれの人格のなかに兼ね備えること、換言すれば自らの資本と土地を用いて労働するならば地主、資本家に依存することはなく、その支配を逃れることができるであろう、自助的組合とはそういうものであるということなのである。

「人権」、「男女同権」といった進歩的な主張はあるものの、片山の共働店が直面していた明治国家の権力による圧迫を思えば、原則論、理想論の域を出ないし、片山以上に労資協調的な色彩が強いのは否めない。消費組合の担い手が労働者であることは前提されているが、労働組合との関連もそれほど明確ではない。それは安部の消費組合運動の実践にも現れている。同志社の教師時代の一八九八（明治三一）年に「学生消費組合」を設立したこと、[7] そして大正期になって鈴木文治の友愛会系の労働組合に消費組合設立の必要を説いたこと［奥谷 :1973:148］、一九二六（大正一五）年に賀川豊彦が中心となって設立した「東京学生消費組合」を援助したこと［同 :225］、などであって、明治の労働運動の黎明期において労働者が中核となるような消費組合活動に目立ったコミットはしていない。ロッチデールの忠実な紹介者であったところに功績が認められるべきであろう。

（３）石川旭山と産業組合法

一九〇三（明治三六）年に幸徳伝次郎、堺利彦を中心に日露戦争に対する反戦・平和を掲げて結成された平民社は、出版活動として「平民文庫」を企画するが、その最初の公刊物として翌年に世に出たのが石川の『消費組合（一名購買組合）之話』であった。この本は、①消費組合の定義、②効益（経済的効益と教育的効益）、③英国組合発達史（ロッチデール）、④日本の状勢（片山「共働店」失敗へのコメント）、⑤設立の手続、⑥組織形態（有限責任、無限責任、保証責任）、⑦外部組織、⑧組合の事業、⑨組織事業上の注意などの諸章からなり、一般読者向けにわかりやすく消費組合の意義を説き、設立運営の方法を具体的に示し、結成を呼びかけるという啓蒙書の形をとっている。序文で石川は、この企画の立案は堺であり、資料は安部から賜ったと記している。当然ホリヨークの著書も含まれていたであろう。従って①、②、③、⑧の消費組合の本質、理論にかかわる部分はほとんど片山や安部が紹介してきたものを手際よくまとめたものであって新たな論点や見解を加えているものではない。だが前二者と決定的に異なるのは、消費組合の実践にかかわる部分であって、それはこの本の付録として「産業組合法」の全文が掲載され、それに準拠するかたちで運営が述べられている点である。この点には大きな問題がある。「産業組合法」は第一次山県内閣の内務大臣品川弥二郎が、第一次松方内閣の第二回帝国議会に上程（起草者は法制局長官平田東助）され、解散のために流れた一八九一（明治二四）年の「信用組合法案」を淵源にもつものであり、軍事的・官僚的・藩閥的な政策の意向に沿ってつくられたものである。生産・消費・信用組合を必要としたのは明治社会主義の側だけではなかったのである。経済の発展のためという目的のもとに、組合の税制上の優遇をうたってはいるが、とりわけ「半封建的な生産関係に支配されていた農業を全体として急速に発展しつつある資本主義経済に適応させるとともに、徴兵・徴税基盤整備を直接目的とする」［山本 :1982:75］、ものであって、自主的な組合の活動に干渉し、規制するものとして機能したのはその後の歴史が示すとおりであった。(8) それが片山の労働組合そして共働店を潰滅させた治安警察法とセットになって一九〇〇（明治三三）年三月に成立したのである。片山が『日本の労働運動』において「前者（治安警察法）は労働者の為に悲しむべき法律にして、後者（産業組合法）は労働者の為に悦こぶべき法律なり」［片山・西川:1951=1901:54］として産業組合法を全文掲載したのは、片山の限界を示すものとして多くの論者に引用されているが、鞭を持ちつつも少なくとも消費組合が法的に正当化され、運営ができるというのは議会主義者にして実践家の片山にとっては福音だった。しかしこの時点ではかれはこの法律にしたがって消費組合を組織する状態にはなかった。それよりも「労働運動は治安警察法に依って殆ど死刑の宣告を与えられたるなり労働運動は為めに活動する能はず、労働者は運動の自由を奪われたり」として治安警察法に真っ向から闘うことを労働者に呼びかけていたのである［片山:1903c］。

以上のことと無関係ではないと思われるが、石川の『消費組合之話』を読めば、気になる文章が冒頭から登場してくる。「浅薄な利己心に駆られ、目前の私利に惑ふて、殆んど一点の公共心も無い様な日本民族中に、此事業が多く起らず、亦知られもせぬのは怪しむにも足らぬ。吾等は実に其余りに無智なるを憐れむものである。是れほど道徳的な事業、万人が睦ましく、楽しく、交互に助け合ふて、万人一所に利得を収むることの事業を知らぬとは、何と憐れなことであろう」［石川:1904a:65］。また、④で片山の鉄工組合の共働店が失敗したのは「現金制度を守持し得なかったこと」であるとし、貯蓄のない労働者には不便かもしれないが「其れを忍耐が出来ないのは、無経験な、自助心のない、日本労働者の憐れむべき欠点である」［同:80］と書いている。労働者を無知呼ばわりするのはレトリックの意味合いもあり、「政府の干渉などは断固拒絶して自主独立の地の経営」とは書いてはいるけれども、「斯かる自助的事業は監督官庁の監督を煩わす様なことでは行かぬ」［同:100］といった程度の記述は、産業組合法の本質の断罪には遠い（この点は片山も同様である）。さらには目下の成功例として、衆議院の官吏によって創立し、産業組合法に則って定款を作った「有限責任購買組合共同会」、および茨城県新治郡蘆穂村の農村（造林）の「購買組合」[9]を挙げ、後者が無限責任によって設立されていることを石川はオウエンになぞらえて高く評価している。この有限無限責任による組織の分類法自体も産業組合法の規定に従ったものである[10]。本のタイトルにある「一名」（「別名」の意）という言い換えも、石川が「購買」の側面に運動の力点を傾斜させていることを示している。そして、ここで呼びかけている対象はもはや決して「労働者」に限られたものではない。「労働者」に向かって直接発する言辞は本書では意外に少なく、おおかたが「無知な」貧者大衆にそれが代わっている。

しかし、他方でかれはこのような認識も示している。「固より此社会の根治法は、之を社会主義改革に待たねばなるまい。されど今は尚ほ其準備の時代である。而して其準備の第一歩は貧者労働者の団結を確立し、脚地を鞏固にするより外ない」［石川 :1904b］。あるいは「此事業（＝消費組合）にして益々発達せば、遂に彼労働者小作人等をして自ら社会の根本的解決を為すの脚地と能力とを得せしむるに至らん」と。ではその労働者が「改革」の主体かというと、消費組合は卸売会社→生産部→運送部そして教育事業と発展して「宏大なる組織体」になり、国家に逆らわず、資本家とも衝突もせずに「今の諸列国よりも五段も十段も品の高い、愛の満ちた、平和の楽園が出来るのである」［石川 :1904a:66］ということで、これもはっきりしない。つまりこの消費組合の歴史的位置づけは、片山の「社会主義の実地練習」と安部の「夢想の理想社会」が奇妙なかたちで混在しているのである。この混乱に対しては、石川のこの著作が、かれのほぼ最初の作品であり未熟さを免れえないという弁明が可能かもしれない。あるいはともかくも「危険視」されずに消費組合を育成しようという政治的意図があるという面もあるかもしれない。さらには後年の石川のアナキズムや共同体思想との関連を考えるのも興味ある問題ではあるが、本書の問題圏でいうと、明治社会主義以降の消費組合の方向性および、その担い手を暗示し、予見しているのではないだろうか。というのも、この平民社の啓蒙活動はわずかながらもその後実際にいくつかの消費組合を誕生させたからである。それは『平民新聞』ならびに機関誌『直言』を拠点にした加藤時次郎の「直行団」、一九〇七（明治四〇）年に日本社会党の竹内餘所次郎によって設立された「東京複式消費組合」などであるが、いずれも「労働者の組織と深く結合していなかった」［奥谷 :1973:78］ために短命であった。唯一の成功例は呉海軍工廠の職工、つまり純粋の労働者を組織したクリスチャン及川鼎壽の消費組合自助会である。しかしこれも、大逆事件を契機として一九一〇（明治四三）年に弾圧に遭い、消滅した。明治期日本のこのような状態においては、消費組合が持続し成果をあげるには労働者との連帯が不可欠であることが如実に示されているが、その芽は当時の政治体制では暴力的に摘み取られる。そしてそれ以外の社会層や社会運動を基盤にする消費組合は、あるいは労働運動と連携したものでさえ、明治末期以降は社会情勢に翻弄されて片山たちの思いとは異なる文脈のもとに置かれていくことになる。片山たちの運動や思想が「一過性」というゆえんである。その様態を示しながら消費組合の現代的課題を論じていこう。

2　明治社会主義以降の消費組合運動の方向

石川が消費組合の「完全に調整され」た定款［石川 :1904a:89］としてそのまま全文を例示する「有限責任購買組合共同会」の第六条に「本会の会員は官庁若くは公署に在職する者又は其の他の者にして一定の収入あり誠実にして且つ独立の生計を営む者に限る」とある。それだけではなく都市の中産階級を形成しつつあった俸給生活者、知識階級の家庭婦人たち、学生、そして地主から小農までも含む農民――これらの人々もまた、消費生活の質と量の向上をそれぞれの立場から希求するのに違いはない。消費組合を組織したのは労働者だけではなく、むしろそのような息のかかった組合の台頭を阻止するという意図のもとに、官庁や会社が設置主体となり温情的福利施設として消費組合ならぬ「市街地購買組合」[11]が組織されていくという労働運動とはおよそ対極的な方向で明治末期の消費組合運動は進んでいった。これが「産業組合法」の意図とも合致するものであったことはいうまでもない。この法を体現するかたちで一九一〇（明治四三）年に組織された「産業組合中央会」は、中農以上の農民の生産組合を主要な対象にしていたが、その付随物としてロッチデールの原則の都合のいい部分だけを取り込みつつ、学者を利用し、「教育勅語」や「戊申詔書」を理念として「購買組合」を統率、指導、管理していく。戦前の消費組合の主流は一貫してこれであった。石川が止目する日露戦争後の産業組合の増加は、まさにこの流れにあるものであった。こうなるとこれらの組合においては、ロッチデール原則の⑦の自立した消費者を育成する「教育」がまずないがしろにされる。明治社会主義者たちが共通に関心を置いていた、新たな社会を主体的に担ってゆく人格の教育についても同様である。そして生産者でもある労働者と、単なる消費者が切り離されていけば、何か問題が生じない限り、情報がゆきわたらない限り、⑧の品質の問題もないがしろにされていくのは必然であろう。さらに「大逆事件」以降、社会主義運動全体が窒息させられ、社会主義者たちが絶望的なかたちで政治運動・革命理論を急進化させていくにつれ、その影響を受けた労働運動もまた弾圧にさらされていく。こうして労働組合と消費組合との直接の接点はますます失われていくのである。急進主義には反対して労働組合にこだわり、議会主義的運動を続けた片山も一九一四（大正三）年、日本を去っていった。だが、第一次世界大戦開始以降、消費組合運動は経済的には米騒動などによる労働者および市民の生活逼迫、思想的・政治的には大正デモクラシーを背景にして、労働組合との接点を再び見いだしながら展開するという新たな局面を迎える。それらの組合は労働者を主体にした自主的なものであるという意味で「新興消費組合」と呼称されている。

だがその内容は複雑に錯綜していた。まず、労資協調を基調にして鈴木文治の日本労働総同盟が安部を介して消費組合運動に乗り出した友愛会系の消費組合が先鞭をつけた。これは一九一九（大正八）年に最初の新興消費組合である「月島購買組合」を生んだ。翌年には続いて労資協調とサンジカリズムの混血［山本：1982:193］として出発した共働社の系統の消費組合が生まれた。この組合はやがて戦前の戦闘的な労働者消費組合運動の中心になり[12]、政治闘争にまで手を広げた「関東消費組合連盟」の母体になった。関西では同年に賀川豊彦が戦後の灘神戸生協に連なる共益社系の組合を興した。これらの新興消費組合は相互に影響を与え合い、また鋭く対立分裂を繰り返し、全国各地に次々に広がっていく。連盟や上部団体もさまざまなものがつくられた。明治期との特徴的な違いは、すでに示唆したように、運動の担い手である組合員が、共同購入や共同仕入れなどにより、少しでも生活難から逃れたいとする俸給生活者、地域的な繋がりを基礎にした中産階級を含む一般市民へと拡大したことである。だが、これらの運動や組織も短命のものが多く、明治期の指導者たちが挫折したものを質的に受け継ぎ、乗り越えるような満足な成果はあげえなかった。分裂や消滅の原因としてあげられるのは、運動内部の問題点として労働組合との関係が災いしたことである。新興消費組合は、急進的なものから労資協調的なものまで個々の労働組合や労働争議と深く関係していたこと、その背後には労働組合の連合体、たとえば総同盟、その方針に反対して分裂した全国労働組合連盟、日本労働組合総連合といった組織があり、これに連なったり付属したりする形が普通であった。もちろんまたそれらの労働組合の連合体は、無産政党や共産党といった政治組織、政治運動としばしば関係を持っていたので、その路線の対立や分裂に、消費組合は敏感に影響され、翻弄されていたのである。活動家や指導者も重複していた。加うるに水平社運動、婦人解放運動、キリスト教的慈善運動など多くの社会運動と重なり合い、またからみ合い[13]、独立した運動体としての統一や確固とした理論や方針を持たぬまま、運動や思想が当局から見て過激と判断されれば弾圧を受けるのが通例であった。そしてついには国家総動員体制、戦時統制、食糧管理法などによって、もはや消費組合や購買組合どころではなくなり、第二次世界大戦時にはほぼ全ての消費組合は潰滅していったのである。

一九二五年、モスクワでコミンテルンの幹部になっていた片山潜は、この大正中期以降の日本の協同組合運動の量的発展を政府の統計数字を用いながら論じている。日本の協同組合は「産業組合法」によって作られ、数人の保守的インテリゲンチャに指導され、農商務省の庇護を受けた産業組合中央会が束ねているが、この中央が進歩的計画を示したことは一度もない、と産業組合中央会の本質を見抜いてはいる。しかし消費組合運動については、不完全であると断ってはいるが、資料の裏付けはほとんどなしに「協同組合が労働者と俸給生活者の組合に急速に転化しつつある」(「日本の協同組合運動」[片山 :1960b:110])としている。協同組合の思想は労働者に普及し、運動はたえず発展しており「この運動は革命的目的に利用できるようになるに違いない」[同 :117])と結んでいる。日本を遠ざかって長く実情に疎いということ、そしてかれの当時の政治的立場が現実を判断する目を曇らせ、当初の理想を変質させ、消費組合を「革命の手段」の地位で終わらせているのである。

では、日本の当時の消費組合指導者の側の意識の状況はどうであったか。鋳物工からのたたきあげで、生涯を通じて労働運動と消費組合運動に携わってきた戸沢仁三郎の例をあげよう。友愛会を振り出しに、争議を機にこれを脱退し、共働社を経由して関東消費連盟、日本消費組合連盟の委員長というように新興消費組合を幹部として指導してきた戸沢は、一九二五(大正一四)年一〇月、ソビエト金属労組の招きで密かにモスクワに入った。前述の論文執筆前後の片山に会い、日本の消費組合運動の状況について熱心にいろいろ尋ねられ、一九二〇(大正九)年以降の再建された新興消費組合の発展状況を説明した。戸沢の述懐には「片山さんほどの大革命家が消費組合なんて細かいことには関係がないと思っていました」とある。すなわち、その時戸沢は片山がかつて共働店運動をしていたことを知らず、日本に帰り四、五年後に運動史が編纂されたときにはじめてそれを知り[14]、「知らないばかりに片山さんからご意見をうかがうことができなかったと残念がりました」[戸沢 :1959]と記しているのである。ことほどさように、明治社会主義者たちの消費組合への思いは、大正昭和期の運動家たちとは交叉するところがなかったのである。また安部、石川の消費組合観も時を経るにつれて変わってきているが、それを詳述するのは本論の範囲をこえる。ただ、かれらはそれぞれの事情があって理論的・実践的に消費組合を中心にして社会変革を考えることからは遠ざかっていったといえる。

3 何を学ぶか——社会運動における「教育」の意味

明治社会主義の消費組合がロッチデールの理想を語りつつその後の組合史において一過性であることを免れなかった大きな一因として、消費組合運動と労働組合運動の関連如何という難問があげられるであろう。ロッチデール自体がそもそも「反階級的」であり、片山の都市社会主義と同じく、改良主義的であったからあくまでも克服されてゆくもの、あるいは労働組合運動↓社会主義の実現、に従属する手段という主張が繰り返されてきたし、片山も理論的にはその途をたどっていった。しかし端緒において共働店に片山が見いだしたもの、そして安部や石川とも共有していたものは、消費組合運動のもつ「教育的」意義であったことはこれまでを通じて述べてきた通りである。この場合の教育とはとくに片山にとっては、無知がもたらす災禍が個人や社会に及ぶのを防ぐための「知識」を得るという知的な「教育」と、集団や社会の中で主体的に自己を形成し、他と連帯しつつ新しい社会を目指していくという方法態度や人格を身につける実践的「教育」の両面の連携を意味していた。そしてそれらはロッチデールの図書館建設や「道徳的売り手」の精神に遡ることができる。片山は消費組合運動の担い手を「労働者」にはっきりと定めていたが、このような普遍的な「教育」が社会運動に賦与される以上、その範域が労働者を超えていくのは必然である。無産者を対象と意識しつつも安部や石川にはそのことが予見的に認識されていた。しかし、消費組合運動を担う階層の拡散は運動の裾野の広がりを意味する一方で、「精神」には夾雑物が入り込み、薄められていく。そもそも消費は多面的な要素をもった活動であるからそれも当然である。しかしとりわけ、物価高や生活難に追われて、少しでも安く、有利に消費財を手に入れようとする組合員の私的な欲求は、それのみが組合運営のモチーフとされると、消費組合運動の社会的意義を見えにくくさせるように作用するのである。消費組合運動がその点を回避して、社会変革を志向する固有の意義を主張するならば、「核」になる担い手は必要であり、その内容が何であるかは決定的に重要である。戦前の日本の自主的な消費組合運動が、片山の共働店に遡るまで、「労働者」、「労働組合運動」にそれを求めたのは時代の必然的要請であった。だが、労働組合と消費組合は助け合いもしたが、労働組合が消費組合の自立性を損なっている図を明治社会主義以降の新興消費組合運動に見ることができる（この点は本書第7、8章で詳述する）、それだけではなく、右にみた組合員の私的欲求が国家にからめとられて「産業組合中央会」的な、おのれの立場とは異なる脈絡のなかにさえ置かれて消費組合運動は展開されていったのである（この点も本書第8章）。まことにもって消費組合運動は、多くの社会運動の争闘、争奪の場であった。

　他の社会運動と比較して消費組合運動の特質はどこにあるのか。「労働者が資本家になることが出来る」という片山の言説は戦後、左翼系の社会科学者から強い批判を受けた。晩年の片山もこの批判をそのまま受け容れたに違いない。だがしかし、片山が実質的に語っていたのは、実践を通じて「経営《ベトリープ》」を学ぶことができるということにほかならない。この場合の「経営」とは経済的な利益をあげるということにとどまらない。日常生活に最も密着し、あらゆる社会層が関わらざるをえない消費生活の総体的な意義と社会的関連を見つめ直し、問題点を認識し、自らの手で課題や目標を立てて再組織し、運営していくことのすべてを意味するであろう。したがって他の社会運動と連携しつつ、自立した独自の役割を果たすとすればこの点に消費組合運動の特質と強みが求められねばならない。すべての社会層が関係する消費生活というその強みは上述したように同時に弱みでもある。その克服には組合員相互間の啓発的な「教育」と「経営」の実践によって形成される「共同性」が不可欠あろう。このことが多くの消費者に共有されたときに、消費組合運動は「全社会運動の最後の砦」［辻野:1978;60］となりうる。だがそれは戦前戦中においては外的には国家権力の支配弾圧により、叶うことはなかった。内的には組合員の運動に対する意識や理解も関係していた。

そのような外的な軛を脱した戦後日本の消費組合は、生活協同組合として、一九四八（昭和二三）年の生活協同組合法を法的根拠に再出発し、大きな発展を遂げた。組合は全国を網羅し、連合体も組織的に充実したものになり、消費財の共同購入だけでなく医療・住宅・保険・金融等々あらゆる日常生活に総合的に関わっているのはわれわれが日々見聞きする通りである。国際的組織（ＩＣＡ）を通じて日本の生協運動は世界的な動きにも繋がっている。しかし、誰の目にも明らかなのは、生活協同組合の日常の「経営」が組合自体の資本主義的企業化を生んでいることである。役員選出の民主的手続きや取り扱う商品の品質への顧慮はある程度維持されてはいる。環境問題に積極的に取り組んでいる組合も少なくない。だが、購買高による払戻しや現金主義などのロッチデールの原則の実行はかなりあやしくなっており、無店舗経営が主とはいえ宣伝広告、店舗にかける費用も大きなものになってきている。そして何よりも民間の流通企業との競争や競合が組合であることを見えにくくしているという現実がある。現代日本に「階級」は厳として存在はするものの、確かに「労働者」という範疇は社会的意識から遠のいており、消費組合運動の主体としての役割を担うには色褪せている。そしてそれに代わる「市民」あるいは「消費者」といういまひとつ無限定な担い手がこの企業化への方向に手を貸している。生活協同組合がクレジット・カードを推奨して消費をあおる時代である。しかし、その結果のありあまる生活物資を消費することによって感得される豊かさが資源環境問題を待ったなしにし、何らかの社会的合意を必要とせざるをえず、また獲得されたその豊かさも国際的・国内的に日々その偏在性を露わにしつつある今日に鑑みれば、社会的弱者の生活の向上のために、自らの生活態度を見直し、自らが置かれている社会的諸関係の認識の必要性を感じ取り、社会に立ち向かおうとした明治社会主義の消費組合運動の原点が、再び忘却の淵に沈められてはならないであろう。

注

(1) この時代区分の原型は［山崎:1932］にある。③にあたる大正期にはじまる「新興消費組合運動」が第二次世界大戦に至る労働者の自主的消費組合の正式の流れだとする見解である。勢力としてはまさっていた産業組合系の市街地購買組合はこの範疇には含まれていない。

(2) ⑧の公正は品質という指針が「道徳」に関わる本書にとって重要なものだが、これがＩＣＡでは消えていく。本書六八頁のパリ大会での原則を参照。

(3) 片山の「社会主義」がそもそも「個人主義」に対置されるべきものとして認識されていたことについては本書四四頁を参照のこと。

(4) これは［片山・西川:1951=1901:218］でも同様である。

(5)「都市社会主義」をめぐって拙稿「明治社会主義の航跡」［堀田:2004:第5章］は片山と安部の所論を比較し、同じテーマをほぼ同じ手法で扱いながら安部がより事業論的であるとしたが、同じことは消費組合論についてもいえる。

(6) ここではその例として、日鉄大宮工場の争議で解雇された熟練工がどの工場でも再雇用されなかったことがあげられている。

(7)『平民新聞』第一四号（明治三七年二月一四日）は、安部が『家庭の友』に掲載した「消費組合の話」の梗概を載せている。この組合はすべり出しは順調であったが、一般商店の掛け売りとサービスに学生を奪われ一年足らずで失敗したこと、以後この点に注意すべきだが目先の利益にとらわれて競争すべきでないことが書かれている。

(8) とりわけ第六章「監督」と第九章「罰則」は、監督官庁、主務大臣、地方長官および郡長の権限と支配力を強め、自主的な消費組合の活動の足枷になった。

(9) この用語は産業組合法のものであって同法では「消費組合」は使用されない。「消費」を「購買」すなわち金銭上の利益に限った産業組合法の精神は、消費活動全体の見直しを含むロッチデールや明治社会主義の対極にあるものといわなければならない。

(10) また、石川は日露の開戦で産業界が危機に陥ったが、一九〇三(明治三六)年には八七〇であった産業組合数が翌年の四月には一〇二四組合にまで増加したことに期待を寄せている。しかし増加の大部分が資本力のある事業家に必要な信用組合であり、労働者小作人の自立を促す消費組合は遅れて発達するのが自然だとしている[石川:1904b]。これも産業組合法に対する石川の同様の姿勢である。

(11) 大正中期に勃興する「新興消費組合」に対置されるもので、日露戦争後の物価の上昇とともに軍人官吏、会社銀行員、教師などが中心になって普及したものである。したがって第一次大戦後の好況期には勢いが下降し、代わりに新興消費組合が労働者階級の成長とともに勢力を増してくる。この傾向は「市街地購買組合」の性格を示している[山本:1982:88以下]。

(12) しかし消費組合のような日常的な活動は、一九二二(大正一一)年、アナキズムの側から革命運動発展の妨げになるとの見解も現れ、大杉栄らの影響を受けた共働社排斥運動が組合の中で展開された。共働社は労働組合に横断的に組織を伸ばし、労働争議の支援もおこなった。同年の関東大震災に際しては共働社を創立し、指導した一人の平澤計七が軍隊に虐殺されている。この経緯については本書第4章、第7章で詳述する。

(13) その典型的な例として賀川豊彦の軌跡があげられよう。キリスト教に立脚しつつ、友愛会幹部としてかれは川崎造船所の大争議や関西での多くの労働運動を指導する。武力弾圧による敗北後、急速に左傾化する労働組合の方向に合わず、農民組合、無産政党の活動にかかわるが、そこでも抗争が人間愛に背くとして去る。そして消費組合運動に主力を注ぐのであるが、この共益社系の消費組合も労働者か市民かという選択に迫られる。やがてキリスト教へと再び傾斜した賀川は「神の国」運動へと転身していくのである。賀川の軌跡については[隅谷:1995]。また本書第5章でも検討する。

(14) これは[山崎:1928]のことを指している。

第4章
岡本利吉と消費組合運動
——「美」と「共働」の原コミュニタリアン

1 「共働社」と岡本利吉

大正末の消費組合運動

労働者を中心とする消費組合運動は、前章で論じたように、日本では片山潜らのいわゆる明治社会主義に担われて初めて現実のものとなった。それはロッチデール公正開拓者組合の精神に則って形作られたものではあったが、ロッチデール原則の重要な柱のひとつである「政治的中立」に関しては最初から大いに困難を抱えていた。片山は動機としては労働者の日常生活の重要性に心を砕き、かれらの経済的・精神的自立を促す啓蒙運動として消費組合運動に手を染めたのだが、すでに見たように内的・外的原因によって短期間で壊滅したのであった。啓蒙という点では一定の役割を果たした平民社系の消費組合も結果は同様であった。大逆事件以降、労働者の自主的・階級的消費組合運動は完全に日本社会から一旦その姿を消していく。それは前章で見たとおりである。

これに代わるようにして隆盛になったのは、産業組合法にもとづく市街地購買組合や企業・官庁の購買組合であった。支配層をも含む広範な市民を巻き込みながら恩恵的で安価な生活物資を求めるという動機のもとに明治三〇年代以降、このタイプの消費組合は数を増加させていった。

他方で大正期の第一次世界大戦、ロシア革命後、日本資本主義においては本格的な独占資本、金融資本が成立し、工業中心へと産業構造が組み替えられ、他方では戦後の物価騰貴や米騒動によって階級意識を高めた近代的工業労働者が生成してくる。思想的背景として大正デモクラシーの影響を受け、再び労働者によって担われた消費組合が、明治社会主義の経験とはほぼ無関係に再興される。いわゆる新興消費組合と称されるもので、大正中期に鈴木文治の友愛会、岡本利吉・平澤計七の共働社、関西の賀川豊彦らの共益社の三つの系統の組合が次々に産声を上げ〔奥谷 :1973:148-179〕、相互に連携や対立・分裂を繰り返しながら活動していった。とりわけ初発に岡本がコミットした共働社は後の関東消費組合連盟、日本消費組合連盟の母体となった。そこには消費運動とともに政治運動も展開され、明治期以来の宿題である労働組合との関係、政治活動との関連如何という重い課題が解決されぬままあった。

岡本の軌跡

岡本利吉〔一八八五(明治一八)年~一九六三(昭和三八)年〕はこの運動史の流れのなかでは極めて特異な思考と経歴を持つ人物である。共働社の生みの親であり、消費組合に関係する著作は『企業立憲論集』や雑誌『新組織』、「消費者組合論」〔岡本 :1927〕などかなりな量にのぼる。しかし消費組合活動に携わったのは足かけ七年ほどにすぎず、運動を共にし、かれについて直接語ることのできる人物も今ではいなくなり、忘れ去られつつある人物といってもいい。消費組合運動家としてよりもむしろ、宗教的な「美教」にもとづく農村青年共働学校の主宰者という後の活動(一九二八〔昭和三〕年、富士山麓愛鷹に葛山共働学園開設、一九三三〔昭和八〕年横浜郊外に純真学園開設)のゆえに農本主義者として研究対象に辛うじてとりあげられている[1]。この面については大著『規範経済学』〔岡本 :1929.10〕や『人間理学(人生問題総解決)』〔岡本 :1931a〕『農村問題総解決』〔岡本 :1931b〕、『美教と人間論』〔岡本 :1934〕などにその意図や内容をうかがうことができる。戦時中には皇道原理神道教学と称して一九三八(昭和一三)年に伊勢神宮で神都教学館という皇民道場を開いている。神道に関する『皇道原理日本教学』、『御事蹟と神道の本義』等の著作もある。こういった運動のゆえに戦後は公職追放を受けたが、実質的にはほとんど影響はなく、著述に専念して自らの哲学の集大成である『民生学論体系』を完成させ、その一方で世界語ボアーボムを考案している。それらの業績を普及・広報するために本郷に建設した「民生館」は現存している。だが、これだけの仕事がありながら、「美教」に自らの人生を重ねる者、『民生学論』や『規範経済学』に真面目に対峙する研究者、ボアーボム語を操る人物は皆無といっていい。独善的で強烈な価値観のもとに打ち出された著述群は、それが生成される過程における驚くべき持続的な努力に敬意は払われるものの、そのものとしては検討に値する内容を持っていないからだということだろう。とりあえず内容を抜きにしてかれの業績を貫く特徴を挙げるならば、①これらの著作は全て独学で仕上げられており、しかも体系的志向が極端に強いこと。②資本主義改良論者→左翼的な消費組合・労働組合運動→右翼的な農本主義、極右の皇道神道→戦後の学究生活というように時局迎合的もしくは変節漢じみた軌跡をとったにもかかわらず、思考や実践には強い一貫性が見られること。これは戦後の晩年期において、かつての農村青年共働学校の弟子たちだけでなく、共産党系の生協指導者たちまでもが、かれの運動経歴・思想経歴にもかかわらず敬愛の念をもって遇していたことの理由にもなるだろう。(2) ③その一貫性であるが、西洋の近代科学の啓蒙性、科学性に対する絶対の信頼と独自の理念的人生観・宗教観を常に結合させようとしていたことである。これは経済理学と人間理学というように両者を弁別させながらも統一しようとした独特の試みである。④著述、思索の意図したところは（戦後を除けば）ここで理論的に導出された規範的な日常生活を共働生活の中でいかに実行するかという実践的関心につねに向けられていた、といった点が挙げられよう。現実を理論に合わせようという人なのである。

本章はさしあたり岡本の共働社での消費組合活動を支えた思想に焦点を当て、かれが実践を通じて目指した消費組合のありかたを考察したうえで、それがいかなる現代的意義を持っていたか否かを論じる。しかしこのことは、岡本の全体像をふまえたうえで論じられる必要がある。この点に留意しながら、まずは岡本が消費組合運動に関わるまでと運動へのコミット、とくに平澤計七との関係を中心に紹介することから始めたい。

企業立憲協会の岡本

岡本は高知市に生まれる。一八歳で上京するまでの故郷での生活は家庭的にも経済的にも不遇なものであった。土佐の中学校を中退後、向学心旺盛な岡本は学費のかからない逓信省の官吏養成学校である東京郵便学校に入学し、卒業後は官吏として貯金局に勤務しながら国民英学会に通って英語を学び、必死に読書研究に励んで最初の著書『社会将来の楽観』を一九一二（明治四五）年に出版した。同郷の板垣退助に序文を書いてもらい、三菱財閥二代目の岩崎小弥太の知遇を得、この処女作出版とほぼ同時に大阪の三菱倉庫会社にサラリーマンとして転進する。実業界に入って経済組織の研究をしたいというのが動機であったと岡本自身は述べている。しかし三菱が最終目的ではなかったのであって、大阪支店の芦文倉庫爆発事件を機会に一九一八（大正七）年に退社し、再び上京して浜松町に企業立憲協会を開設した。この協会は次節で詳述するが、資本家と対等な関係を構築する労働者および労働者階級を育成する目的をもったものであり、協会の機関紙『新組織』や書籍の出版、労働講座、組合結成のコンサルティングなどをおこなった。資金的な裏づけとしては土佐人脈や大阪時代に培った財界人や政治家とのコネクションがあった。ちなみに消費組合時代においても農村青年共働学校においても、スポンサーというほど大がかりなものではなかったが、政治家加藤高明、後の大蔵大臣片岡直温、財界人にして政治家でもある。平生釟三郎などに物心両面の援助を仰ぐ立場にあったことは、人脈開拓における有能さとともに、かれの運動における立場に微妙に影響を与えたと思われる。

純労働者組合（純労）の平澤

一九二〇（大正九）年に協会が東京市外大島に移転すると、地元城南地域での労働者との交流が盛んになり、岡本はそこで労働運動の闘士にして労働劇団の指導者、戯曲家でもある平澤計七との親交を深めていく。[3] 一八八

前列白服が平澤計七、そのうしろが岡本利吉

九（明治二二）年、越後小千谷の鍛冶職の子として生まれた計七は根っからの鉄道工場の渡り職工であり、日鉄大宮工場（そこはかつて片山潜が鉄工組合を組織し、『共働店』を開いた場所であった）、鉄道院新橋工場、浜松工場などを経て、一九一四（大正三）年、上京するとともに大島の東京スプリング工場の労働者になる。この過程で労働者としての階級意識に目覚め、友愛会に入会している。浜松工場時代にすでに文学作品を発表しているだけでなく、購買組合運動にも関わっているところを見れば、岡本と気脈を通じる資質は備わっていたといえよう。

平澤の友愛会での活動は鈴木文治の知遇も得て順調で、翌年には大島分会を組織し、一九一六（大正五）年には友愛会本部書記に抜擢され、機関紙『労働及産業』の編集に携わる。友愛会はもともと労資協調的色彩の強い団体であったが、時代の流れで運動は先鋭化・階級闘争化の傾向にあった。とりわけ工場が密集する大島は労働争議が頻発し、平澤は先頭に立って争議を指導・支援した。かれには階級意識とともに文学者魂、人類愛・人間愛的なものが併存していた。そして岡本と同じくインテリ嫌いでもあった。

頻発する労働争議にともない友愛会は左傾化（サンジカリズム化）[4]していくが、それを主導したのは東大水曜会出身の棚橋小虎、麻生久らのインテリであり、それは鈴木文治排斥の動きとなるに至った。鈴木に個人的敬意を感じていた平澤はかれらとの内紛[5]がもとで、一九二〇（大正九）年一〇月、大島分会から労働組合化して発展した友愛会城東支部の多くの同志とともに友愛会を脱会し、労働者だけの純労を組織し代表になった[6]。この組合はやがて傘下に南葛飾労働会など多くの戦闘的な組合を組織した総連合に発展し、平澤は劇団活動、創作活動を続けながら精力的に労働運動を闘った。地元大島は工場街で労働争議は多発していた。そして争議を通じた度重なる亀戸警察署との衝突が起因して、一九二三（大正一二）年九月の関東大震災の混乱に乗じて亀戸署に連行され、南葛飾労働会の同志とともに軍隊によって虐殺されるのである。(7) 震災後三日目、そして大杉栄らの虐殺の一三日前のことであった。

共働社の岡本と平澤

純労の結成と大島共働社の成立は一九二〇（大正九）年秋、ほぼ同時におこなわれている。そして岡本と平澤は共働社の運営を中心になって担っていく。

共働社結成の経緯を最初の組合員であり、岡本とともに仕入れ係を担当した八島京一が書いている［八島 :1921:37-40］。まず冒頭において純労の設立宣言が記されている。

> 純労働者組合は人生を悪化し貴重なる労働を蹂躙し労働者を窮迫せしむる資本主義的社会を廃し、之と代わる全ての人類に平等なる幸福を来らしむる新社会の建設を労働者団結の力を以って為すものである。純労働者組合は宣伝執行部に智識階級の力を尊重為す者であるが総ての決議権は純労働者自らが握る。純労働者組合は地方自治を重ず。純労働者組合は人的愛を以って総てに対す。

ここには資本主義廃絶、インテリ排除という平澤の思想が忠実に反映されている。とともに労資協調の岡本と共通する部分、そして両者が接触するいきさつも見える。(8) 八島によれば、純労の理事会で外国の労働組合史や思想の勉強をしようという提案がなされ、企業立憲協会の岡本に約一〇日の予定で講師を依頼することになった。

講義六日目に岡本は英米独仏の労働運動史を概説した後、企業立憲協会に売店を設け、将来はこれを共働購買組合にするという計画を告げる。これに平澤はじめ多くが賛成し、講義を中止して直ちに組合を作ろうという話になった。岡本は貸し倒れと労力の問題さえ心配なければ賛成であるとして資金援助を申し出、ここに共働社が成立し、発展していくのである。出発当時の業務は米、砂糖、薪炭など基本的な生活資材を扱い、週三回午後六時からの開店、無報酬の役員の仕入れ販売労働というようにロッチデールを忠実になぞらえたものであった。そこにさらに当時の岡本の考えが付け加えられていた。それは組合員を自覚のある少数者に制限すること、購買品の代金は月二回の支払い、利益は購買高に応じて組合員に割り戻すだけでなく、さらにはその半分を積立金とし、いずれは自治的な生産工場を所有し産業組織を改造しようとするところなどにである。翌年一月の第一回の総会では配当の半分にあたる積立金については、さらにその半分を労働運動積立金として争議資金としても活用されることになった。この関連から岡本は労働争議の指導[9]にも関わっていった。残りの半分は金融部積立て［奥谷:1973:160］とされ、のちに岡本は財界にも援助を仰いでこれを信用組合労働金庫に発展させたが、短期間で失敗に終わった。

共働社は大島の岡本の大きな自宅でもある企業立憲協会に置かれていたが、岡本と平澤はこれを労働会館とし、分離運動連盟[10]、純労、共働社、労働金庫、文化義塾、労働劇団の共同の活動拠点にした。地域の労働運動、労働学校、文化活動などが相互に連携を保ち、結合する場所が意図されていたのである。そして平澤は企業立憲協会から新組織社に移った『新組織』の編集を岡本から引き継ぎ、誌面には文芸関係の著作も増えていった[11]。

岡本は消費組合を指導するとともに仕入係、精米係（労働会館に精米所があった）として汗を流し、共働社は順調に成長していった。この活動に共鳴する労働者の消費組合が東京近辺そして関西にも相次いで設立されていった[12]。労働会館は月島にも設けられ、岡本と平澤は関西に出張して消費組合運動の啓蒙をおこなった。

岡本の消費組合運動離脱

一九二二（大正一一）年五月、かねてから消費組合の連合体の役割を重視していた岡本は四つの組合[13]による消費組合連盟を組織した。しかし関東大震災前後によって組合が物理的な被害を蒙り、また官憲による弾圧を受けた頃から、消費組合運動は発展していったものの、岡本はこの運動から次第に身を引き離していった。

その理由は外的なものと内的なものが呼応していると考えられる。外的なものとしては昭和恐慌に至る過程で労働組合側においてアナ・ボル論争が高揚し、消費組合運動もこの流れに従属して友愛会の例をみるまでもなく左傾化が強まり、産業自治を骨格にもつ岡本の組合思想とは本質的に相容れないものであることがはっきりしてきたことである。労働組合側は岡本の資金力をあてにする半面、その出所で不信を抱くこともあった。震災後の労働組合弾圧も影響したに違いない。

内的には岡本自体が、かれのその後の独特な哲学的・体系的思考の核をなす「美教」の着想を一九一九（大正八）年頃に得、これを実践運動に接続させようとする志向を高めたことである。それとともに社会改造の担い手としての関心の対象は都市労働者から無産農民へと移動していった。かくして岡本は一九二八（昭和三）年、静岡県愛鷹山に農村青年共働学校を開く。実業界に最小限の財政的援助を得たが、数人の同調者とともに土地を開墾し、自力で校舎を建て、早朝の一定時間に規則的に思索と執筆を組み入れたかれのいう「規範的」な生活実践に入っていく。かれはこうして消費組合運動から足を洗うのである。

岡本の著作は厖大な量にのぼり、パンフレットや雑誌の類は散逸しているものも多く、この点今後の課題であるが、消費組合に直接関連するものを執筆年代順に本書引用文献末尾に掲げておく。

2 「自治」、「立憲」、「組織」の消費組合思想

(1) 消費組合運動に向かって──独自の資本主義管理論としての積立労働保険

岡本が消費組合へと志向する問題意識は、生い立ちで身にしみた貧しさと、サラリーマンとして歩みはじめたとき、失業・疾病・事故に脅かされる生活の不安をいかに解消するかというところから来ている。すなわちそれは防貧問題であり、具体的には積立労働保険を考えることである。一九一九(大正八)年に企業立憲協会から刊行された『企業組織と労働保険』〔岡本:1919.3〕は大阪時代に「大阪朝日新聞」や雑誌に掲載されたものをまとめたものであるが、かれの資本主義観や政治観にもとづいて労働保険の必要性や制度が議論されている。

岡本の考える労働保険はさしあたり、社会的弱者である工業労働者を防貧、保護するための営利を目的としない共済制度であって、他の保険(海上保険・火災保険)と違い、労働者が保険料を他に転嫁できないがゆえに公的な補助を必要とするものである。本来ならば保険料は労働者の必要な生活費用の一部だから、製造品の値段に含めて消費者が払う形にしなければならないが、労働者にはその権利は認められていないのが現状である。そして労働保険の経営上の決定的な要件として自治が存在しなければならないという。イギリス政府が生命保険会社に国民健康保険の認可をする条件として自治があった、国家が保険を整備する以前にそれを担うべき自治的共済組合や労働組合があったというのである。ここからかれの権力、自治、団体についての思考をうかがうことができる。

「自治は民本である。民主である。しかし権力に反抗であると考えるならば自治ほど恐ろしいものはない。自治は権力の不備と欠点を補う誠意の調和である。民主に対立するものは専制である」〔岡本:1919.3:19〕、「専制とは

国民の希望を認めぬ政治の総称で、民主とは国民の希望を認める政治の総称である」［岡本 :1919.3:20］。さらに続けて「専制でも民主でも必ず権力が存在している。権力は或意味において団体の力である。団体の各個人以外に存在する無形の力である。この無形の力が働くには自然人が必要であるので、歴史に従う団体権力の主体組織が構成されるのである。…文明治下における権力は決して我儘勝手なものではない。権力は必ず民主、すなわち民本たるべきものである。誠意を以って国民を統治する、この団体意思が権力であって、古来これを大御心と尊称する」［岡本 :1919.3:21］。自治とは岡本にはまずは権力行使との関連において捉えられるべきものであった。

なぜ労働保険に自治が必要か。それは岡本によれば労働保険の不備なるがゆえである。つまるところ、保険料負担の重さゆえに給付の低さや救済される事故の制限により、労働者は一時的に給付を受けることができても、本質的に無資産状態を免れることはできず、また火災保険・海上保険に比較して保険料は社会的失費の性格が強いからである。(14) したがって自治による、権力の裏づけをもった自立的運営が必要になるのである。この主張に対しては労働保険無用論に立つ資本家と、労働保険は労働者に一時的な安心を与えて資本家制度破壊の直接行動を鈍らせるというサンジカリストが当面の敵となる。「労働保険を不必要と考える企業主は、自分の胸中に資本家制度を破壊する爆発弾を抱いている」［岡本 :1919.3:6］ということになる。

その労働保険を改良したというのが「積立労働保険」であって、これは一定した保険料を定めず、組合員から支払いに要する金を集めるわけでもない。組合貯金の方法で積立の財産をつくり、その財産の利子から共済をおこなう。そのために高度に自治的な管理を必要とするのであって、これを労働保険と併用していくというのである。積立はまた「企業利益の分配（増加資本の分配）に労働者を参加せしめること」である。この利益の分配については、岡本の資本主義観の核心をなしており、以下のように説明がなされる。

共同企業経営主義

企業利益の分配をもって労働者の生活費用、あるいは労働保険料の支払いに充当するならば、「畢竟支払い賃金の異名」［岡本 :1919.3:54］なのであって、生活費用は「資本階級に対しては利子、智識階級（この場合は経営者・企業管理者と解するのが適切であろう）に対しては給料、労働階級に対しては賃金の名目で払われるが、それは決して会社工場の利益ではなく、経費である」［同 :55］。経費以外の会社工場の収益を「増加資本」と岡本は名づけ、これを積立労働保険の基礎概念とする。これを社会的に見るならば、社会的生産が国民生活の需要を越える余剰分である。これが増加するのは「生活程度の向上が幾分遅れて、生産の分量に追従するからである」［同 :56］。したがって増加資本は現在の生活費用（消費財）ではなく、未来の生産の需要品（生産財）である。ではこれは誰のものか。「それは直接に法人組織の会社工場に属しているので、資本階級も、智識階級も、労働階級も、直接所有権者たることを主張することができない。……社会的企業単位の法人が所有する……決して一個人の私有財産ではない」［同 :58］。したがってここに三つの階級から公平に代表者を選出し、利益分配を決め、資本主義を管理するための「共同自治」が不可欠になる。これをかれは「共同企業経営主義」と名づける［岡本 :1919.3:80］。これはもちろん産業自治を骨格に持つ労資協調というべきものであろう。しかし当時の政府・財界が主導した上からの恩恵的な協調会[15]の考え方とは、方向性において根本的に異なるものであった。そして岡本は自治をこう語る。「自分を知るものは自分である。親や友人でさえも、余計な干渉をされることは不愉快である。自治はこの心理的要求から、なるべく共同生活は互譲の精神を以って公平におこない、不必要な干渉を受けない自然の満足を求めんとする。この自治精神は、各方面にわたって共同生活の実質を改良する最有数の方法である」［同 :70-71］と。ここではさらに、自治が精神面から捉えられている。そしてこの自治精神が現実のなかでいかに変質していったかが問題である。

それは後から見るとして、岡本の主張する自治的に管理された資本主義というものが現実からはほど遠いもの、あるいは正反対なものであるからこそ、企業立憲協会が設立される必要の根拠となった。岡本によれば現在の資本主義制度は企業における代表自治の範囲が資本階級に独占されていて、それが当然視されていること、すなわち自治の対極である「専制」の相を呈していることが一番の問題であり、この点の啓蒙が必要であった。立憲とは政治制度における概念であって、企業にあてはめるのは奇異に思えるかもしれないが、企業についてはこれを定款にもとづく合理的な運営と岡本は考えた。専制の国体に対しては立憲国家がこれを克服した、専制家族制度は個人の自覚が発達するにつれて維持できなくなったし、国家と家族の中間にある企業だけがこの点では遅れている。だから企業利益を資本家のみに吸い取らせずに企業自身が所得として企業の安定化を図るというのである。岡本は「企業組織改善の急務」［岡本 :1919.10a］として『新組織』の創刊号にこのことを提起する。そしてそれを妨げている「腐敗せる支配階級」への舌鋒は鋭く［岡本 :1921.1b］［岡本 :1921.5b］、これを克服すべき理念は「平等だけが真理」［岡本 :1921.8b］である。この真理なるものに対する畏敬と渇望も岡本の生涯に一貫する。

岡本によれば「私が真理というは、事実とは違った当然の法則、もし善とか道徳とかいうものがあるとすれば、すなわちそれを指すのである」［同 :10］という。フランスの人権宣言で天賦人権として自由、平等、財産、安全が示されたが、まず自由は存在しなければならぬ以上に人間自身の天賦に固着しているから事実なのだというものである。財産は、これを持つ者は少数であり、その好都合にされるのだから非真理、安全はすべての人が欲する食欲等と同列であり、これも事実である。真理とはすべての人が欲するだけでなく心を督促する道理道徳なのであって、支配、財産、英雄、学者等に反抗して、人間最高の道徳行為として共働自治の平等社会を実現するという目標のもとに労働保険や企業立憲が制度的に平等をもたらすものとして構想されていたのである。労資協調の域は出ないにしても協会の機関紙の一見奇妙なタイトル『新組織』は、この理想に向かう現実的運動の階梯を象徴している。とともに、その過程で岡本がつねづね重視していた日常生活は、自治的な「団体」を離れてありえないことを示している。

このヴィジョンをもって岡本は消費組合運動に接近していくのであるが、この時点でかれが「共同企業経営主義」が対決すべきものとして明確に挙げていたのは、現状として眼前にあった「資本階級企業経営主義」、国家社会主義とかれが名づける「国家企業経営主義」――これは消費組合論のレベルでいえば政府主導の産業組合・購買組合に通じるものであろう。そして最後に「労働階級企業経営主義」すなわちサンジカリズムであった。資本・智識・労働の調和を説く岡本からすれば、労働階級だけに利益分配をさせる法はない。「資本階級が余に貪欲であれば、血を流してでも排斥せねばならぬ。併し貪欲でなく、善く共同生活の大目的を理解し、公平な利益の分配に同意するならば、却って資本階級の存在が、生産上に有益ではあるまいか」[岡本:1919.3:75]と岡本はいう。この論拠から、労働者階級の資本主義に対する敵意を弱めるという含意のあるサンジカリストの労働保険反対論、消費組合運動排斥には肯じえなかったである。

(2) 消費組合運動のなかで――ロッチデール原則

消費組合の理念と運営

しかし、実際の労働者の生活に即してみれば、「資本階級の貪欲・専制」は蔽うべくもない。大島共働社を開始してから、岡本の思想と行動は、平澤や純労と関わりを深めたために左傾化していったことが指摘されている[大和田:2002:223]。労働組合を席巻していたアナーキズムやボルシェヴィズムとの折り合いにも注意を払うようになる。自治や団体の意味合いも微妙に変化していく。一番の変化は、自治の発現の場を企業からロッチデールに移したことである。しかし対象が変わったにもかかわらず、基底になる理論や感性は継続する部分もある。この関連を、『新組織』や、消費組合運動離脱後にその体験を回顧し理論的に総括する意味で執筆された「消費組合論」［岡本 :1927］を中心に見てみよう。

企業組織の改革によって資本主義社会を是正するという課題から純労に消費組合を組織するという旋回は、かれが東京下町の地域の工業労働者の生活状態に社会の矛盾を感じ、労働運動に共感したからであることはいうまでもない。岡本が企業立憲からロッチデールに進む正確な時期は定かではない[16]。日常生活を重視してその向上を連帯、共働の精神によって進めたロッチデール公正開拓者組合に発する運動をヨーロッパ文献に学び、平澤を媒介にして労働者への傾斜を深めていったときの必然の出会いであったと思われる。

しかし、それにコミットするには、左翼運動をともに主導し、相互に争っていたアナーキズムやボルシェヴィズムに接合できる理論的スタンスを確立する必要があった。結論的にいうと岡本は一生を通じてこれらに自己を投企することはおろか理論的にも受け容れようとはしなかった。だが最も共感的にこれらに接したのはこの時期であった[17]。「アナーキズムは支配を否認するが、ボルシェヴィズムはこれを認める。アナーキズムでは自治を説くがボルシェヴィズムはあまりこれを喜ばぬ」［岡本 :1921.11a:1］。この自治という点では岡本はアナーキズムの徹底性に同意するが、団体としての行動の強さからみれば個人主義に走りやすいアナーキズムが弱く、支配を認めるボルシェヴィズムが強いのは争えない事実であるという。この両者の欠点を同時に補うのは、かれによれば「自由なる合意」による「組織」である。「われらの叫ぶ自治は、個人主義の自治ではなくて、個人が組織する組合、団体、若しくは社会を、組織分子である個人等の自治によりて純真純美に生育し行動せしめんとするのである」［同 :3］。

この組織こそが岡本とって現実には共働社にほかならなかった。そのためにはかれは運用面では徹頭徹尾ロッチデールに忠実であることが絶対に必要であると認識していた。そして理論面ではいくつかの読み込み——自らの主張に引き寄せた解釈――をしていった。ロッチデールは「共産主義者は消費組合運動者は共産主義に対して偏狭ではなかった」［岡本 :1927:9］からである。消費組合に偏狭であるが消費組合運動は階級闘争を撹乱するとの非難、ユートピアであって科学的社会主義ではないとの非難、無産政党による政権奪取が先だとする左翼諸派からの批判に対して岡本は共働社が労働者・無産運動者に限ること、したがって現実の労働者の運動であることをもって応じたのである。「階級解放の労働運動、無産政党運動、而して消費組合と三者併進して」［岡本 :1927:4］社会運動の大勢が進んでいるとかれは述べる。

しかし、消費組合は大企業組織の生産を採用するというアナーキスト系からの非難に対しては、大企業生産は必要であると反駁する。これは大企業が必要ということではなく、労働保険時代から連続する岡本の経営原則であって、ロッチデールに倣う岡本のヴィジョンに沿うものである。生産工場だけではなく、銀行、保険、運輸、植民、図書館、教育といったあらゆる社会活動を含んだ「新社会」［同 :29］に至る過程として消費組合が位置づけられているからである。連合による大きな組織というのはかれには至上命題であった。これはロッチデールが成功した道であったし、岡本は労働金庫も作っている。しかし新社会への構想はいずれ異なる文脈に置き換えられていくのだが、それは次項で論じよう。

さて、消費組合の理念と運営の統一を岡本は以下のように考えていた。出資金に応じて利益分配をするならばこれは「純然たる資本主義」［同 :13］になってしまう。市価ではなく廉売をするならブルジョア的購買組合である。原価（この場合は中間業者の利益が完全にカットされているのだから組合が取得する利益を含めていると考えられる）と売価（市価）の差は経費（購買高に応じての割戻金を含む）と設備なのであって、利益分配は現金で返さず出資金として預かるのだから搾取は存在せず、「私有財産を認めた共産主義」［同 :29］であるということになる。そのような運営方法は、必ずや共働の精神に目覚め、高い責任感に支えられた絶対平等の自治を必要とするのであって、これをロッチデールの二十八人の職工の精神に学べというのである。岡本はRochdale Equitable Pioneers Societyをあえてロッチデール「平等」開拓者組合と訳している。そしてこれは日本の学者ならば「消費組合」とするであろうが、賄賂で私服を肥やす現今の役人とは正反対の気高い「共働精神」に則るのであるから「共働組合」とすべきなのであると主張している。

消費者と生産者

しかし実際は、共働社の幹部は積立よりも廉売、貸し売りに流されがちであり、「ロッチデールで必ず成功する、脱線すれば失敗する、不利を忍んでも協力一致で卸売連盟を構成すべき」[同:33]と叫ぶかれの声は実を結ばなかった。したがって「消費組合を訂正する共働組合[18]」のヴィジョンも理論だけに終わるが、それは現在においても傾聴すべき内容を持っている。

岡本がこの時期ことさらに協調するのが、先述した消費組合の連合体である[岡本:1922.3]。具体的には仕入れ原価を下げるために連合して卸売組合をつくり、利益を積立てて生産工場をつくり、多彩な事業を発展させるべしということなのだが、そこには消費者と生産者の関係を根本的に構築しなおすという意図が込められていた。それは生産と消費の間で正当に実価交換する「真実思想」という岡本流の規範意識のうえに乗ってはいるが[19]、消費者の大同団結は生産者が出してくる不正な価格を是正する要求を可能にするという戦略なのである。そして消費者が生産に乗り出すことは、もちろん消費者自身が消費する生活物資を作ることではあるが、生産者に代わることではない。不正な生産者に対して要求を通すための、せいぜい短期の商品購入ボイコットを支えるにすぎないのであって、それよりも自ら生活物資を生産することによって生産物の実価計算が可能になり、より正当な要求を生産者に対して出せるということなのである。だが他方でそれは生産者への不当な圧迫にもなりかねない。

そこで岡本は生産者（生産労働者）も団結して消費者の掠奪を防止すべきであるという。互いに正当性を主張しつつ互譲の精神で運営する「真実正義の合意的組織」［同:4］が必要であると強調する。労働者は生産者としては産業別に労働組合をつくり、消費者としては居住地本位の購買組合をつくり、直接取引しつつ双方から同数の代表者を出して等価交換＝正義の交換を目指して協議するのがこの「組織」なのである。これはかつての共同企業経営主義、資本主義管理論に通底する組織論であるとともに、生産本位の工業国家へと日本社会が進みつつあるなかで、消費者と生産者の近接性の必要、消費者の生産物に対する情報の重要性という現代的課題を訴えているということがいえよう。

しかし、消費組合運動が消費組合のためではなく、新社会建設のためであるという発想は、量的発展は果たしてもますます思い通りに動いていかない現実の消費組合運動を前にしたときに大きく変容していくのである。

（3）消費組合運動から離れて——生活団体人間学美教

変容とはいえ、もともと正義、真実、真理、美、人類愛といった価値観を志向しその内容を問いつめ、実現を目指すということは岡本の人生から一時も離れるものではなかった。これを岡本は「人生問題」とするのだが、これを西欧流の科学的合理的理論に接合しようとしたところに特徴があったというよりも、その両者が混交するままに独自の境地を開いていったということができる。見てきたように企業立憲においても消費組合運動においてもこの関心は至るところで顔を覗かせ、また消費組合運動から去っても、この価値観あるいは宗教観は、より強化されるかたちで展開される。

企業立憲協会を始めた一九一九（大正八）年春頃、岡本は街なかで動く電車や自動車をパノラマのように眺めながら、快い境地に達する。意味を離れて事物の姿や音を静かに眺め、一切の感覚に及ぶ超越美観をここに感激的に感得し、これを純粋絶対美観と名づけ、純美とも呼んだ。そして「宇宙の千波万波の全体と波と波の間にある系列のリズムとに感応するものであるを発見した」［角石 :1977.69］。

「人間学を何故に美教というか。客観世界の千波万波に対する我等の感じが、美であるからである。肉体以上に精神体があり、我等が精神体を完成すると、我等の肉体が分散した後に於て、我等わ精神体のみの純粋生活になり、その純粋生活が永久の美であるから、人間学を美教というのである」［岡本 :1931a:24］。この精神体のみということはやがては霊魂の不滅という宗教的境地にまで高められる。そして「肉体を超越した絶対人にわ、純美の生活のみがあって、苦痛や不愉快の何もない」［同 :32］。「美は客観世界の万物から起こる波の全体え主観の我が共鳴するときの、主観の気持ちであることを云うた。次に愛と真について判明に考えなければならぬ。愛とは人間相互の純粋な感激であり、真とわ事物相互の客観的な関係である。之を明かに述べるものが純愛生活と純真生活である」［同 :34］。この見地から、人間はいかに生きるべきかという課題が、永久不死の精神体目指して自己完成をすることによって解決されていくというのである。さらには、肉体を離れた霊魂不滅の世界に至る――これを「宇宙人」とかれはいう。

ここではこれらの言説そのものに論評を加える意義を見出すことはできないし、その場でもなかろう。[20] ただ、このような種類の思索を内包させながら、イデオロギー闘争渦巻く社会運動にかかわるならば、何が起こるのかを見ておきたいのである。

農村青年共働学校

岡本自らに共働社以後の運動を語らせるならば、関東消費組合連盟はソビエト帰りの佐野学一派に横領され、徳永直のいう「消費組合は階級運動の兵站部」とされ、労働者でも労働組合員でもない自分は失望し、戦わずして消費組合運動から退いた後、工場労働者よりももっと悲惨な状態にある農村と農民が日本の根本問題であると認識し、「美教」を携えて「人類生活の基礎」である農村に向かった［角石 :1977.6:43-44］としている。具体的な実践としては農業や畜産の自給自足の共同生活をしながら純美生活による人間完成を目指し、併せて農村青年を一定の教育の後に郷土に戻して理想的な農業経営、農村再生に寄与できるような人材に育て上げる目的を持った農村青年学校を創設し、運営することであり、ここで禁欲的、規則的な集団生活を続けるなかで一九二九（昭和四）年、大著『規範経済学』を完成させる。そのモチーフは次のようなものである。

「規範経済学は人類の物質生活に内在する理論を研究する（経済理学）と同時に、物質生活の規範方式を確定しようとする（人間理学）。規範の生活方式は最良最善のものでなければならぬ。規範経済学は之を生活団体の共働組合と共連合に発見する」［岡本 :1929:4］との基本理念から、この書は準備篇の後に生活現象篇と生活方式篇の二部から構成される。前者の部分は西欧の経済学や自然科学の理論を踏まえる形で生活現象の説明がなされ、後者の部分はロッチデール原則を守って、都市で展開されるべき消費組合と農村の共働組合の連携の必要を説いたうえで、新たに着手した農村に改革のプログラムが示される。これはかれの実践がたどった都市から農村へという図式に乗ってはいないことを確認しておくべきであろう。したがって農村でも共働組合が消費組合の要素を持っていることは前提されている。

ここでは農村の共働生活についてロッチデールに加えてデンマークの国民高等学校に範がとられているが［同 :15-16］、かれが消費組合運動に向かっていった意識の継続と変容の様相を読み取ることができる。つまり消費組合運動の総括と農村青年学校設立の趣旨の動機を内容的には含んでいる。

それを見る前に、岡本にとって理論的には農業は都市の工業に代わる新たな運動のターゲットではなかったことも一言しておこう。企業立憲協会の叢書において すでに『農業改造論』〔岡本 :1920.4a〕が著され、都市の工業労働者の賃金決定には穀物価格が関わっているという意味で企業立憲と農業立憲はパラレルなものであること、したがって打破すべきは（資本ではなく）「資本の専制」であり、中間利益排除のために農業においても経営と分配を自治的かつ合理的におこなう組合の必要がもともと説かれていた。

共働耕作から殿堂建設へ

そのうえで、『規範経済学』において消費組合時点と力点が異なるのは、組織論にあると思われる。運動の捉えなおしといってもよい。純美生活への過程はまず農村において生活団体による共働耕作から始まり、ロッチデール原則を適用して（農作物おもに穀物の）販売組合へと進む。利益を出資に振り替えて配当し、生産物の加工、とりわけ酪農、畜産といった副業にも手を広げていくのである。ここに農村の「共働組合」が成立する。そしてその大連合が「全人類の全階級における全生活の結合であり、これが永久規範の生活方式」〔同 :15〕として幸福に満ちた新社会を創造していくというのである。

岡本は、共働村はアナーキストたちも何度も作ったが、規則がなく、働くも働かぬも各人の自由に任せられ、収穫物の消費も勝手であったからすべて失敗したという。「平等と平和」のかわりに「自由と気儘」が横行していたからである。出発点として共働村を定めるとき、ここに欠けてならないものは「目的と必要を意識して最良方針の下に、円滑に動く組織」〔同 :834〕であった。最良方針とはつまるところ規則である。

この組織と規則の必要性を訴えることは企業立憲時代と本質的に変わりはないが、かつてなかったほどに強調されるのはその過程《プロセス》である。それはまず人生と共働の目的を理解した「先駆者」によって先鞭をつけられねばならないという。今度はロッチデールの Pioneer が前面に出されることになったといえよう。そしてこの「純真」

な「中心人物」のなすべきことは「大衆の自覚」の覚醒であり、両者が一体となって共働経済を担っていかなければならないというのである。この「先駆者」が導く「大衆の自覚」という図式は、消費組合運動の時点では岡本の意識に上らなかったもの、さらにいえば敵対すべきものであったということをここで指摘するべきであろう。そしてその先駆者である中心人物の養成が農村青年学校の第一の教育目標であったのはいうまでもない。そしてかれによれば規範生活への第一歩は共働耕作団体をつくることであった。

規範生活はまた、階級と貧富のない絶対的な幸福な共働生活と言い換えられる（もちろん美的な）。このような価値観を濃厚に帯びた目標が設定されているために、組織については生活団体の共同性・統一性がより前面に出されてくる。農村における共働耕作団体や消費的な連合は息の合わないもの同士でも比較的組織が可能である。しかし岡本によれば生産より生活が重要である。共働耕作団体は生活団体へと進展していかなければならない。それは数家族から十数家族を単位にして、家庭の運営や児童教育までをも含めて完全に共鳴しあう生活団体でなければならなかった。ここに至れば共働耕作の生産力は最大限に上がるとかれは考える。そして居住と共働耕作を効果的に組み合わせることができる場として「殿堂建設」が提起される。これは共働耕作団体が十数個集まって建設するユートピアである。(21)

「農村の処々に殿堂設備の生活団体が出現すると、大衆は目の前に之を眺めて刺戟を受け、また共働組合や諸連合からの宣伝もあり、生活団体を構成しようとする意識が緊張し、案外早く処々へ生活団体が実現し、生活団体の共働組合とその連合が、規範生活方式を完成させるであらう」［同 :877］。

これが画餅であったのは改めていうまでもない。手がけた教育施設はおしなべて経済的にも生活環境的にも困難な条件を抱えていたわけだが、そこでの岡本の規範に向かっての教育意欲が高まれば高まるほど塾生たちの反発を買い、衝突、離反が繰り返されたし、横浜の純真学園は地域の人たちからは「ああ牛乳屋さんですか」［角石:1977:111〕といわれるありさまだった。神道でも世界語でも事情はほんど同じである。

しかし、奇妙な言文一致体の文章以上に岡本を印象付けるのはさらに徹底した言行一致である。それも理想や理論が先にあって行動(現実)をそれに合致させていくというベクトルでの強引さをともなうものであった。だから関わりあう対象はその時々に応じて何でもよかったということにもなる。しかしこの一途な徹底性ゆえにひとは政治的変節漢としてかれを否定しつくし、忘却の淵に沈めるには躊躇を禁じえないのであろう。残る問題は岡本を通じて消費組合運動が何を学ぶべきかである。

3 何を学ぶか──「生活」と「地域」

消費のアソシエーションに向かって

冒頭にも記したように、消費組合と現実政治の関係はどの時代においても困難な問題である。本章では岡本の思想とその関連を中心に見てきたが、共働社や関東消費連盟におけるかれの運動もアナ・ボル論争に引きずられた内部紛争、そして労働争議や階級闘争をめぐっての官憲の弾圧といった政治経済状況に翻弄され続けた。消費組合がこれらに無縁でありうるはずはない。そのうえで社会運動としての消費組合の意義を、たとえ部分的にでも政治状況から自立し、さらにこれに影響を与えるものとして考えるならば、「生活」と「地域」に投錨し、これらを根拠として消費組合ならではの独自の主張を展開していくということが決定的に重要になる。

ここから岡本の軌跡を追うと、かれが「生活」、「自治を基本に据えた組織」に重きを置きながら、その位置づけは一貫せずに移動して、消滅していったということが見えてくる。自分が企業に勤める者として失業という現実の生活上の不安にどう対処するかということや大島の工業労働者たちの経済的、肉体的に苦痛に満ちた生活をいかに改善するかということと、開墾地での「生活団体」は方向において根本的に違いがある。前者における「生活」とはさしあたり、生きるいきがかり上所与のものであり、各人がそこに至った異なる事情、あるいは各人の個性と歴史性をそのまま相互に相対させ、認めあい、学びあい、そして争いあって目標に進むという場所であった。後者はすでに意識的に目標は選びとられており、それを認める者だけが規則のもとに共に生きる場所であった。岡本のいう「自治的な組織」はどちらも権力との関わりのなかで美や人類愛を実現する同じものとして捉えられていたが、この生活に向かう方向の違いは両者の「自治」の質の違いを意味している。消費組合運動の自治は生活そのものの現在を根本的に問うことを内に必ず含んだ自治であろう。

まったく同じことが「地域」についてもいえる。既存の地域社会は、場所としての個性と歴史性のうえに成り立っている。そのなかでの各人の共感と争闘のなかで新たな空間が形成されていく。開墾地の殿堂建設は、そのものとして新たな地域社会を作ることを意図していたかもしれないが、ここには少なくとも既存の地域社会と新たな、そして積極的な関係を構築することへの顧慮がうかがわれる余地はない。内にこもる「共同体」が広がるだけで、美教とともに「自治」と「地域」は消滅していった。さらに「皇民道場」に至ってはむしろその純美純愛純真が皇民教育に利用されていったといわざるをえない。

「生活」と「地域」を問うならば、共働社時代の岡本が改めて重視されて然るべきであろう。「新組織」で岡本はドイツの鉄工組合の労働会館を紹介しながら、労働組合事務所、共同販売所をはじめとして、現状を認識するために労働統計を労働者が自ら作るための図書館、講演会や学習会のための教室、職業紹介の場所などが集結した場所の必要を啓蒙していた［青空 :1920.2］。この思いが短いながらも平澤の労働劇団や新組織社の労働相談部、企業立憲協会や労働金庫が共働社を軸に結集し、共に歩もうとした大島の労働会館に実を結んだのである。それは述べてきたような意味で「生活」と「地域」に根拠をもつ連合（アソシエーション）の可能性を秘めていたといえるだろう。「居住地本位」の消費組合を作るべきであるとの岡本の言葉はこの意味であったはずである。

消費組合とは岡本もつねづね強調していたように、ただ単に生活費を安く上げるということを目標とするのではない。[22] 生活の質そのものを見直し、それを成り立たせている社会的諸関係を問い直すことを可能にし、構成員それぞれの背負っている歴史的に特殊な個性の相違をふまえながら、議論を重ねるなかで共通の意思と選択を実現させ、新たな社会空間を創造していくことに結びつかねばならない。消費はあらゆる立場の人々に等しく不可欠のものであり、しかも個々の消費行為は全体に関わってくるからである。その結果として政治に関わっていくのは不可避であり、また必要なことであるにしても、岡本が美教を持ち出したことがそのような空間を創造することを妨げたのは疑いえない。先駆者が大衆を覚醒するというのは運動論としては正しい面を持っており、生産者と消費者との近接性の意義も読みとれるが、それらが閉鎖的・同質的な集団のなかで一方通行の関係で進められていくことには問題があろう。そして現在においては消費をめぐる社会運動が、「地域」に根をおろした運動として進められる必要があることを岡本自身の変転が身をもって示している。とともに現在の消費運動、環境運動にときに介入してくる超主観的な使命感にもとづく動きの危険性、問題性がかれの理論と実践の関連の中で示されている。

岡本の「ロッチデールを守れば必ず成功する、脱線すれば失敗する」という言葉は、自治の精神を適切な場所で現実化することではなく、美的に昇華させようとした岡本自身に向けられるべきではなかっただろうか。

注

（1）［岩崎 :1997］が岡本のこの面での参照されるべき研究である。ただ、農本主義者時代の岡本が心を砕いていたのは今日的な意味での「地域社会」であっかどうかは検討すべきであろう。

(2)戦後の岡本を囲む多彩な人脈が示されている［角石：1977］の後半部分を参照。また、岡本から関東消費組合連盟を受け継ぎ、戦前は非合法活動、戦後は生活協同組合運動を担った戸沢仁三郎の回想［生活協同組合久友会：1974:100］などに、立場や考えは違えども岡本への敬愛の念が読みとれる。

(3)平澤の生涯と思想については［藤田・大和田：1996］を参照。小山内薫と師弟関係にもあった平澤の戯曲、詩、小説、評論は［大和田・藤田：2003］にまとめられている。

(4)この経過については［松尾：1963］が詳しい。

(5)平澤の友愛会除名→脱退については［山本：1982:190-193］、［藤田・大和田：1996:100-106］などが伝えている。久原製作所亀戸工場の争議を指導した平澤が重役との個人交渉のうえに最低条件で妥結したことに対して、これが労資協調であると友愛会知識人グループからの査問を受けたことが原因であるが、背景には松岡駒吉、平澤らの労働者たたきあげグループとインテリ・グループの確執があったのである。

(6)平澤の純労結成と代表就任についても、前注の文献［山本：1982:190-193］、［藤田・大和田：1996:141-145］が伝えている。

(7)純労の結成以降、平澤は労働運動に携わるかたわら東京毎日新聞亀戸支局の記者として生計を立てていた。しかし、サンジカリズムへの傾斜を深めた純労は平澤をインテリとして除名したという。虐殺の時点では平澤は純労の代表はおろか組合員でさえなかったと戸沢は戦後に証言している［山本：1982:218-220］。

(8)行論で示すように、岡本の産業自治や資本主義管理論と平澤の階級闘争とでは理論的には相矛盾する。しかし、平澤は理論よりも労働作家の魂として労働者の日常生活への思いやりや愛情を持っていたし、岡本がロッチデールから読み取った人類愛もそれに重なるものであった。

(9)一九二一（大正一〇）年の日本鋳鋼所の争議は、岡本が資本側との妥協を排して、一カ月以上の長期ストを打ち抜くための闘争資金を共働社から支援した。山本はこれを後の関東消費組合連盟の将来を決める決定的な転換点――消費組合が労働者階級の立場として確立されたこと――と見ているが［山本：1982:194-195］、この転換が自らの手を離れて急進化するために岡本は運動から遠ざかることになる。

(10)「分離」あるいは「分離運動」とは「立憲」、「組織」、「共働」と並んで、来るべき社会に向かっての運動の方向を示す岡本独自の意味合いが込められている。共働自治の理想に向かって現在の資本主義制度から（これを直接打倒せずに）「分離」していくという考えのもとに様々な組織が連携していくことである。「分離運動連盟」［岡本 :1921:6a］参照。『新組織』のこの号は分離運動特集である。

(11)［成田 :1984］は『新組織』を精査し、ここに掲載された平澤の作品や寄稿の状況を記している。しかし共働社における岡本の役割を見落としているために、労働会館や労働金庫の設立、日曜労働講座などについて、これらをすべて平澤の仕事としてしまっている。

(12) 一九二一（大正一〇）年から一九二三（大正一二）年にかけて純労月島支部から組織された月島共働社、大阪共働社、東京共働社、城東共働社、南郊共働社、麻布共働社、向島共働社、豊多摩共働社等が相次いで設立されている［奥谷 :1973:161-165］。

(13) 共働社に前注の月島、大阪、東京の三つを加えた連合。短命に終わる。その後サンジカリズムの色彩の強い関東消費組合連盟が改めて設立されるのである。これには岡本も当初顧問として迎えられる。岡本は消費組合に限らず、団体を下から積み上げて連盟にして、次の段階へと進んでいくという運動論を極めて重視していた。ロッチデールから学んだもののひとつである［岡本 :1922.3］。

(14) 火災保険・海上保険は損害時に保険料を受け取ることによって再び社会的生産に向かうことができる。しかし労働保険は保険受取人である労働者の生活費用に使われてしまうので「社会的失費」であるというのである［岡本 :1919.3:32-33］。

(15) 本文中にも記したように第一次世界大戦後の労働運動の激化にともない、サンジカリズムが伸張したことに対処し、これを抑える目的で渋沢栄一らが一九一六（大正五）年に労資協調的なものとして内務官僚とともに組織した。桑田熊蔵など社会政策学会右派の大学教授も参加した。岡本は岩崎小弥太から協調会への加入を勧められているが応じていない［角石 :1977:30］。

(16) ロッチデールを説く岡本の最初の文献は「ロヂデール共働組合開拓者」［岡本 :1920.10c］であろう。共働社設立のきっかけとなった純労の労働問題研究会と時期的に一致する。それ以降は、「消費組合論」［岡本 :1927］や『規範経済学』［岡本 :1929］などで頻繁に言及している。

(17) 岡本はもちろん議会主義を主張しつづけたが、党略本位の政府や買収による当選議員、資本家の御用議会に働きかけても何も得るところがなければ、直接行動を「与論喚起と同志の結束という真正の意味において」[岡本:1920.10b:26] 認めている。この時点では積立労働保険時代の「調和としての自治」の枠は明らかに超えている。

(18)「消費組合論」の第四節はこの「消費組合を訂正する共働組合」という奇妙なタイトルが付けられている。それは本文で示したように、消費組合が産業組合、生産組合、購買組合、信用組合等と結合された形で共働組合へと発展するというプランが示されているからである。しかしそれだけではなく、ロッチデールのある部分への読み込みがある。それはここで発揮される「共働主義」の精神であり、ロッチデールはことさら人類愛に燃えていたと岡本は主張する。「人類愛は不思議なことに平等に通ずる……組合といふ観念は、組合の形態は、平等な人類愛の実行方法である」[岡本:1927:41]。人類愛が具体性を欠いた純愛に昇華されれば、その働きかけるべき対象は問われなくなっていく。

(19) アダム・スミスの需給による市場価格の決定に対して、岡本はこれを「利潤を正当化するもの」すなわちイデオロギーとして読んでいた。「人間を離れて市場があろうか、人間を離れて需要があろうか。人間を離れて供給があろうか。……価額を決定するものは、人間の純潔な精神でなければならぬ。良心の声でなければならぬ」[岡本:1927:39]。同じ人間精神を扱いながらスミスの利己心と共感を柱とする市民社会的人間とは対照的な「人間性」が前提とされているのである。

(20) この独自の言文一致体の文章についても同様である。参考ながら岡本においてはボアーボムに見るように言語への関心が高く、日本語から漢字はなくなればいいということさえ述べている。また美や愛と真といった岡本哲学の中心をなすものの定義や本質についての記述は、かれの多くの著述のなかで、実質的には本文で引用されたようなものが繰り返されるだけで極めて少ないことに注意しなければならない。岡本の著述では純美、純愛、純真は形容詞的、副詞的に使用されることが圧倒的に多い。

(21) ここにはオウエンのニューハーモニーに範がとられているのは間違いない。ニューハーモニーの失敗の原因は岡本によって、共働精神や道徳心の欠如とされている [岡本:1929:833]。同様の論旨は [青空:1920.9b] にも見られる。

(22) 岡本は政府主導の産業組合、生産組合、会社や官公庁の恩恵的購買組合等をまったく認めず、また、公設市場や廉売店を敵視していた。ホリヨークに依拠しながらロッチデールの向こうを張って保守主義者がロッチデールに開設した節約組合 Rochdale Provident Society をロッチデールのサンライズ・ストアに比較して暗黒店 Dark Store といっている［岡本 :1927:28］。

第5章

賀川豊彦の協同組合における思想と実践

——M・ヴェーバーの磁場において

1　今、賀川豊彦を考える

「死線を越えて」の舞台である神戸葺合新川貧民窟に入っての救貧活動と路上伝道との開始から百年余、ここのところ賀川豊彦（一八八八〔明治二一〕年〜一九六〇〔昭和三五〕年）についての言説やイベントが賑やかである。前章で検討した防貧としての労働保険論、労働組合運動、消費組合運動、宗教といった賀川と重なる領域が多い岡本利吉が忘却されていくのとは対照的である。

この背景には新自由主義的な政治経済の結果として、日本社会においては新たな貧困や社会的格差が生まれ、さらには長引く不況を背景に資本の側から導入されたフレクシブルな雇用形態がもたらす「派遣切り」にみられるような競争社会における弱者問題への関心が高まっていることがあげられよう［小南:2000:199］、［栗林:2009:53］。そして、この救貧活動を支えたものの普遍性を探るという関連のもとに「神秘的合一」、「神秘主義」(1)といったキリスト教の系譜からは「異端」的な賀川の側面への注視も見られ［栗林:2009:57-8］、［隅谷:1995:42-3］、この点は本章でも重要な論点になる。

しかし、時代も状況も異なり、複雑に因果関係が絡み合う現代の経済的・社会的な貧困問題に賀川の「死線を越え」た奉仕活動を無媒介に結びつけることは無理があろうし、賀川がそこでいかなる苦難を乗り越えようとした「聖人」であったかを再確認しても、感動は喚起こそすれ、くぐりぬけた経験を異にする現代の社会的実践や社会運動にただちに結びつくということにもならないだろう。

戦前戦後を通じて、賀川が宗教者であり続けつつ多様な社会運動に次々に全身全霊をあげて携わり、多くの挫折や敗北、失敗を重ねつつ、成果をあげていったことは改めていうまでもない。何よりもかれは精力的な社会的実践家であった。その姿勢は「模範的キリスト論」［栗林 :2009:60］を体現している。自らが大衆に向かって教えを垂れ、行動を促すというよりは、「愛の実行」を自ら先頭に立って手がけ、おのれの命ずるままにつき進んでいくという、ヴェーバーの概念規定を借りれば「達人的宗教意識」をもった「模範的預言」(2)の範疇の典型的な人物であった。と同時にかれはその実践の意義と根拠、そして方向を指し示す多大な著作を積み上げた。経済理論的にはウィークであるという評価［隅谷 :1995:40,78］はあるものの、その主張は時代や周囲の状況には、一定の影響をうけつつも決してそれに振り回されない一貫性が強く認められる。見方をかえれば、厖大な著作は信念の吐露の執拗な繰り返しであったともいえる。そのなかでもかれの実践と理論を結びつける最大のものは「協同組合論」であった。ここにはかれの宗教意識に裏づけられた社会改造の核心がある。そしてかれにとって宗教における霊的な問題と現実の社会運動とは一体のものであったということは多くの賀川研究者が指摘するところである（［隅谷 :1995:82］、［小南 :2000:204］、［松野尾 :2008:97 以下］、［賀川 :2009: 監修者まえがき］など）。

賀川豊彦

したがって本章の問題領域はさしあたり、この協同組合論、なかでも現代からみた「消費組合」の意義と問題点に定めておきたい。「消費組合」と賀川といえば、組合員一六七万人余（二〇一五年三月現在）のコープこうべの礎を一九二一（大正一〇）年に建てたという関連が第一に指摘されねばならない［増田 :2009:73］。この生活協同組合がどれだけ賀川の理論や理想を実現しているかどうかはおくとしても、多彩な社会運動にかかわった賀川が形として現在に直接遺したもののひとつであることはいうまでもない。そして、グローバル経済の進展にともなって危機にさらされつつある生活の質や、社会的格差の問題、そして環境問題［野尻 :2009:11］が問われるなか、この関連で消費組合の果たすべき役割はますます求められていくであろうし、その際には新たな社会の建設に向かってのアソシエーション形成における貢献(3)と問題点という重要な論点がここに含まれているであろう[加山:2009:52]。これらの視点から賀川の協同組合論を検討しておきたい。それにはまず賀川の全体像と協同組合の関係を踏まえておかなければならない。

2　賀川の社会運動と協同組合

労働組合運動から協同組合運動へ

賀川の生涯をつうじたさまざまな社会運動のなかに協同組合、消費組合を位置づけるならば、大略次のごとくになろう。一九〇九（明治四二）年、二一歳で開始したかれの新川での一四年間に及ぶ救貧救済活動の目的は、中間の三年間のプリンストン大学留学を経て、「救貧」から貧困そのものを生む資本主義体制への矛盾へと目を向ける「防貧」へと視点が移ったといわれている。アメリカでのスラムや労働運動についての直接の見聞から経済的矛盾への意識を触発され、帰国後は関西における友愛会の労働組合運動へ身を投じ、一九二一（大正一〇）年の戦前最大といわれる三菱・川崎神戸造船所の大争議を指導して検束されるまで、組織労働者とともに資本との闘争を貫いて敗北したのである。

しかし「救貧」であれ「防貧」であれ、そこには貧困が経済的に解消されればよしということではなく、この間に執筆された『貧民心理の研究』（一九一五年）に見られるように貧困と人格の関係——しかもそれは心理的視点への着眼を含んだ——の問題が中心に貫かれていた。「貰い子殺し」に象徴されるような極貧のスラムのなかでの貧窮者たちの人格の崩落——これこそが宇宙全体の秩序化＝人間の進化進歩のなかに立ちはだかる克服すべき「宇宙悪」の問題としてあり、資本主義の問題はそこから導出される「社会悪」にほかならなかった。したがって労働組合運動においても、賀川にあっては労働争議を通じた労働者の経済的条件の改善だけが目的なのではなかった。争議と同時に書かれた『自由組合論』［賀川 :1921］は、当時かれのマルクス主義へのある程度の心的傾斜を留めつつも、労働組合運動についての見解と態度を総括するものであり、賀川に固有の進化を絶対化する認識——具体的には人間の内なる自覚、「内側から生え上がってくる人間性の爆発」［同 :31］が「社会本能の成長を待つ自由組合の進化」［同 :7］をもたらすという——のうえに労働組合が位置づけられ、この延長での社会改造が展望されるのである。組合主義とは「人格の自由を主張する」［同 :14］ものであり、「労働運動の根本目的は人格の建築運動」［同 :23］であるとかれは規定する。人間改造と社会改造は完全にパラレルである。そしてここでは、神の意思にしたがう「宇宙の進化」というようなかれ独特の宗教的信念と、生物学的「進化」という科学的見地がないまぜになって存在しているのを確認しておかなければならない(4)。

このような見解は、当時の過酷な弾圧にさらされた労働運動において過激化し、主流となりつつあったボルシェヴィズムやアナルコ・サンジカリズムの潮流と衝突するのは当然のことであった。かれはこの内部抗争(5)にも敗北するなかで、労働運動から撤退し、無産農民運動へと転進して農民組合を組織化し、小作争議等を闘う。しかしここでもかれの人格や人間愛を基調とする姿勢は無産運動内での左派、直接行動派との権力闘争に至らざるをえず、ここからも敗北＝撤退を余儀なくされる。この労働組合運動の初期の過程でかれは一九二〇（大正九）年、購買組合共益社を大阪に、翌年は神戸購買組合を興し、今日の消費生活協同組合運動の実践の端緒を開き、それと並行して協同組合論を理論化し、その建設を説いていく。それは後にみるように、自ら唯心論的意識経済と名づける独自の統制経済理論を骨格としているが、生涯を通じてかれはこの枠から理論的に出ることはなかった。それはかれの社会運動の具体的な実践のなかで思念するに至った資本主義への批判と、その批判を共有はするけれども左派の依拠する社会主義理論やマルクス経済学への深い懐疑という二面の根本動機から生み出されたものであった。とりわけ後者についてはマルクス理論の正確な読みに基づいたものではなく、批判すべきものを単純化し、部分的には誤読のうえに成り立ってはいる。しかしそれは当時の直接行動派も共有していたマルクス理解でもあったのである。(6)

その後、関東大震災の惨状を目のあたりにして、かれは貧民救済活動と伝道の本拠を東京に移した。そして江東消費組合、東京学生消費組合、中ノ郷質庫信用組合、東京医療利用組合などを組織し、協同組合運動の実践に邁進していく。「賀川に最後に残った社会運動は協同組合運動だった」［隅谷 :1995:157］のである。そしてこれら関わってきた貧民救済、労働争議、農民組合、協同組合の活動に対しては、大ベストセラー作家としての賀川の印税が惜しげもなく提供されてその経済的基盤を支えた。

労働組合運動以降、これらの社会運動と並行して、というよりも一体となって、かれは伝道活動として一九二九（昭和四）年以降「神の国運動」を展開していった。その端緒は一九二一（大正一〇）年に信仰を共にする信徒集団「イエスの友会」の組織にあり、この運動の中で、人格、愛といったかれの一貫した価値観が贖罪愛や兄弟愛として協同組合理論に組み込まれ、運動の精神的支柱として定礎されていくのである。

賀川のこの運動は戦前戦中においては、左翼政治運動や労働運動ほど弾圧を受けたわけではなく、行政との関わりももったが、それでも時には反戦平和思想として権力からは危険視されることもあった。(7) そのなかで長らく貧民救済活動に携わった貧民窟の聖者賀川の名声は、世界各地への講演や視察の旅行を可能にし、その傍ら各国の協同組合や都市政策に関する具体的な知識をかれは吸収していった。とりわけ一九三六（昭和一一）年のアメリカ講演旅行の際に「キリスト教兄弟愛と経済改造」［賀川 :1936］に加筆されて執筆された『友愛の政治経済学』［賀川 :2009=1937］は『産業組合の本質とその進路』［賀川 :1940b］とともにかれの社会観、宗教観をベースにした協同組合理論、協同組合国家論、協同組合貿易をつうじた世界平和論をなしている。戦後は東久邇宮内閣の参与や勅選貴族院議員となり、日本社会党の結成にも関わり、ノーベル賞候補にもなった。消費生活協同組合法の制定などにより、消費組合運動をめぐる状況も一転したが、協同組合理論としては戦前のものを越える内容的な進展は特に見られない。

資本主義観と唯心論的経済革命

賀川にとっては社会悪としての貧困をもたらす最大の原因である資本主義が敵であったことはいうまでもない。その理由は二つある。まずは資本主義の、他人を押しのけたり、犠牲にしたりしてまでおこなわれる利益追求への終始一貫した反感——これは相互扶助の愛を説くかれの宗教的実践から出たメンタリティとして当然のことである。そして経済的にはかれは資本主義の害悪を①搾取制度の随伴、②少数者への資本の集積による有閑階級の出現、③資本と労力の私的な集中、④恐慌と階級闘争を引き起こすこと、としている［賀川 :1940b:267］。いま一つは資本主義的組織のもたらす人間に対する官僚的な扱いである。セツルメント活動のなかで、貧困対策を行政に訴えても、人を人と認めないような役人の対応、その裏にある資本家との結託、工場内の企業主や職長の労働者の自由を認めぬ高圧的な態度——これらはすべて資本主義に起因し、人格の扱いにかかわるからこそ許しがたいものと思われた。そして利己的なもの、私的利益の集中は直接に貧困を生むものであり、やがては資本主義が帝国主義戦争をもたらすという認識にも至る。しかし革命によって資本主義を打倒することを本旨とする勢力もまた敵であって、この意識は次々に社会運動に挫折する過程で強化されていったといえよう。そして資本主義に対しては「その内容を作り変える」、「建て替える」、「更改する」といった表現で自らの立場を表明している。そしてその決定的な方法として協同組合が措定される。「協同組合は資本主義と競争する」という限り、賀川は資本主義の廃絶には生涯を通じて向かわなかった。

賀川は革命反対の根拠をマルクス理論批判によって理論化しようとした。それは『共産党宣言』が人間を物質と考えるという誤りから成立しているとし［同:268］、「最近の物理学」の知見である物質ではなくエネルギーが実在の本体である［同:242］というように、意識が実在を決定するという唯心論的経済史観が正しいのだと提起する。あるいは『経済学批判』における「生産様式が知識的過程を決定する」というテーゼに対して、これは生産を物質的な面からのみ見ているのだとし、マルクスは生物発生史としての経済史がわからなかったのだ［賀川:1947:493-4］と論難している。これらは唯物論的《タダモノ》マルクス理解のうえに乗っているのだが、かれはさらに続けて、マルクス主義者たちは商品・土地・資本などを当然のごとく物的なものと考えているが、これらはいずれも感覚を経由して心理的なものとして経済価値が形成されていくという認識を欠落させているというのである。消費についても物的なものの消費だけがあるのではなく、この感覚や心理はかの「内側から生え上がってくる」人間性の発露にほかならない。それが意識として覚醒されることをかれは「意識化」と呼び、その意識にもとづいて人間の活動が制度化されることを「社会化」と呼ぶ。協同組合運動は経済的なものとして「社会化」されるべきものであり、別言すれば意識経済そのものである。したがって資本主義の前提とする自由経済ではなく「統制経済」[8]のかたちをとるが、内的、精神的に作られるものであるから階級闘争的な「暴力や脅迫によって出来るものではない」［同:265］。しかしそれは賀川流の「経済革命」［賀川:1921:38以下］、［賀川:2009=1937:73-76］[9]である。

なぜなら、その精神的、人格的に内側にあるものは「愛」にほかならないと賀川は一貫して主張するからである。これはもちろん新川以来のキリスト教的贖罪愛の実践に淵源をもち、隣人愛・兄弟愛として協同組合運動の中心精神として生かされ続けるわけだが、この愛をかれは、無意識的な自愛、半意識的本能愛と段階的に区別して「自分が目覚めて、自分は損しても、人を助けて行かうという『全意識的な愛』」［賀川:1940b:264］だという。かれのいう「意識」にはこの無差別の愛がもともと埋め込まれている。労働階級だけに革命を依存するのは正しくなく、経済革命は「社会のどれか一部分にではなく社会全体に基礎をおくもの」［賀川 :2009=1937:76］でなければならないのであって、それはかれにとって人類に普遍である「宗教的意識」が根本になければならないことになる。「キリストにおけるごとく、いのちについての目覚めた意識が社会化されるときに経済革命は達成される」［同］からである。

「神の国」と協同組合国家構想

しかし、経済革命＝協同組合運動の実践にあたっては、形をとらない無差別の愛はそのままでは制度化されえない。そこで相互扶助の愛（互助愛）、あるいは兄弟愛に置き換えられ、協同組合を支える精神となる。賀川は「協同組合運動は徹底した教育運動から始めなければならない」［同 :3］という。協同組合の原則とその底流にある互助愛を組合員が理解することが先決であり、また組合活動の実践のなかで組合員がこの愛の精神を深めていくのである。こうして社会運動と精神運動が統一されて「神の国」運動を推進する中心として協同組合が据えられることになる。

さらにこの延長に協同組合国家が構想される。賀川の考える協同組合とは、かれが価値の基本として考える生命、労働（労力）、交換、成長、選択、法則、目的に対応した保険組合、生産者組合、販売組合、信用組合、共済組合、利用組合、消費組合の七種である［賀川 :1936:175-6］、［賀川 :2000=1937:104-126］、［賀川 :1947:485］。これらの活動は資本主義社会にあってはほぼ全てにわたって資本主義企業が担っている。そこには賀川が徹底的に嫌った利潤追求の精神、上からの官僚制支配が貫いているが、すでに見たようにこれらを組合に組み替えていくことによって、暴力革命や階級闘争によらずとも資本主義を「内側から」更改していくことができるというのである。たとえば消費組合に対しては小売商や大きな商業資本が立ちはだかり反対するが、小売商に互助愛を説き組合員にしていくこと、医療では医師会が立ちはだかるが、医師会を医療組合と提携させたり、開業医を組合病院の医師にしていくということによって可能であると主張する［賀川 :1927:98-104］。そしてこの各種の協同組合の連合と労働組合の連合が手を携えてそれぞれ社会議会と産業議会を構成し、これらが立法権を司る協同組合国家へと日本を変えることができる［賀川 :2009=1937:128］という。(10) さらには、世界の生命保険会社を協同組合化し、そこから得られる利益を基金として国際信用銀行をつくり、協同組合貿易によって帝国主義的国際競争を回避し、軍事費も協同組合事業に振り向けられれば世界平和も実現されるという。こうして賀川にあっては、愛の組織は、その精神が教育によって人々に引き出されるならば、直線的に無限に国際的にまで広がっていくと展望されたのである。自らの犠牲による（＝自分は損をしても）救貧事業から開始された実践とこの国際協同組合へと連なる理想をもって、賀川は戦後ノーベル賞の候補になった。しかし、この壮大な宇宙の進化のプログラムに立つ賀川の思想は、その後の協同組合の歴史のなかでは周縁的なものにとどまっているし、現今の生活協同組合運動も、理想はともあれ日々の活動においては兄弟愛を中心に動いているわけではない状況がある。この問題を考察するために、いま少しかれの協同組合論の意義と問題点を見ておこう。

3　協同組合のなかの消費組合

プロテスタント自由主義との関係

賀川はアナーキズムやボルシェヴィズムに領導された労働組合とは思想的には倶に天を戴くことをしなかったが、協同組合の提起の中には、資本主義観とも関連させて階級闘争的労働運動には意義と可能性を持たせていた。それは以下のようにかれのキリスト教における兄弟愛の歴史の理解を基盤にしていた。

賀川はいう。キリスト教において兄弟愛が最初に実践されたのは使徒行伝、パウロの書簡、ヨハネ書に表現されている初期キリスト教においてであった。ここでは救貧事業のようなものがおこなわれ、その精神は中世カトリックの修道院に受け継がれる。祈りと愛と労働の三つがベネディクト修道院で調和し、その精神で農村セツルメントのような献身的活動を展開し、平信徒の運動として興ったフランシスコ派も兄弟愛をもってこれに続いてギルド的な兄弟団を創っていった。しかし修道院の外ではローマ法が支配していた。宗教改革の時代になってプロテスタント教会の信条は「兄弟愛の結社組織を抜き去った自由主義のみを残し、再びローマ法に近い法律制度を是認した国家権力と並行して存在し」[賀川:1940b:293]、カトリック的ギルドを破壊した。

そしてプロテスタント自由主義は「不幸にして資本主義とくっつき、機械文明とくっついて」[同] 少数の資本家の支配を生み、これに反対して「唯物主義的共産主義」が出現した。かつてローマ法的私有財産制度が奴隷制度を復興させたように、自由主義的経済が再び奴隷制度——資本主義における労働者の資本家に対する隷属的関係——を復活させている。したがって「意識化」への目覚めはキリスト教からでなく無産階級からあがった声である。偶像崇拝に傾いたローマ教会にモハメットが鞭を当てたように、マルクス主義がキリスト教団へもうひとつの鞭を当てている、ギルドも教会を離れて無神論的労働組合になっていった、と。

そしてプロテスタント社会においては兄弟愛は教会外でのフラタニティに継承されることとなった。イギリスのフレンドリー・ソサエティ、秘密結社フリーメーソン、そして消費組合ロッチデールもこれであるというのが賀川の理解である。ヴェーバーの資本主義の精神にかかわるプロテスタンティズム・テーゼが事実上賀川の視野に収められていることと、そのプロテスタンティズムと資本主義との関連に批判的なまなざしが向けられていることがここで確認できる。

しかしこのプロテスタント的個人の「自由」は賀川にとっては資本主義を生んだネガティヴなものであると同

時に当初は社会運動にとって不可欠のものでもあった。三菱・川崎造船所争議さなかに労働組合論として「飽くまで自由を叫ばしてくれ」との言葉で始められる『自由組合論』が書かれたことがこれを意味している。信仰の自由から敷衍した政治の自由に続く第三の自由としてかれは産業の自由を示し、労働組合が立憲化され、工場の中での自治をもって経営を担っていくべきであると、労働者の産業管理権を強く主張していたのである。この主張においては企業立憲の岡本に等しい。しかし異なるのはこの管理権の源泉はヨーロッパ中世の宗教的結社を中心にして発達した自由と相互扶助を重んじたギルド社会主義にあったという点である。これはかれの大正デモクラシーにおける普選運動推進論者としての立場と整合している。しかしかれはここから「個人の自由」を展開するに至らないでむしろ反対の方向に向かう。ここにも労働組合の骨格をなすものとして人間の進化への想いが顔を覗かせる。すなわち、「疎外された労働」というマルクスの概念をかれはまったく知らなかったものの、労働とは本来芸術的なものであり、人間を創造するものである［賀川:1921:16］という意味で「人間が働きたいと云ふのは、その本能から起つた深い要求です」［同:19］と認識しているからである。これを妨げているのは、資本主義の利益追求の意を受けた工場の組長伍長の官僚的、非民主的な体制であり、それに反対して「工場の人間化」をかれは訴えた。だが、この「人間化」は愛をも相対化するさまざまな価値観の闘争における自由な対話の場ではなかった。同一の価値観を共有する者たちの、賀川の意味での「愛はデモクラシイの源」［同:18］であり、それをもって「人間建築」をする場、内側の、そして上からの教育の場が労働組合であった。したがってここでも「救貧」運動家賀川が賃金値上げを労働組合の第一義にせず、労働時間短縮に言及しているのはゆえなきことではないし、労働運動内で左派との軋轢を深めていくのは必然であった。「資本の心配は資本家のおやりになるのは当分の中は差支えは無いにして」とまでいいきっている。そして「自治」については協同組合論で多少とも言及されるにしても、「自由」、「産業民主」といった言辞は、「自由組合論」以降、かれが労働運動から身を引くにつれて少なくなっていくし、労働組合も次に見るように「生産者組合」へと組みかえられていくのである。ヴェーバーもプロテスタントのゼクテ運動において、価値合理性を核になるものとして見ていた。しかしかれは、それが資本主義に向かうという世俗的、経済的な精神に転態していくダイナミズムを見据えていた。これに対して賀川に残ったのは「愛」である。

消費組合の先駆性

以上の協同組合と労働組合のとらえ方と問題状況を確認したうえで、協同組合のなかの消費組合がいかなる位置と使命を賀川によって与えられているのかを見ていこう。

賀川の七種の協同組合で第一番に位置づけられるのは「自分は損をしても」ではなく、リスクを共同で分かち合い、助け合うという保険協同組合、なかんずく生命保険であった。(11) 賀川によれば生命保険ほどヨーロッパの歴史における成立過程からして互助精神の明確なものはないのであり、しかも現状においては生命保険の技術は民間営利会社に委ねられて資本主義においてはその根幹をなすほどの利益をあげているからである。保険を少数の資本家の支配に委ねるのでなく、協同組合が保険事業を経営して、利益をすべての協同組合の安定した財政的基盤にすることが決定的に重要であるとかれは考える。利益第一ではないのだから、長期にわたる安定した保険料を生産者組合に低利で長期に貸し出して事業資金、消費組合の商品買い付け資金にする、あるいは消費組合の売上高に対する利益配分の払い戻し部分を生命保険料として払い込むようにすれば、保険勧誘や宣伝広告の冗費を節約できて保険組合も基盤強化になるというように組合相互、とりわけ消費組合とを結ぶ要となるものが保険組合である。この点は次章で詳論しよう。

次に関係するのが生産者組合であり、これは消費組合とセットになって論じられるのがつねであった。しかし賀川のすべての協同組合構想のなかで、この生産者組合が最も不明確なものであったことにここで注意をしておかねばならない。「自由組合論」では議会政策推進論者として、労働者の議会参加を階級意識を鈍らせるものとして排したり、同盟罷工のみに専念すれば良いとする直接行動派の主張を退けて、生産者（この場合は労働者）のみが専制しないために現状の議会を消費者議会と見て、そこに生産者の代表を送り、いずれは生産者議会を労働組合の発達を待ってつくるべきであるという構想が出されていた。しかし後年の「今日の貧困は欠乏によるのではなく、豊富さから生じている……過剰生産……過剰労働のゆえに苦しんでいるのである。富はごく一握りの人々の手に集中し、社会の一般大衆は、失業、不安、従属、不信の世界に蹴落とされている」［賀川 :2009=1937:19］という認識に至ると、むしろ生産者としての資本の、消費の状況を省みない無政府的生産が問題視されている。そしてこの場合の生産者とは労働者以外を明らかに含んでおり、かれの概念的な混乱と政治における立ち位置を語りだしている。「労働組合そのものはどこまでもプロレタリアのものにとどまる傾向がある。反対に、もしも労働組合が、自ら率先して責任の一部を分担していくなら、労働組合は生産者協同組合に進展していくことになるであろう」［同 :105］。そしてこの延長に消費者協同組合（消費組合）との連携を提起しているのである。

この連携の内容と意味は一九二七（昭和二）年の「家庭と消費組合」に具体的に描かれており、消費組合の何たるかが示されている。以下の通りである。一方で富の浪費をもたらす生産の無政府性に立つ生産者がおり、他方で掛売り御用聞きという習慣に浸りきり、価格が高いか安いか判断できず、値切るか不当に高く買わざるをえない消費者がいる。あるいは高いものでなければ値打ちがないという虚栄心をもった消費者さえいる。ここに競争過多な小売制度が介在し、多大な広告費や破産した場合の整理費までをも価格に上乗せし、消費者の無知や虚栄心につけこんでいる。これはひとえに売り手と買い手の連絡がないためであり、そこで「買い手が直接に売り手になってしまう」というのが消費組合運動なのであると。

ここには道徳心の向上、すなわち「騙さず疑わず」という賀川流の人格の価値が込められている。商品を多少高く買っても（市価主義）それは自分の組合に積んでおくだけであるのだから、決して人を疑うようなことはなくなるからである。そして「掠奪本位の投機的商業組織」［賀川 :1927:57］から社会を救うことができるというのである。この信頼にもとづく互助の精神は生産者に対しても向けられる。消費者が組合をつくって結束すれば、生産者への不当な圧力をかけるかもしれないが（消費者専制）、社会全体からみれば良質な品物をつくってもらうためには生産者を大事にしなければならないということが消費者に必ず自覚される、そのためにも原価を知るということは大事であるというのである。このような消費生活をつうじた生産と消費とのバランスと近接性[12]への注視は、「資本主義は無限に自然資源がある間はまだよいが、私たちが自然の資源を使い果たしてくると、悲惨と貧困の恐ろしい状態が起こる」［賀川 :2009=1937:103］というすぐれて今日的な課題に対しての先駆的な問題意識が内蔵されている。[13] この点の賀川は高く評価されるべきであろう。しかし人々が消費の経済の重要性に「目覚める」には教育が必要であり、その教育の実際の場が協同組合であり、教育の内実を支えるのは兄弟愛であるというのは繰り返すまでもないが、協同組合の盛んな国や地域では犯罪が減っている［同 :36］とまでいう。いささか我田引水のきらいがあるが賀川の論理（心理？）構造からいえばそうなる。

消費組合論の問題点

さて、しばしば賀川は、消費組合の組織化と運営が他の協同組合に比較すると最も困難である［賀川 :1936:209］と指摘している。その理由は生活必需品を多数扱うので機敏な心づかいがいること、商品の価格変動が激しいので経常費が高く、巨額の資本が必要であること、現金主義の困難さ等があげられている[14]

［同：124］。その克服のためには、すでに示唆したように他の協同組合からの資金融通をはかるとともに、心の通う近隣の小さな規模から地道に始めよという[15]。私欲、利己心をはなれて相互に見知った者たちの道徳的信頼関係が基本になるわけである。ちなみに賀川が実際に消費組合の反面教師として見ていたのは当時の産業組合の購買組合であって、産業組合法による天下りの官製色の信用組合の流れをくみ、または企業の温情色の強いものであったのであるから、これは当然にも下からの組合組織の主張であった[16]。

だが現実においては、賀川はそのような日本の消費組合における市民の「自覚の乏しさ」、消費者としての未熟さを批判する。そして「地域単位」の消費組合の重要性を右に挙げた理由から説くのである。しかし、ここには同時代に進行していた労働者を中心とした消費組合運動、あるいはもっと遡って明治社会主義における片山潜らの「共働店」運動とは明確に一線を画する意識が働いている。具体的にいうと「地域単位の消費組合は中産者を中心に」［賀川：1940b：351］組織すべきだというのである。その理由として日本の労働階級は消費組合運動をするには貧困に過ぎており、他方、欧米の労働者階級に該当する中産階級は支払能力と消費組合運動の目的を理解する知的能力を持っているということを挙げている。零落した労働者を多分に含む貧民窟の聖者としての立場とは「愛」という共通項を持ちながらも社会運動の対象と基盤は異なっている。無論、発展の過程において「無産者を包容していく努力」［同：352］は払われるべきと断っているが、消費組合は「デパートに出し抜かれてはならない」［賀川：1936：210］とするのが「資本主義を更改」することの一面なのである。戦後に経済的に大発展した生協の方向を予見しているといっていい。

そして、このこととも関連するが、先行する／同時代の消費組合と同じく賀川も範としたのはロッチデールであった。ロッチデール以上の妥当な消費組合はないといいつつも、かれの消費組合論はロッチデールから逸脱する次の二点を強調している。すでに示したように宗教的兄弟愛の文脈で説明されていた「ロッチデールの一つの成功は、信仰は多少異なって居ても愛だけは実行して行かうといふ大切な約束を持っていることである」［賀川 :1940b:294］ということが第一点。だがロッチデールの原則は組合としての「政治的・宗教的中立」であり、この背景にあるものこそ賀川が中世のギルド精神を破壊したと論難するところの個人主義的自由である信仰と思想の自由であった。もう一点は剰余金分配についてである。組合員への購買高に応じた割戻しあるいは組合事業のための積み立てといったロッチデール原則から離れて、かれは「公共の福祉」のために「利益」をすべて社会に捧げるべきであると至る所で主張している。(17) こうすれば儲け本位だ、単なる安売り組織であるという既存の小売業や商業資本からの消費組合に対する批判も封じることができるからだという。ロッチデールにおいては、もちろん社会への直接の還元を排除するものではないが、制度が必然的に生み出さねばならない「剰余金」のことを、賀川はここで「利益」という理解で通しており、この使途は宗教的価値意識が決定するという。やはり賀川のロッチデール理解も意識化による経済に引きずられた一面性を免れていないといえよう。

都市経営への視点

しかし「公共の福祉」には、弱者への思いやりだけではなく、公共事業も含まれている。これは賀川流の「都市社会主義」であって、すでに指摘したように消費組合だけでなく信用組合、保険組合などの組合相互の余裕金を運用して、利用組合をつくり、都市経営を組合方式でおこなうべきであるとの提案である。たとえば東京では公共交通などの経営は市債を起こしておこなっているが、市債の利息すなわち税金を出資者である資本家に吸い取られてしまうのが現状である。水道、ガス、港湾、電力についても同じことだが、経営上は社会主義であっても金融上は資本主義なのであって、これを利用組合の出資金でまかない、市民の経営に任すことが肝要であるという。たとえば鉄道や港湾の建設をみても利用者の必要が直接反映されるわけだから、収益は確実に見込まれるわけであるし、そうでなければ出資した意味はない。しかも大事なことは、資本家や官僚、政党の利益の観点から建設される公共工事の無駄を利用者である市民の眼から見て、大いに省くことができるというわけである。「市役所の内部に組合事業課を設けて都市を益々ギルド化して行けばよい」［賀川 :1936:209］というのである。それはすでに指摘した生産者と消費者の接合の一形式でもある。とすれば、都市の規模もまた当然問題になってくる。この点から東京や大阪のような大都市は良くないと賀川は言いきる。

4 何を学ぶか――「愛」と社会運動

このように賀川の協同組合論を見てくると、キリスト教に基づく愛の無差別主義という精神的紐帯を至高の原理とし、唯心論的経済観を理論に据え、現実の社会運動のプロセスでは階級闘争を排除し、信念を共有できる者が核となって大衆の先頭に立ち、教育しながら宇宙の進歩に向かって推進する社会運動を展望していたとまとめることができる。そしてそのなかには、決して大規模ではない地域や都市を磁場にした広範な市民の結集と相互扶助を可能にする道を拓き、しかも資源環境問題や公共事業の無駄の問題に切り込むような先駆的構想が込められていた。利益中心、弱者切捨ての市場万能主義を統制することによって、歯止めを欠く生産と厖大な廃棄、豊かさのなかで無限に浪費される物的な消費への欲望を自制して調和の取れた経済を構築するという現代の消費社会の課題に応える可能性を有していたことは確かである。

しかし、実際のところ、戦後の生協運動に関する法的整備を歓迎し、消費組合運動に期待を抱いた賀川［賀川 :1946:4］に反して、現実の協同組合運動、消費組合運動は、「ひとりは万人の……」といったスローガンはさておいても、かれの意を汲んだ方向で進んでいるとは言い難い面があるのは確かである。理想は理想として尊重されても、賀川思想は協同組合運動においては周縁的なものにとどまっているのである。以下、このことの意味を考えておきたい。

賀川がもし現代の協同組合運動――たとえば消費組合ならば、巨大な店舗、広告費、クレジットを携えての巨大商業資本との競合、自己目的に近い組合員獲得――を目の当たりにして抱く思念があるならば、おそらく「愛」の欠如への慨嘆であろうと思われる。言い換えるならば、利益追求を優先し、その結果人間改造に対する意欲が減退ないしは忘却されていることであろう。賀川にあっては精神運動と社会運動とは、意識化を経由して社会化のプロセスのなかで完璧に統一されていたが、現実はそのようには進まない。そして、これが統一どころか原理的に対立するものであり、実際においては妥協的あるいは対立回避的形態が展開されざるをえないことを指摘していたのが、ヴェーバーの「世界宗教の経済倫理　中間考察」であった。

ここでヴェーバーは互助の精神の起源を、救い主を待望する「教団的宗教意識」の対内道徳のなかの素朴な相互主義――無償の使用貸借、無利子の貸付、貧乏人への無償の飲食提供や扶養義務――が仲間内に出現することのなかに見ている。賀川が新川での救貧活動に入ったのも、若き日に宣教師マヤヌや明治学院などでの既成の教団的宗教意識に導かれ、これを社会に向かって実践していったからであった。

そしてヴェーバーによれば、

> すでに現実に起こっているにせよ、あるいはたえずその危険におびやかされているにせよ、すべての信者に共通した外的あるいは内的な苦難が、彼らの共同態的な関係にとって構成的な原理として作用することになる。

ヴェーバー

……そうした隣人団体の相互扶助倫理から生まれてきた命令は……外面的には、同胞倫理のうえに立つ愛の共産主義へという方向に、内面的には、およそ苦難のうちにある人びとへの愛、隣人愛、人間愛、ついには敵への愛というような、宗教的愛の心情にまで高められていった［Weber:1920=1972:543=111］。

これほど賀川の軌跡を予告しているものはあるまい。ところが、

この宗教的同胞意識は現世の秩序や価値と絶えず衝突し……現世の秩序や価値がそれぞれの固有な法則性にしたがって合理化され昇華されていけばいくだけ、この分裂も、ますます和解しがたいものとなって行くのが通例であった［同:544=112］。

現世の秩序や価値とは、ここでは現実政治や経済を指し、ヴェーバーはそれらが自らの論理にしたがって運動していく（＝固有の法則性 Eigengesetzlichkeit）と考えているが、賀川の労働組合運動、無産運動における苦悩と撤退もここに起因していたといえよう。また、ここでの同胞意識 Brüderlichkeit とは、賀川のいう「兄弟愛」そのものである。そして「中間考察」によればこの経済と宗教の緊張関係を回避する首尾一貫したものは、①愛の普遍主義の放棄、反同胞倫理的立場、具体的にはピューリタニズムの召命（職業）倫理（→資本主義の「精神」）②同胞倫理を神秘家の説く愛の無差別主義すなわちボードレールのいう「神聖な魂の売淫」［同:546=115-6］の二つしかない。賀川はいうまでもなく第②の道を行くことしかなかった。ここにはもともと選択の余地すらなかった。自らや貧しき者のうちに神が宿るというかれの神秘家的側面、既存のキリスト教団が信条問題のみに憂き身をやつし社会運動の実践に向かわないことへの批判、資本主義を生んだプロテスタント自由主義の否定、「自分

は損をしても」といったかれの協同組合思想ひいては思想全体を支えるものはすべてこの道筋の中に位置している。(18)

また、かれは戦後に貴族院議員に勅撰され、政治活動と必ずしも無縁でなかったにもかかわらず、過去も含めて現実政治への配慮の欠如に起因するさまざまな問題を抱えている。(19) そこに賀川の本意はないにしても、である。

「賀川は、労働運動、農民運動、協同組合運動という、人々が主体的に問題解決を進めるアソシエーションの近代日本における誕生にすべて立ち会った、唯一の人物かもしれない」という的確な指摘がある［澤口:2009:84］。それゆえに主体は運動の実質的成果のほうにあるという揶揄も含めて「産婆役」ともいわれる。確かにかれは行動の人であり、とりわけ協同組合運動にその精神性をもって同道者を惹き寄せて組織化し、具体的に多くの組合を創設し、撤退していった道程は、見てきたような現代的な問題への先駆性とともに深く日本の社会運動史に正当に刻まれるべきである。協同組合運動において、現代にこそ賀川に学ぶものは多々ある。たとえば、生活協同組合が担っている、消費生活の見直しを通じての資源環境問題への提起はそのなかでも重要なもののひとつであることはすでに指摘した。都市経営にしてもしかりである。しかし、現在の生活協同組合を見れば、多くの異なる立場や階層の人びとから成り立っているのであって、そこでは理念と実際の生活や利害との乖離という困難な問題が生じてくる。剰余金と社会変革をどう結びつけていくかを現実的に考えていくときに、「愛を中心に利益は社会一般に」という賀川の宗教意識にもとづく理念は、運動の中心にはなりがたいだろう。むしろ欠くべからざる周縁のひとつという位置が与えられるのではないか。「産婆役」というのは、そのふさわしい表現に思える。

ロッチデールは、解雇されたものの共助、すなわちひとりひとりの労働者としての生活の建て直しという現実的課題を抱えていたがゆえに「購買高に応じた剰余金の割戻し」という原則が樹立されたのである。賀川ももちろん「生活の防衛」＝救貧を無視しないどころか重点的に考えていた。しかし、「愛と自由の統一が協同組合」というテーゼは、組合が民主的に運営されればされるほど二律背反に直面せざるをえない。

とりわけ、消費組合思想には生活の意識的な秩序化、既成の価値観の根本的反省という重要な精神的側面があるために、その心的動因として宗教的なものが往々にして入り込みやすい。前章でとりあげた岡本利吉の場合もそうであった。この点で岡本と賀川は次章においていま一度広い視野から比較してみる必要がある。そしてここでは賀川の示唆に富んだ例に学ぶことによって、さまざまな論理や価値観に動機づけられた個人や集団を組み込むことのできる、しかも地域社会に根を持ちつつ連帯の輪を広げていくアソシエーションを考えていかねばならないことが確認できる。「産婆役」という役回りを考えるならば「転轍手＝理念と利害状況」というヴェーバー的問題もここに横たわっているが、その問題の一端は本章でも示しているかと思う。

注

（1）「神が近づいて自分の裡に住む、いや神に漬かるという喜びの実感満たされた賀川」［栗林 :2009:57］という状態が神秘的合一である。この神秘主義がひたすら内面に向かうのではなく社会的活動に向かったところに栗林は賀川の宗教者としての特質を見ている。また、この点については［隅谷 :1995:42-3］を参照。

（2）ヴェーバーは預言者の二類型として倫理的預言と模範的預言を示している［Weber:1972=1976:273=77］。超世界的にして人格的、倫理的な神の意志を告知し、服従を要求するタイプが前者であり、みずからの範例を通じて宗教的な救いへの道を示すのが後者の賀川のタイプである。「彼の説教は、ただ彼と同じ救済の道を歩まんと希求する人々自身の関心にのみ向けられる」［同］。ヴェーバーはいうまでもなく、プロテスタンティズムを前者の系譜として宗教社会学体系を構築しているが、賀川がその主観的意図に関わらず、プロテスタント的立場とは対立的な志向にあったかは行論で明らかになるであろう。

（3）［澤口 :2009:85-6］は賀川の消費購買組合にアソシエーティブ・デモクラシーの萌芽を見ている点で示唆に富む。
（4）賀川の信仰と科学の結合について、「宇宙の目的」にみる生物学的社会進化の思想においてこれを［隅谷 :1995:16 以下］が論じているが、これでは科学の仮説性が見失われるという隅谷の正当な指摘がある。また［三宅 :1973］は賀川における科学と宗教のユニークな統合を社会運動の関連から論じている。
（5）とりわけ一九二〇（大正九）年、大阪で開催された友愛会の第八回大会で、友愛会内にも浸透しつつあった関東の直接行動派サンジカリズムと鋭く対立した。
（6）賀川のマルクス理解（＝誤解）の問題点と意義をフォローしたものに［本間 :1992a］がある。科学＝技術、変革力、協同組合保険等における賀川の独自な視座に重なるものがマルクスにはすでに存在すること、そしてそれを正当に評価しえなかったのが、マルクスに依拠する労働運動左派であったという文脈においてである。
（7）一九二九（昭和四）年、東京市長により社会局長の嘱託に任じられている。弾圧としては一九四〇（昭和一五）年と一九四三（昭和一八）年に反戦思想、社会主義思想の疑いで憲兵隊に検挙され、留置を受けている。また［山崎 :1954-55］は米国講演からの帰国の後、軍部に賀川暗殺計画があったことを書いている。真偽不明。
（8）ここでの「統制経済」とはロシア革命における国家による経済の統制（賀川はそれを「専制」という）ではなく、協同組合によって計画的に搾取なき経済組織を意識的につくっていくという意味が込められている［賀川 :1949b:363-4］。
（9）この二つの著作の間には相当の年月の隔たりがあり、「自由組合論」の段階では暴力革命に対する対抗として、『友愛の政治経済学』では協同組合論の意義付けという力点の移動があるが、意識革命を基盤にしている点では一貫している。
（10）賀川の議会構想は前注（9）の二つの時期では、かれとしては珍しく内容的に変化が認められる。とりわけ生産者組合と、階級としての労働組合が分離されて別の役割を持たされていくのだが、この両者の関係の説明ははっきりとされてはいない。
（11）賀川の協同組合保険論を通じて保険理論を分配技術論としてではなく、正当に社会科学として確立すべきことを主張しているのが［本間 :1992b:21 以下］である。

（12）社会運動のなかからフード・マイレージという言葉を最近耳にした。食物における生産地と消費地が距離的に遠くなればなるほど環境に与える負荷が増し（重量×輸送距離）、食の安全性も損なわれるということである。食物以上に資源を使う物的生産のグローバル化についてはさらにこのことが当てはまるであろう。通常イメージされる、金で買える物資のこのような総合的な自然的および社会的コストは意識の外に追いやられがちだが、賀川の先見性はここにもある。

（13）資源問題とともに、賀川には公害問題への先見性が小説においてあったと指摘するのは［三宅：1973］である。小説『空中征服』は、賀川が大阪市長になったという仮定のもとに、太閤秀吉や大塩平八郎ら歴史上の人物が縦横無尽に登場し、市議会を中心に大阪の市区改正を論ずるものだが、工場地帯から排出される煤煙問題がテーマとして取り上げられている。小説の中心テーマではないが『海豹のごとく』の工場廃液による海水汚染もそうである。公害や資源だけでなく組合結成とその困難さ、また、生産力増強をめざす「立体農業」についても賀川は小説という手法を用いて大衆に訴えた。理論をできるだけ単純化して情に訴えるという傾向は強められるが、実践者賀川にとっては、理論による説得よりも啓蒙のほうが「意識化」にとって重要なことであった。

（14）片山潜の「共働店」の蹉跌の原因として、弾圧という外的要因とともに会計管理における倫理意識の欠如と、ロッチデール式現金主義の不徹底さという内的要因があった。この内的要因は賀川の組合でも事情は同じである。

（15）［賀川：1946:4］において一店舗当たり組合員家庭千軒程度が経営限度であると述べられている。むろん技術の程度によって規模は変わってくるが、顔の見える地縁というコミュニティを不可欠にしていたことは現在の生活協同組合運動が省みる点ではないだろうか。そして地味に忍耐強くじっくり進めよとの提言がそこにある。

（16）政府高官の息のかかった協同組合の創設とその法的整備は、急進化した労働運動や小作争議などで民衆に溜まる不満を慰撫しようとする狙いを明らかに持たされており、広範な大衆をほぼ無限定に組織し、国家主導の資本主義化を推進しようというものであった。その人的構成からみるならば賀川の構想する協同組合もそれに重なってしまうし、労働組合系の協同組合からはそれゆえに非難を受ける。賀川がことさらに宗教的、道徳的な精神性を協同組合に注ぎ込むのは、この関連ももちろんある。［Schildgen:2007:210-1］参照。

（17）その典型的な例が［賀川：1947:505］の伏見の信用組合である一六会が実施した教育事業である。賀川は「利益払い戻し」の対象を個人、団体、一般社会の三つに区分けし、一般社会への還元として同会が学校をつくり、奨学金を整備したことを高く称えている。

(18) この自由主義の問題も含めて賀川は自らが属するプロテスタントの教会に対して辛辣である。それは愛の実行でなく、教義に対する信仰に陥る「教条的キリスト教」になっている［賀川 :1936:172］というかれの立場から出てくるものである。

(19) 近年になって提起された被差別部落問題における差別文書としての『貧民心理の研究』［安保 :2007:249 以下］、［鳥飼 :1988:237 以下］、満州国植民勧奨問題［倉橋 :2009］、社会党結成時における天皇賛美問題［三宅 :1973］など。

第6章

保険思想と協同組合論

――岡本利吉と賀川豊彦

1 「保険」問題へ

あらゆる種類の保険がわれわれの日常生活に深く関わっている。また、そこに積み上げられている巨額の保険料は、機関投資家としての保険会社によって、金融工学を駆使して投機的に運用され、世界の金融市場を根本から直接動かしている。世界を震撼させた二〇〇八年九月のリーマン・ブラザースの破綻に発する金融危機においては、リーマンをはじめ多くの投資会社や金融機関のリスクを引き受けていた全米最大の保険会社ＡＧＩがこの連鎖で一気に信用不安に陥った。リーマンを見捨てたアメリカ政府も、投資家だけではなく、多くの一般市民をも巻き込むであろうその悪影響の巨大さを考慮してＡＧＩに公的資金を投入せざるをえなかった。そういった動きが今の日本のわれわれの生活を直撃し、困窮と不安をもたらしているのは、はっきりと目に見える。しかし、そのつながりの実感は庶民には薄い。生活を守ることに追われて、怒りが直接そこに向かうようには見えない。また最近、日本の大手保険会社が相互会社から株式会社に編成替えされた。保険業務に必ずしも関わらないステークホルダーとしての株主の立場が重きを増していくだろう。巨大な組織と複雑な機能が、何らかの期待を持って保険に関わるわれわれの意識から遠のいている。

さらに考えてみると、近年の保険には、公的なもの私的なものを問わず、常にうさんくささ、不明朗さがつきまとっている。年金も保険の一種である。これを運営する社会保険庁の管理上の杜撰さが、長きにわたって掛金の拠出をした国民の大きな憤激を買ったのは記憶に新しい。保険金支払い不履行で保険会社が行政処分を受け、その対策として国会議員に接待攻勢をかけたことが明るみに出ている。消費者金融が高利を課した債務者に無断で生命保険をかけ、厳しい取り立てで自殺に追い込み、融資額をはるかに超える死亡保険金を手にする。保険募集員の過酷な業務、強引な勧誘。そして毎日のように報道される犯罪としての保険金殺人や保険金詐欺――保険金を管理運営する側、受け取る側を問わず、ここには他者や社会を顧みない悪徳と欲望が渦巻いているようだ。ほのぼの、しあわせな家族生活をふんだんにイメージさせた保険会社のテレビコマーシャルとは裏腹に。

もちろん、保険はそのようなためにこの世に生まれてきたわけではない。近代的な制度としての保険は、「大数の法則」で生命表を作成した天文学者、「ハレー彗星」のエドモンド・ハレーのアイディアを活用した十八世紀イギリスのThe Equitable Life Assurance Societyによって設立されたといわれている。しかし世界のどこでも、例えば日本では律令時代の「五保の割」を嚆矢とし、「結」や「もやい」、「頼母子講」などの保険に類似する制度が昔から存在した。それらはいうまでもなく、想定しうる未来のリスクや経済的出費から「生活を守る」ための住民のあいだの相互扶助の意味合いを帯びていた。現在の保険も例外ではない。

だが、近代的な保険制度の成立以降、日本では保険については、もっぱら確率論的な技術や運用の方法、制度の問題として扱われてきた(1)。そこでは目的として経済的に「生活を守る」ことだけが自明で、思想としての「保険」を考えるといった議論はほとんどなかったといってもよい。しかし、日本では、明治以降、欧米の近代的な保険制度を学ぶなかで、ここに社会を形成していく主体的な力を賦与しようとした二人の人物がいた。つまり「攻めの保険」を発見、提起したといえよう。その二人とは岡本利吉と賀川豊彦である。

前章までで言及したように、この二人の生涯や活動領域には、知名度は対照的だが、重なり合うところが多い。幼い頃から、親との離別(岡本)、家業の倒産(賀川)という経済的な不遇のなかで成人し、それが後の人生コースを決める。岡本には自ら構想した「美教」、賀川には「キリスト教」という生涯を通じた宗教を指針とし、独特の進化論的な宇宙観を両者とも至るところで打ち出していた。岡本は理論、賀川は実践という重心の違いはあったが、ともに思想と行動を、少なくとも主観的に繋げようとした点でも共通する。保険思想という本稿の主題でいうと、協同組合保険——つまり「共済」——という問題圏を共有している。だが表面上のこれらの類似にもかかわらず、両者の思想上・制度上の主張の内容的な違いは大きい。保険に関わる時期も文脈も異なる。その点に注意しながら、保険の現状に鑑み、かれらから学べるもの、かれらが陥った陥穽について、ヨーロッパの協同組合論とも突き合わせながら考察していきたい。

2 岡本利吉の「積立労働保険」

岡本が保険論を精力的に執筆するのは一九一八（大正七）年からわずかに一年足らずで、[2]しかもデビュー作の『社会将来の楽観』［岡本 :1912］に続くまったく初期の仕事である。ここでとりあげるのは「積立労働保険」、「防貧問題と積立労働保険」、「労働問題とその解決」、「防貧問題の基礎的研究」などの一連の著述である。これらの理論を支える精神は、岡本の仕事のなかに終生貫かれていたとはいえるが、この保険論が実施に移されることはまったくなかった。保険についての正面きった著述もその後はない。

他方賀川が「国民健康保険と産業組合」、「日本協同組合保険論」や「産業組合の本質とその進路」などの著作を次々に執筆するのは昭和一〇年代である。ただしそのかなりな部分——後述のバルウの翻訳も含めて——は、山崎勉治らの手になっているものである。この時代の日本では、社会保険がようやく国家的政策課題となり、国民健康保険法案などが国会で審議されるという状況が整いつつあった。賀川もこの政治的状況のなかで保険に関する政策的提言を重ねる。その苗床として、国家主導で創設された産業組合の昭和恐慌以降における発展が指摘されなければならない。岡本の保険論の時代には、産業組合の社会的普及度も認知度も低かった。賀川はこの保険論をもって、戦前戦後に社会保険の制度化にかかわる。そこにどれだけかれの思想が反映されていたかは検討の余地があるが、ともかく賀川の保険論は社会的には結実したのである。これらの状況の違いは基本的な前提としておさえておきたい。

ではまず、岡本の保険論を支える思想的立場から確認していこう。明治期の思想の構図をかれは自由民権運動がもたらした「功利主義」と社会主義運動がもたらした「平等主義」との対抗と考える［岡本 :1919:196］。「自由民権は国民相互に利害に抵触するを発見した時に、無残にも功利主義に屈服し」資本家の利潤獲得を、平等主義は無産労働者による革命思想を生み出したのであるが、大正という「新時代の青年たち」にはこれを超える新たな思想上の新主義が構築されねばならないという(3)［岡本 :1919:196］。そこで提起するのが「公平主義」というものであって、資本主義についていえば、資本の私有と管理運営（おもに利益分配）を分離し、前者は資本家のみに限るが、後者は労働者も参加した法人組織としての「企業」がこれにあたるべきであるというものである。「企業」は協議の上に利益を公平に①積立金、②「従業員」の平等分配、③資本家、④租税に分割し、それが適正であるかは国家が監視するというのである。公平というのはこの分配が、量的にということではなく、ルールに従っておこなわれなければならないことを意味している。資本家とは岡本によれば、その取り分をもっぱら生産技術上のイノベーションや生活改良の工夫などに振り向けるべきであり、決して利己的排他的に自己の財産を増やしてはならないのである。社会のために資本蓄積をするのが使命であって、高度な「知識階級」でなければならないのである。

これを見る限り、「公平主義」はコーポラティズム的な社会組織によって資本主義の枠組みが維持されたものであり、岡本自らが「管理資本主義」と呼ぶものである。本書第4章で紹介したように岡本は消費組合時代には、労働争議も担うこともあったが、『社会将来の楽観』以来、生涯一貫して社会主義を容れることはない。そのうえで保険に関わってくるのは①の「積立金」の部分である。

さて、岡本は保険論を展開するに当たって、ビスマルクの社会保険を批判的に摂取するところから始めている。周知のように、疾病保険、労災保険、年金保険からなる世界で最初の近代的社会保障であるビスマルクの保険は、社会主義者鎮圧法とセットになって制定されたように、ドイツ社会民主党の伸張とともに階級的意識を高めつつあった労働者の懐柔をはかり、ユンカーや工業ブルジョアの利益を確保しつつ、国家主導の資本主義を上から邁進させるというプログラムの上に乗ったものであった。個々の保険で多少の違いはあるが、賃労働者のほぼ強制加入、労資双方（場合によっては国庫をプラスした）の保険料負担という特徴と制定の意図からすれば、これらの保険の管理運営は官僚のみの手になるのはビスマルクにとっては理の当然であった。

岡本も労働者の懐柔という一点においてはビスマルクと立場を同一にする。無資産と経済上の資本家への従属［岡本：1919:121］からくる民衆の慢性的不安が、「窮乏化から革命へ」という社会主義者の主張を支えているのであって、「救貧事業」とは明確に区別された社会制度、すなわち保険があれば社会主義は防止できるというのである。しかしビスマルクや天皇制国家とは異なって、暴力的に社会主義を抑え込むということには与しない。ただ資本蓄積によってのみ可能になる資本家のイノベーションと、勤勉さによる労働者の購買力の向上がかみ合えば、豊かな社会が到来するはずであり［岡本：1912:165-207］、そのためには労働者が自らの力で無資産状態から脱することが何よりも急務なのであるという。

岡本にいわせれば、ビスマルクの社会保険は労働者の無資産状態を「放任して顧みない」［岡本：1919:126］ものである。なぜなら労働者が保険料を滞納すれば保険の恩恵にはあずかれない、継続して払っても事故や病気が生じた場合、損失の補填がなされるだけであって、永久に保険金を支払い続けなければならない。これでは「希望も向上心も」［同：255］出てこない。「政府が労働保険を普及しようとするなら、まず労働者の共済自助に関する組合を奨励し、保険思想の発達を図る」［同：263］必要があるという。しかも、「トレード・ユニオンやフレンドリー・ソサエティの伝統も存在しない」［同：266］日本というなかで、西欧の経験を参考にしつつ、リスクに対する安心を形成し、しかも財産形成が可能で、最終的には保険料を労働者が負担しなくてもよい「貯金の概念を付加した」［同：258-9］公的保険を岡本は机上で計算しつつ、具体化への道順を構想していった。かれは実際の保険料収入や利子率をあてはめて詳細に計算して、自分の考えるシステムの実現可能性を論証しようとしているが、ここではその思考が問題なので簡略して説明すると以下のようになる。(4)

まず積立金は、工場主が企業利益から拠出し（個々の労働者の給与の二〇分の一）、名義はすべて労働者となるが、これは労働者には一切現金支給しない。生活資金ではないからである。そしてここで「積立高の約束」という概念が提起される。それは、その利子（運用益）から労働保険料がすべて支出できるのみならず、三分の一を労働者の財産形成（貯金）に振り向けることができる、いわば「目標額」である。つまり労働保険料は全額が利子による拠出となっている。もちろん当初は工場主の積立金拠出では目標額にはるかに足りないので、労働者も保険料の応分の負担をするが、これは最終的には消滅する性質のものである。そしてこの「積立約束高」は、最初から存在するもの（積立てが完了しているという状態）として労働保険が運用されていく。つまり積立金の利子から支払われる保険金は、当初は運用には当然不足するはずなので、国庫の補助を仰ぐ、しかしこれも、約束高が達成される過程で減額していくはずである。かくして労働者は職業上のリスクから安心を得られ、しかも子孫に現金で財産を残すことができるという「希望」をもって、社会主義に走ることなく、働き続けることができる態勢が早急にできるのである。結果、体制は維持され、労働者は世代的に再生産されていく。(5)

そしてかれが腐心するのは、このシステム自体もさることながら、その運営の精神である。いやむしろ運営の精神がこのシステムをつくらせているといってもいいかもしれない。成功の可否を握るのは、いかに効率的に短い期間で積立約束高を実現するかである。それには官僚制的に、ではなく「自治」的に、管理運用されることが不可欠であるという。公的保険である以上、政府の監督や補助金にかかわる強制は排除できない。しかし経営が自治であるなら、成果も失敗も、お互いに当初だけだが保険料を払い込み、保険金を受け取る自分たちに直接かかわってくることなのだから、保険普及の意気込み、虚偽の申立て（モラルリスク）の防止、事故予防等の効果が格段に違う。西欧の理論を引きながら「自治は労働者の心性の要求である」［同：160］と主張する。したがって保険金の運用は労働者一任がふさわしいが、積立金の拠出者である企業主との共同管理にすべきだとかれはいう。それには組織を工場単位につくることが原則とされる。だれの、そして何のための保険かが目に見える範囲だからである。そして規模のメリットゆえにその連合体をつくれという。こうして「自治」は労働者の資本家への従属から、体制変革には向かわずに労働者は労働者のままで「自立」度を高めていくだろうと思われた。

自治の要は積立金の運用方法である。それには個々の工場の連合のうえに専門の計算的技術をもった非営利法人――積立労働保険会社あるいは安定銀行とかれは名付けるが、つまるところは「積立保険組合」である――を設立して信託するのが適当であり、それを政府が厳重に監督するというシステムを岡本は提案する。保険は協同組合で運営されねばならないという認識が実質的には確立しているのである。

「積立保険組合」は営利保険会社ではないので、広告費も積立金徴収費用も、出資者への配当も不要である。また、モラルリスクの防止という面では、軽微な事故疾病の補償はせずに、低利の融資で対応するというルールをつくれば積立金の目減りも防止できる。いずれにしても「自治的精神」の涵養が具体的な積立労働保険制度の成功の可否を支えていくと考えていたのであった。

「大阪朝日新聞」紙上で最初に展開されたこの岡本保険論は、同じく新聞で「大阪保険界の某権威者」から、積立金拠出者を工場主のみに限ること、計算根拠の杜撰さ、とりわけ目標積立高の実現不可能性の指摘と、実施における技術的な観点からの批判がかえってきただけで、反応はなかった。それは一介のサラリーマンという当時の岡本の社会的立場もあっただろう。だが岡本にとってはこの保険論は重要な出発点となった。この保険論の直後にかれは活動の場所を東京に移し、企業立憲協会を設立して、資本管理主義の一層の徹底を企業運営に生かそうとした(5)。ここでも資本家と労働者の調和として、「自治」は重要な位置を占めているのはいうまでもない。次にかかわった労働運動、消費組合運動においても、第4章で見たように「階級闘争」ではなく「産業自治」が立脚点となって、自宅を労働会館として提供し、労働者に「自治」を説いた。そしてここにはロッチデールの「消費者の自治」の概念が適用されていく。さらには消費組合運動撤退後の農村青年学校の教育実践において、農本主義者として、「共働」生活の中心に農村「自治」を据えたのも［岡本 :1929］、すべては保険論にその萌芽があったといえよう。そのなかで、先駆的にして現代的意義を有するところは、保険を「生活防衛」の手段としてのみ見るのでなく、そこに社会形成の根幹としての「自治・自立」契機を認めたことにある。この「自治」は岡本の企業立憲にももちろん通底している。

しかし「自治」を標榜する他方で、かれの保険論における自治は、観念的で空疎なところがあるのは否めない。西欧の社会理論を多く学んだにもかかわらず、欧米の自治が試されてきた茨の道、たとえば国家権力と自治の相克、民主主義と自治の関連といったとりわけ政治的な枠組みでの理論的関心の希薄なのが、その点である。自治をたんなる合議制に解消している面もある。ただ、保険論において、顔の見える相互扶助という欠落させてはならない保険の原点と、公的保険における官僚の介入を監視にとどめるべきことを、終始ふまえていたことは注目すべきことである。しかもこれらの著述が、ヨーロッパにおいても後に検討するようにフェビアン社会主義の保険に関する協同組合論が未だ執筆されないか、日本に紹介されないかの時期になされたということは特筆すべきである。

3　賀川豊彦の協同組合保険論

賀川の保険は理論的には保険、生産者、販売、信用、共済、利用、消費の七つの類型の組合からなる協同組合経済システムの最初のものとして位置づけられている。これはそれぞれ生命、労働、変化、成長、選択、秩序、目的という人間の意識の発達のうえに発展する価値の類型に対応している［賀川 :2009=1937:69］。この組立ては賀川の経済観を支える人間観に基づくものである。ここにはマルクスの唯物史観へのかれなりの対峙、すなわち人間の主観的世界や心理が経済や資本主義を決定する決定的な要素であるという信念があり、そのマルクス理解が正確なものであったかはどうかはおくとしても、この主観的価値観の展開とで協同組合は運営され、発展していくことが「社会の進化」を導くとの基本認識がある。このように意識化された経済をかれは「統制経済」とよび、その意識の核心的な内容は、つまるところ「友愛」である。さらにその向こうにはキリスト教的「愛」があって、これらの関連は前章で詳述した。この背景のもとに協同組合における宗教的価値と経済的価値の結合をかれが説くとき、「神の国運動」における協同組合国家建設の一環として協同組合論ないしは保険論が位置づけられるのであって、岡本と同様、たんなる生活防衛の手段としての保険というレベルは最初から超えている。

他方で賀川は、保険関係の著作を発表した昭和一〇年代に政府の委員会の委員として生命保険の協同組合による運営の認可や国民健康保険の整備に力を尽くした。その試みは失敗した部分も多々あったが、この関連から欧米の保険事情に関する情報を入手している。極めて政治実践的・具体的な知識と宗教的志向とが共存している。

賀川の保険の議論は、保険そのものの本質を突き詰めるというよりも、保険の運営と社会全体との関わりという視角が顕著である。自ら変な言葉遣いといいつつ「社会性による社会の進歩」［賀川 :1940a:387］という言辞でもって、かれは既存の社会組織、とりわけ産業組合を利用して協同組合保険を推進すべきだという。ヨーロッパで互助組合やフレンドリー・ソサエティを基盤として協同組合保険が出自したように、そして日本では国民健康保険組合は医療組合に、船舶保険組合は漁業組合に、農業保険は帝国農会それぞれ代行されているように、新たな組織を作る必要はないというのである。ここには資本主義的・営利的保険経営を排除するという意図が込められているが、以下に見るように国家とは一線を引かない。社会性とは既存の協同組合の「代行」を意味するのである。

賀川にとっても保険事業が資本主義的な利潤獲得を動機とする民間企業によって運営されているということは、岡本がすでに指摘していた道徳危険率の増大、募集費、徴収費、広告費といった経営費の増大といった点で問題があるだけではない。一人が法外な掛金をかけるような投機的動機の可能性、リスクの大きい被保険者を保険会社が排除することなども大いに問題なのである。それゆえ、保険料の負担を信用組合などからの融資等によって軽減でき、多くの者が保険に加入できることが協同組合、なかんずくすでに組織されている産業組合を利用する必然性として説かれている。それが「社会の進歩」なのである。賀川自身、政府主導の現状の産業組合である協同組合には協同意識性が足らない［賀川 :1940b:262］という不満はあったが、これをベースにする以上、メリットがなければならない。それをかれは保険の国家レベルでのスケールメリットに見た。加入者数が多ければ多いほど、資金力は増大し、加入者のリスクは分散される。だが範囲が広がるにつれて「意識化」は弱まる。そこで産業組合法がとっている代議制を利用して、地域に根ざした組合のうえに全国的な連合を形成していけばよい、これはとくに国家が運営する国民健康保険の整備についていえると賀川はいう。つまり、顔の見える相互扶助を基礎にしながら、その代議制的延長として全体の組織を考えればよいとしたのである。その実現には国家による法律の整備をはじめとする政治過程が必要になってくるが、賀川は国家の保険への介入について、「保険事業は単なる権力によって組織せられえない」［賀川 :1940a:405］ということ以上の注意を、戦前戦後を通じて払うことはなかった。「国家的社会保険の発達は民衆の相互扶助的道徳思想の発達と相俟って進歩するものと考えてよい」［同］という。個々の組合の運営については岡本の「自治」の精神に重なるが、岡本は国家や官僚の介入を「監視」に局限していた。しかし賀川の認識はその反対の契機さえ宿している。「私は日本の産業組合法が、自治の精神を基礎にして産業自治主義に即していることを非常に嬉しく思うものである。ただ、自治主義があまりに自治に堕して、国家及び人類の恩恵を忘れ、自己満足に流れる場合に於ては、株式組織とあまり距離のないことになる」［同 :401］。当時の国家的組織の中に位置づけられた産業組合が個々の小さな組合の意志や産業自治をどれだけ実現しうるものであったか、またそこに方法論的な深慮が必要ではなかったかなどの吟味は賀川にはない。

このような保険の組合運営で賀川が重視するのは、むしろ協同組合保険を指導する理事者の人格である。保険を扱う以上、社会科学や経済学に通じた知識を持っている人物であることはもちろんだが、組合運動は道徳運動であり、教育運動でもあるのだからそのうえに高潔な人格者である必要があって、それは宗教的信念にもとづかなければならないという。直接関わってきた当時の労働組合運動、消費組合運動、農民組合運動でかれが痛感したのは、協同組合で一番避けなければならないのは思想の分裂による組合の分裂であった[7]。だから、精神的支柱としてここでひとつの宗教が据えられるのは当然であった。「組合主義は全体主義である」［同 :405］という。これも意識による統制経済の文脈に完全に合致してはいるが「自治」とは齟齬が生じてこよう。

保険金の運用についても賀川保険論には意義と問題点がある。運用益を求めて高利的利殖のために投資される営利的保険会社の保険とは違って、「愛」＝相互扶助を基礎にする協同組合保険はその保険の直接の目的のために運用されるべきであるということが組合員に強く意識されるはずであり、またそうする必要がある。つまり健康保険掛金の運用は医療施設の充実（医療の社会化）や予防医学に投資することによって、またそれゆえに死亡率を下げることによって［同 :475-476］、あるいは漁業保険においては、貧しさゆえにボロ機船で操業せねばならず、保険事故の九割が人災といわざるをえない沿岸漁業の現状に鑑みて、保険金の運用を船舶の改造改良に投資し、保険金の支払いを下げることによって、保険財政を好転させるほうが大事であるというのである［同 :471］。保険金を支払う貧しき者たちの意識の高まり、運営する理事たちの意識の高まりが国民生活の安定＝生活の根本問題に解決を与えるとされる。顔と目的の見える相互扶助ということから、この観点は改めて確認されるべき賀川の意義である。

しかし、運用目的を限定せよという、このような主張がある反面、協同組合国家構想のなかでは、七つの協同組合間での資金融通が提起される。すなわちかれは、とりわけ生命保険料の積立を「利子なしの長期安定資金」［同 :385］、「死ぬまでの定期預金」［賀川 :1947:513］ととらえ、これが信用組合に回されるならば、さまざまな組合事業を発展させることや、貧しきものへの無担保融資ができる、消費組合に資金が回されれば、消費組合の発展が必然的に要請する生産へと乗り出すことが可能になるというように協同組合であれば融通無碍な相互運用へと開く道を強調しているのである。保険金運用というこの点において賀川の主張には一貫性が見られない。それだけではなく、ロッチデールの最大の原則である組合員への利用高に応じた割り戻しという剰余金の使途については、割り戻しよりも「社会への還元」ということが強調されていく(8)［賀川 :1940a:423］。これも運用に関わる問題である。社会にとって良いことならば、またそれが「愛」に満ちたものならば運用は「意識的」におこなってよいし、そうすべきだということなのであるが、次項以下で考察するようにここには問題が孕まれている。

4　両者の陥穽

岡本との比較からまとめてみると、既述したように、時代が下がり、保険の制度化も進んだ以上、賀川の保険論の組織立てや社会的影響力は岡本とは比較にならないほど大きい。岡本の「積立労働保険」は生産者の視点のみに立つものであったのに対して、賀川は広く協同組合システムとの関連で保険を位置づけ、とりわけ消費者の立場をここに組み入れたことは、注意しなければならない条件があるにしても、保険の社会的有効性を広げることに貢献するであろう。

しかし、見てきたように保険の肥大化、目的の多様化に賀川が歯止めをかけなかったことは、何のための保険かという原点を混濁させてしまうし、そのために「愛」が組合員相互の接着剤として持ち出されるのであれば、剰余金をロッチデール原則にしたがって正当に受け取ることによって、参加意識を高め、資本主義との相違を主体的に認識しようとする組合員にとっては問題を感ずるところとなろう。また、自治的に保険を運営することを主張しはしたものの、その具体的な方途には触れ得なかったことが、実際の保険行政のなかで、協同組合保険の道をさえぎる国家や保険資本の強力な流れに逆らえなかったことに繋がったと思われる。

「フレンドリー・ソサエティやトレード・ユニオンの伝統もない」日本で、岡本は先駆的に労働者、雇主、国家を自治的に統合した生産者保険としての積立労働保険をビスマルク批判を通じて構想した。賀川は国家が国民総動員という時代の流れに沿って公保険を整備しようとする関連において、協同組合国家を遠望しつつ、産業組合を基礎に生産者、消費者の相互連帯をふまえた協同組合保険を、マルクス批判を通じて実現しようとした。これらの日本の保険思想を、営利保険においても協同組合保険においても、制度として整備、発達させてきた近代ヨーロッパのそれと対比させたとき、何よりも特徴として浮かび上がるのは、すでに示唆したように、精神的紐帯の過度ともいえる強調という点である。そしてそれがストレートに社会改良、あるいは未来社会の建設につながるという発想である。

岡本の自治は、形態上における企業統治という立憲主義、経済における産業民主に立脚してはいるが、その根底にある人間観は特異独特のものであった。岡本は積立労働保険に先立つ『将来社会の楽観』で、人生の目的は自己の完成であり、具体的には「美的生活」というおのおのが分別をわきまえた、人間的目覚めによる静謐な生活であり、経済の世界はこれに関係ないわけではないが、経済は資本と労働の「理法の世界」に任せておけばいいという。資本家は刻苦勉励して産業を起こし、資本を増殖させ、生活必需品を世に行き渡らせ、その対価として贅沢にならない程度の利子を受け取ればいい、労働者はこれを羨まず、保険が完備すれば自動的に貯蓄はなされ、精神的に満たされた美的生活に入ればいい［岡本 :1912:90］というのである。いずれも経済的契機は重視されていない。これは岡本の経済学上においては、初期の未熟な見解ではあるといえるが、哲学上においては実はかれの変転華やかな理論・実践経歴において宗教にまで高められつつ一貫している。積立労働保険は労資の調和だとかれはいうが、「美」なる精神性で階級的対立を越えた「自治」が展望できるだろうか。むしろ調和でなく対立が固定化、制度化される結果をもたらしかねないのである。

賀川についてはいうまでもなく、キリスト教的「愛」、「兄弟愛」、「隣人愛」が協同組合、そして協同組合保険を支えている。中世ギルドの兄弟愛を普遍化したものが協同組合であり、おのれは「ギルド社会主義」の立場に身をおくものであると宣言する。ロッチデールは「山上の垂訓と完全に一致」し、信用組合の融資に生命保険を付帯し、農村の貧しきものに保険を行き渡らせたライファイゼンの信用組合は「協同組合運動をキリスト教化した」とまでいう［賀川 :2009=1937:86］。

しかしこのような宗教意識は資本主義や国家との諸関係に、また保険という金融制度にとってどう作用するのかという問題が生じる。そこで、協同組合保険の運動や実績を積み上げてきた西欧の保険論はこのような精神性をどう見ていたか、またそこでは岡本や賀川の問題点はどのような枠組みで扱われていたかという問題に踏み込むことが必要になる。

5 フェビアン社会主義の保険論

そのためには、賀川自身が翻訳に関わっているN・バルウの『協同組合保険論』が参照されるべきである。バルウは一八八九年ロシア生まれの革命家であったが、革命後のソ連への不満からイギリスに亡命した。貿易顧問会社や庶民銀行で実務に就きつつユダヤ人会議の創設などにかかわった実践家であるかたわら、ロンドン・スクール・オブ・エコノミクスにおいてシドニー・ウェッブの指導の下で協同組合金融論を研究し、博士号を受けている［Barou:1988:400］。

もともとヨーロッパでの経験を基礎に執筆されているだけに、実践家としての視点と、体系的な理論家としての視点がこの保険論に貫かれている。保険の本質を論じつつ定義を下し、分類し、実情を研究し、あるべき姿を論ずるといった総合的な仕事をしているということだけでも詳細な研究の対象とされねばならないが、ここでは岡本、賀川の関わる問題に関して見ておく。

バルウは道徳的宗教的教義から生ずる思想の影響を強くうける協同組合保険研究者の陥りやすい問題として、もっぱら保険の社会的側面にのみ注意を向けるがゆえに、その経済的要素を正しく理解することが妨げられるという。「保険とは互いの重荷を分かち合えというキリスト教の教えを実行させるような、効果ある組織的努力を行う制度である」[Barou:1936=1988:38=39-40]といったこのような理解では、営利保険の性質を誤り伝えてしまうのである。つまり協同組合保険の精神的紐帯を保険一般に適用させるということは資本主義的営利保険や公保険がそれぞれ固有な性質を備え、別な目的をもち、異なる経済的基礎の上に立っているということを無視してしまうことになる。それは決して、協同組合保険は営利保険と棲み分けよということではない。営利保険は敵視するものの、それと正面切った戦いの契機を明確にせずに、保険組合を含めた協同組合が直線的に協同組合国家、さらにはその連合へと敷衍されていくという賀川的構想がここで問われる。

しからば協同組合保険とは何か、何ゆえに営利保険と区別されなければならないのか。バルウによれば協同組合保険とは法律的、社会的、経済的の三つの要素があるという。法律的というのは、「任意かつ無制約の加入資格、団体資本および協同組合形態の組織である」[同:113=120]。ここではリスク分散と経営費縮減が担保されるとともに、営利保険との目的の差異が明示されている。「営利保険会社は、その利益を増大させるために危険の選択をしている。保険協同組合はその組合員への奉仕のために存在し、たとえ危険選択をおこなうことがあるにしても、それは過大な損害を避けて組合員全体の利益を守るためである」[同:116=123]。そうとなると「今日では」巨額の資本を有し、見込客を安全確実の甘言で引き付ける営利保険と競合しなければならない。このために大規模な協同組合やその連合、消費組合との連携などが模索される。つまり資本主義経済のなかで営利会社に勝たなければならないということをいっているのである。この限りで協同組合間の連携は許される。

社会的要素とは組合員の社会的階層のことである。営利保険よりも低廉なのであるから「社会的弱者」がその恩恵にあずかることができる。しかもその運営においては組合員は一票の議決権を有し、経営に参加することができる。営利保険の保険契約者の役割はそれに比べればとるに足らない。しかし経済的、肉体的な強者はより多くの利益を求めて資本主義的組織体を歓迎する。だから強者は個人的に営利保険に傾く。しかし弱者たる協同組合員は共同組織によって自分たちの利益を守るために加入してくるのである。この競争の構図を見逃してはならないという主張である。賀川のように安易には国家や既存の組織には乗れないということなのである。

経済的要素については、協同組合経済は資本主義経済とは根本的に異なっているが、その運営は資本主意義経済の影響を著しく受けつつ、それとは違った目的と方針でおこなわれることが指摘されている。資本主義的企業の視点からみた市場の危険、企業化の危険、金融資本と産業資本の分離といった問題は、組合において組織化され、測定可能度を増すだろうし、組合の全資産は組合運動の一般的なニーズに従属するため産業資本と金融資本の分離はないという。体制内的ではあるのだが、組合内でコントロールを効かせ、資本主義とは経済効率上で競合していこうというのである。

そして利益分配についても、組合員は出資金に対してわずかな利息を受け取り、剰余金は、剰余金創出に対する貢献度に応じて組合員に分配されるロッチデール式が墨守されねばならないとしている。

以上をまとめてバルウは次のような定義を下す。「保険は、時間経過と共に保険契約者に生じ得べき必要の起伏をならし、また、保険契約者の測定可能な偶発的な財産上の必要をみたすために、保険契約者のさらされている危険を結合、相殺する経済的仕組みである（傍点引用者）」［同：48=49］。

パラフレーズすれば、協同組合保険は資本主義体制を転覆させるものではないが、資本主義の論理のなかで、違う目的や方針にしたがって営利保険との経済的競争のなかで勝利を収めていくことこそが肝要なのであって、このことを徹底的に文化問題、教育問題として啓蒙していくというのがバルウの主張である。このような認識は岡本や賀川にないわけではないが、むしろそれを混濁させるようなかたちで、階級上の利害状況や国家と営利保険資本の役割への顧慮が希薄なまま形式上の自治や無限定の愛が語られているのである。この点は日本の保険思想の問題性を含んだ特質といえるのではないだろうか。

6 国家との関係

国家との関係についてもバルウはより具体的に論じている。国の援助や干渉を受けないのが協同組合保険の誇りではあるが、営利保険が収益を見込めないがゆえに手を出さない保険——たとえば雹害、暴風雨、家畜保険——に協同組合保険が進出するとすれば、営利保険に追従して高い料率を設定するか、安い料率で大きな危険を組合自身が負わなければならないかという選択しかない。だからここで国からの補助金や助成金を仰ぐべきである。しかしそれは突発事故に備えるための準備金の一部として補完的に扱うべきであり、国が出資する場合は組合員と同等の配当金を出すべきであると主張している。組合の精神の堕落という危険性を認識したうえで、国の援助は必要最小限にとどめて活用せよと戒めている。国家がどれだけ協同組合保険に理解があるか、国家と営利保険がどのように結合しているのかという問題意識ははっきりとはうかがえないにしても、国家の援助を仰ぐにしても経済的な自立という点に主眼が置かれているのである［同:343-344=358-359］。

岡本の保険には、工場主と労働者の出金に加えて積立約束金に達しない部分の国家の援助ということがあった。しかし、官僚的な運営がいかに組合の自立を損なうかということについての、そしてそれをいかにかいくぐっていくかについての詰めは、経験の欠如のなせるわざか、非常に甘い。『社会将来の楽観』では事故保険の普及を、郵便制度という国家組織を利用せよという［岡本:1912:173］。賀川にあっては農業保険を例にとりながら、国家がこの保険を扱っている西洋諸国は多くないという。「一般農民の意識的ならびに道徳的基準が高く、国家に対して決して迷惑をかけないという見とおしがつかなければ国営による農業保険は成立しない（傍点引用者）」との認識からすでに引用したように、国家の保険整備と民衆の道徳意識との共働が推奨されている。そしてここから

「唯物史観」すなわち経済学的観点から社会保険を扱うことの非を説いている［賀川 :1940a:405］。この国家へのかかわりの態度は、かれの戦後の生協運動の法的追認へのコミットにも通底するが、国家もまた意識経済で動かせるということを黙示している。バルウとの違いはこの点際立っている(9)。

バルウの師であるウェッブ夫妻の保険についての見解を見るならば、民間の保険会社との経費の面での有利さ、イングランドでの国民健康保険制度の創設の際に、協同保険組合が基礎になったことを重視するなど、賀川が援用している面も多いが、団体生命保険において、ロッチデールの「購買高を標準とする配当」により保険料払い込みの煩を避け、保険金支払いが充実するという指摘がある［Webb, Sidney & Beatris:1925=1921:123=104］。払戻金を社会に直接還元するという賀川とは異なって、保険のものはまず保険に、消費のものはまず消費にという原則は、積立約束金の利子を保険料自動払いにして労働保険を運用せよという岡本の主張のほうがこれに呼応している。

そのうえでウェッブ夫妻にも保険協同組合を財政的な基盤に据えた各協同組合の連携という賀川も提起する認識があるのだが、賀川のように直接に資金融通の問題に持ち込まずに、消費者民主主義と生産者民主主義の関連という政治経済的意思決定のプロセスを経由して、協同組合国家論『大英社会主義社会の構成』に次項のように接合している。

7　何を学ぶか——政治経済における消費者民主主義と生産者民主主義

見てきたように、賀川の保険論は生命保険の長期の安定運用として生命保険料の積立を、信用組合や消費組合といった協同組合内で融資して、生産者と消費者を直接に繋ぐという意図が込められていた。岡本が生産者のみの保険を研究対象にしていたのとは、その範域的にも、組織的にも格段の進歩があるのはすでに指摘したところである。なぜこのことに着目しなければいけないかというと、ここには消費者＝生活者からみた資本主義的生産の反省および統制という今日的な資源・環境問題にかかわるからである。また、この点はウェッブ夫妻やバルウが等しく消費組合は必然的に組合による生産に乗り出さなければならない――協同組合生産――という認識とも符合している。さらには消費運動時代の岡本も労働組合の争議支援というかたちで、また、生産者の価格決定における横暴を防ぐためというかたちで消費組合の生産活動の必要性を説いている［岡本 :1922:3］。

しかしウェッブ夫妻では、フェビアン社会主義者として、いかに資本主義的企業組織の代替物として協同組合を組織していくかという政治過程を、精神的紐帯以上に必須とし、重視している。かれらは生産者民主主義――ギルドや労働組合――が資本制システムへの対抗として自主管理、生産手段の所有＝私的独占を目指してきたが、ことごとく挫折、失敗したことを指摘する［Webb, Sidney & Beatris:1979=1920:59=47-8］。この組合が閉鎖的に強力に組織されていたがゆえに、経営に立ち入ると、自分たちの利益を優先させがちになるという危険性を持っていたからである。また、生産現場での支配関係が民主主義を損なう面を付随していたからである。これに対して消費者民主主義は新参者に対してつねに開かれた状態であるとともに、「利潤のためにではなく、効用のために」［同 :32=20］生産手段を所有し、経営することによって成功し、社会を組織する＝社会化に適切だというのである。そのためには、「購買高による払い戻し」というロッチデールの原則が、消費者の置かれた社会的立場に対する自覚を促し、所有と経営についての認識を高めることに強く着目していたのである。それゆえに革命的社会主義者は消費者民主主義に反対し、ウェッブ夫妻はギルド社会主義を協同組合に適用することを容認しなかったのである［Webb, Sidney & Beatris:1925=1921:515=58 以下］。

しかし、ウェッブ夫妻はこのように、生産者民主主義に対する消費者民主主義の優位は主張するものの、生産者民主主義には、それに対するチェックという機能を賦与している。消費者が生産者である労働者、とくに肉体労働者を圧迫しないためである［Webb, Sidney & Beatris:1979=1920:34=22］。保険の管理運用の主体を生産者、保険料を支払う者を消費者になぞらえるならば、保険の社会的意義を考える際にもこの生産者との関連を含意した消費者民主主義は有効であろうし、任意加入の生命保険、損害保険とは異なって生産者の立場で組織される労働保険、強制加入による健康保険などにおいて、国家の介入をどう考えるかということも、この関連で検討されるべきであろう。また消費組合運動と労働組合運動との連携のありかたについても、このふたつの民主主義の関係は示唆するところが多いと思われるが、それは次章以下で考えたい。

ともに生活する者として消費者と生産者を結ぶという賀川の着眼は高く評価されるべきであり、積立てられた保険料が何に使われ、どう運用されているかも見えない現行の肥大化した保険に対する批判の根拠になりうる。しかし、具体性と一貫性を欠いたままその連携をいうにとどまるだけでは、協同組合社会はまだ構想し得ない。

ちなみに岡本は、労働保険論から完全に撤退し、消費組合運動にかかわる時点で、消費組合連合組織の生産者に対する優位を説いている［岡本:1922:3］。この場合の生産者とは、例によって資本家と労働者双方を含み、資本主義的生産と等価とされるのだが、「消費者が各生産物の原価を調査し、正当に交換すべき価額を指示することができる」し、ここに生産者の不正が認められれば、生産に乗り出してボイコットもできる。しかもこの消費組合連合は政府が奨励してつくらせた根本は資本主義である生産信用購買組合（産業組合）とは「根本に相違する」［同:2］ものだとしている。そしてさらに、生産労働者は、生産者の立場から団結して消費者に略奪されぬよう、互いに正当を警告しあう組織がなければならないと消費者民主主義と生産者民主主義の関係を実質的に問うている。自治の概念が保険論当時に比較して、より具体化し深化されているのを見てとることができるが、保険論と同様、岡本のこの主張も実現には至らず、かれ自身もこれとは違う道を歩んでいった。

生活を守るということ自体から、世界をつくるという攻めへという文脈において、協同組合経験の乏しい日本社会のなかで、相互扶助の原点に立つことを忘却せずに協同組合保険に向き合った思想を追ってきた。岡本についてはその政治経済的未熟さ、賀川については愛と国家という難題を抱えていたが、現今の保険を見るにつけ、ヨーロッパの経験ともつき合わせて、かれらの思いと踏んだ轍は現代社会で生かされるべきだと思う。

注

(1) このことをいち早く指摘し、マルクス経済学理論のなかに保険論を位置づけた研究として［本間・小林 :1983］が挙げられる。

(2) これらは一九一八（大正七）年に継起的に「大阪朝日新聞」に連載され、翌年に［岡本 :1919］として出版された。

(3) 明治の思想図としての岡本のこの描写は、国権思想とそれに関連する天皇制イデオロギーに対する位置づけを欠くということで、不完全あるいは意図的なものであるといえよう。岡本の生涯にわたる膨大な著作のなかでも、この点に関する省察はほぼ一貫して欠如している。

(4) この議論では資本家・労働者という階級概念が使われているが、厳密にそれを押し通すのではなく、株主、経営者（場合に応じて雇主、企業主）、従業員（場合に応じて経営者と労働者）といった概念がアドホックに使い分けられている。とりわけ積立労働保険においては工業労働者が議論の対象とされるので「工場主」も使われる。資本家と労働者の融合をはかる岡本の意図がなせることである。しかし所有と経営の分離は、事実上はっきり認識されている。

(5) もとより岡本には貧富の差に正面から立ち向かうよりも、資本家は資本家として、労働者は労働者として、それぞれの慎ましやかな、そして精神的な「美的生活」を送って自己完成を目指すのが人生の目的であるという想念があった。［岡本 :1912］はこの理想の実現のための経済的条件を、マルサス人口論、リカード地代論などを独自の読み方で批判的に検討しながら探ったものである。

（6）岡本の資本主義管理論については本書第4章2を参照されたい。

（7）いわゆる新興消費組合運動のなかでは、賀川はサンジカリストからは敵視される立場で、また自らも袂を分かって消費組合運動に関わった。「生産者組合」と「消費組合」の連携を説きはしたが、現実の運動の実情を前にしては、両者の結合は画餅であったといえよう。

（8）前章注（17）でも指摘したように、伏見の信用組合「一六会」が剰余金を奨学金や学校建設という教育事業に振り向けたことを賀川は再三強調している［賀川 :1940a:330］。また、ライファイゼン信用組合がその金利を、持てる者に払戻しせず、小農民の生業資金として無担保で貸与し、また貸し倒れ対策として同時に生命保険に加入させたことを至る所で高く評価している。

（9）そもそも賀川の「日本協同組合保険論」自体、問題を抱えた著述である。全体は一五章構成で、第一章は協同組合保険論の総論であり、かれ独自の「意識経済」を基調にした日本の保険の現状、保険金、組合保険の経営問題、産業自治との関連等が論じられ、営利保険に比較して協同組合保険がいかに有利かが論じられる。ところが続く第二章から第五章までは「欧米に於ける協同組合保険の趨勢」と題されて、いきなり欧米の事情が紹介されていくのであるが、これはバルウの翻訳書第五章から第九章の部分的な引き写しそのままである。賀川は実践運動家であり研究者ではないので、オリジナリティの問題が問われるべきとは思わないが、問題はバルウの論旨と賀川の叙述に整合性が見られるかということである。これに続く賀川の第六章が何の説明もないままに「国民健康保険組合の諸問題」として日本の実情に戻っているところを見ても、監訳者でありながら賀川のバルウ理解は怪しいといわざるをえない。なお、この翻訳作業も山崎勉治らがおこなっているもので賀川の貢献はほとんどない。山崎は賀川追悼文［山崎 :1960］で、この時期は賀川があまりに多忙であったためと弁護している。

第7章 消費組合運動の諸潮流と論争点

――現代消費社会を射程に

社会運動としての消費組合（あるいは生活協同組合）は、発祥地ヨーロッパやそれを学んで導入した日本において長い歴史の堆積がある。今これを再点検しようと試みるのは、ここで経験された苦闘や犠牲や対立のうえに得られるべき「教訓」を引き出すことにほかならない。

二〇世紀およびそれ以前を通じて世界を悩ませてきた問題は、政治体制、経済競争、階級、民族や宗教等々をめぐっての国家や民族の間の、また国内や地域内での争いであった。平和や人類の調和を脅かすこれらは持続的・継起的に立ち現われ、決定的な解決をなかなか見いだせぬまままわれわれの前途に立ちはだかっているが、これらとも関わりあって新たな危機がいっそう顕現しつつある。

それはベックの「リスク社会」の認識に見られるように、これらの争う主体——加害者も被害者もどちらでもない者も等しく含んで——すべての生命と安全を蔽いつくす「危機」である。その代表的なものは資源の枯渇、地球温暖化、酸性雨、解決の糸口のない放射能管理、危険な化学物質といった地球環境にかかわる諸問題といってもいいが、その進行は現代社会においては、政治経済の世界や社会体制と分かちがたく結びついているのはいうまでもない。また、大規模災害や国際的テロといった具体的な脅威を目の当たりにすると、背後に資源環境の問題が存在することを否応なく意識させられる。そしてこれが昨今のグローバリゼーションの進展と結びついて変貌しつつある国家のありようや役割、既存のものとは異なる様式と量で情報を受けつつ生活する市民の意識や運動とどのような関係があるのかという問いを発せざるを得ない。たとえばベックは「誰も逃げ出すことのできないようなグローバルな責任の連関のなかにわたしたちは生きているのだ［Beck:2010:8］という洞察が広がると指摘する。(1)

そしてこの過程は、生産と消費が増大すればするほど「豊かになる」という前提のもとに政治的には国民国家の諸政策を通じて、経済的には資本主義的企業活動を両輪として進められてきた。冷戦終結もグローバリゼーションもこれを加速するだけであった。しかし周知のことだが、先にあげた諸事象のごく初期的な状態を前にして、古典的ともいえるローマクラブの第一報告書である「成長の限界」（一九七二年）によって、この過程の進行はもはや「持続不可能」であるという指摘がなされて以来、この認識は広く共有されるに至っている。しかし、それは「豊かさ」の再検討の上に立った実際の社会的行動を不可避に要請するものであって、それには、合意のできる理念の形成とそれを現実化する社会的組織、そして利害の調整が必要になってくる。この道のりは決して平坦ではない。このことは序章においてもすでに指摘してきた。

ここで避けて通れない問題の設定は生産と消費の規模、および両者の関係の見直しである。規模については、いかなる主張がなされるにしても、基本的には社会的合意の上にこれをダウンサイズし、効率的に資源を利用していくことは不可避である。関係については、両者のバランスのとれた、そしてそのための相互にコミュニケーションが可能な関係が構築されていかなければならないであろう。

これらはいずれも時代と諸社会を超える普遍性を帯びた問題であるがゆえに、今後の消費組合運動の大きな課題となるが、それに資するであろう議論が、論争のかたちをとりながら運動史のなかに萌芽的に存在していた。それを明らかにするために、消費組合運動を担った諸潮流の布置図を歴史的に整理し、それぞれの主張を吟味しながら、現代の消費社会への通路を探っていきたい。

1　オウエン、ロッチデール、フェビアン

(1)　ロバート・オウエン

「協同組合の父」ロバート・オウエン（一七七一―一八五七）が理想を示し、一八四四年、ロッチデールが最初

ロバート・オウエン

の消費組合としてそれを結実させたとは協同組合に関するどの書物も記述するところである。オウエンは初めは企業家としての立場から労働の生産性を向上させるために博愛的な見地によって労働環境の改善に取り組み（ニュー・ラナーク）、それを通じて背後にある「社会問題」に眼を向けるようになり、反資本主義的な協同社会への実験を試みてアメリカに「ニュー・ハーモニー村」を建設した。私有財産を廃絶し、自給自足的に生産と消費を一致させる平等な社会がめざされたが、四年で失敗に帰した。それが「理想」といわれるゆえんであり、歴史や社会における現実的基礎を持たないからという意味で「空想的」との批判を受けた。しかし、人間の質を規定する道徳や性格を重視し、そのための教育を不可欠の要因として社会変革を説くかれの生涯を通じた思想は今、「消費」を根本的に考え直すという課題を前にすれば、たとえ実現不能であっても到達点としての目標と条件をおのずと定めているということができる。それは「生産と消費の一致」であり、そのためには弱者への思いやりであれ、道徳や社会規範をともなう共同精神であれ、とりわけ経済的な行為において利己的な行動を是認しない高潔な精神——つまり理想——が必要であるということであった。

それだけにニュー・ハーモニーの失敗の原因のひとつとして入植者の資質——無責任、無道徳等——があげられているのはオウエンにとっては皮肉であるし、組合関係者の人間的資質、経営的能力の欠陥が後続の消費組合をどれだけ危機に陥れてきたかを考えれば、また、ここを巡って運動がどれだけ対立と分裂を繰り返してきたかを見れば、このような意味で出発点としてのオウエンは「理想」を掲げていたということをまずは確認すべきである。

（2） ロッチデール原則

ロッチデールの消費組合の成立とその原則については、オウエンの直弟子であるホリヨークが「英国で設立せられたどの協同組合店舗よりも卓越し」［Holyoake1968:22］ていると紹介している。そこではロッチデール以降、イギリスの消費組合が取扱高において大躍進を遂げ、組合生産、貿易にまで乗り出すほどに成功した原因[2]として、先駆者たちの「道徳上の考慮」［同:45］が一貫して強調されている。換言すれば、利潤を得ることよりも組合員や顧客を教育して人格を向上させることに運動の主眼を置いたことにある。ここからいわゆるロッチデール原則とそれを根拠づける精神が導出される。「資本主義における自由競争は不道徳に陥る」［同:38］がゆえに、それを助長する信用制度は「社会的悪」であると先駆者たちは考えた。したがって「現金主義」は必然の要請であった。資本主義的商人たちの中間利潤を組合員に取り戻すという意味で、共同に仕入れた日用品を「市価販売」する。その差額は資本主義的商業には「利潤」であるがかれらには「剰余金」である。その一定部分は資本主義的企業と同じく出資者に配当するが、残余は組合員に利用高に応じて割り戻し（中間利潤の取り戻し）、さらには必ず教育資金を控除しておく。その実践においては消費者の立場に立って質の良い物のみを扱うこと、正しい秤や物差しの使用、掛値や値切りの排除といったことが心がけられた。これらが成功の原因だったのであり、生産者と消費者を結ぶ当時の小売商たちには欠けていたものであった。これが「公正」の定義であり、それを支える「教養ある人格」をロッチデールは重視したのであった。

ロッチデール

さらに有形的な利益よりも「心の自由」が重んじられた［同:63］。これはとりわけ宗教的な教派の「暴風」が組合内を荒らしたことからかれらが学んだ教訓であった。それは消費組合から宗教や政治的なものを排除することによって中立が守られるということではまったくない。「あらゆる宗派、あらゆる政党に属する種々の人びとを包含するものであり、いかなる宗教的、非宗教的もしくは政治的な主義をとることも自由である。それがオウエン主義たると他のなんびとの教義たるとを問わない」［同:64］というロッチデール結成以前にロンドン協同組合会議で決議されたことであって、「意見を異にするも調和を失わず、互いに異議を唱えるも分離せず、ときに憎しみ合うもつねに団結を守り抜く」という「道徳上の奇蹟」がなされたとホリヨークはいう［同:68］。そして、この道徳的色彩の濃厚な協同精神や教養はいうまでもなく、教育によって形成されると考えられた。私利を抑え、他人のために自己を犠牲にすること、自助の精神を組合員自らが学んでいくために、順調に積み上げられた「教育資金」は図書や新聞の閲覧室の設置、経営技術の習得、法規集の常備や学校経営に向けられていったのである。そしてこの運動は当初から消費組合を超える世界にも目が向けられていた。商品を共同で仕入れるだけではなく、自ら組合生産に乗り出すこと、卸売組合をつくることなど、生産や流通に向かって運動を広げていくことが明瞭に意識されていた。こうしてロッチデールはイギリスでは隆盛の道をたどっていった。出資高にかかわらない一人一票制、組合加入脱退における任意性の確保、生活において消費に密着しながらも当時としては弱かった婦人の権利への顧慮などロッチデールのこのような考えと、当時伸長しつつあった「民主主義」思想とが親近性を持つに至るのは自然の流れであろう。

ここに消費者の社会運動の原点があるということは間違いない。その特質をまとめるならば、確かに労働者の生活防衛的協同運動から始まったが、もともと労働者ではないオウエンの着想と深く関係があったこと、言い換えれば社会の多くの社会階層を含む可能性を持った運動であったこと、資本主義の枠内で、つまり利潤の範疇に依拠しながら生産・流通・消費のシステムを変革していくということ、そのためには強烈な精神的動因《モチベーション》が必要とされたことなどである。そして猛威を振るい始めた資本主義・帝国主義のなかで苦闘し、分裂し、変質しつつ購買だけでなくその量と質において活動を拡大していった。しかし、商業的に成功し、「剰余金」をあげることができたからこそ可能であったということを後のために確認しておくべきであろう。

(3) シドニー・ウェッブ夫妻

　ロッチデールのポジティヴな面を受け継ぎ、消費組合運動をそのなかに含む協同組合運動を「資本主義制度に代わって、営利心、金銭的利得の刺激なくして民主的に産業を経営」[Webb, Sidney & Beatris:1925:3] できる手段であると位置づけたのはフェビアン社会主義者、ウェッブ夫妻の『消費組合運動』である。ここには夫妻の関連するもうひとつのテーマである労働組合運動（『産業民主制』）をはじめとする他の社会運動や政治運動、とりわけ民主主義との関係において消費組合運動の意義を理論的に説くという問題設定の広がりがあった。主観的な道徳を動因として直接に社会変革に接続するというオウエン＝ロッチデールのレベルをこえて、社会全体のなかに消費組合を位置づけ、実践家ではなく理論家の立場から資本主義に代わる社会秩序の構築が論じられるのである。その内容を見る前にここで協同組合と消費組合との関係を確かめておこう。

ウェッブ夫妻

　協同組合というのは広義な集団概念である。共通の事業目的のために、全構成員の出資と、全員への利益還元が前提となる非営利的団体であるが、後述する上田貞次郎が指摘するように、ドイツ語の Genossenschaft の意味あい、つまり目的の設定を支える価値観の共有、およびそれに基づく構成員の精神的に強固なつながりを含意しており、ここではこの点に着目しておきたい。協同組合はもちろん消費組合だけに限らない。当時のヨーロッパではイギリスのこの消費組合、フランスでは労働組合《サンジカ》が、ドイツでは信用組合がそれぞれ異なる社会的文脈で特徴ある組織化を遂げつつあった。組織化ということは当然、個別の組合を結びつけ、あるいはそれらを上から束ねる連合体の必要が協同組合論者の問題意識に上ってくることを意味する。また別の事業目的をもつ組合との連合体ということが意識されるはずであって、これらが協同組合運動の発展や方向付けのための重要な論点になっていく。

さてウェッブ夫妻も「消費組合」を中心に据えつつ協同組合論を展開するが、結論的にいうと生産（者）に対する消費（者）のプライオリティがその特徴をなしている。すなわち、資本主義で人々を苦しめる生産の側の資本家による生産過剰、生産不足（失業と時間外労働）は最大の生産ではなく最大の利潤を求める生産の立場によって生じるのであり、これは消費者の総需要の変動に対応していない、それゆえ消費の側に立つ「利潤のための生産に代わる使用（または効用）のための生産」［同:494］という概念が提示される。これを軸とする社会の統制は消費者が民主的におこなうべきであるとの前提のもとに、生産と分配を「狡猾に代わる知識の品性をもった」専門的管理者がこの過程を遂行すべきなのであった。やはりここでも人間の資質は重要な問題となっている。だが生産の側には資本家だけでなく、資本主義下で圧迫されている労働者たちがおり、かれらも民主的に労働組合をつくり社会改良に参加し、尽力する必要があるという。フェビアン社会主義のなかにも労働組合を拠点とし、その連合体を基盤にして資本主義に対峙するG・D・H・コールらのギルド社会主義の潮流も出てきている。消費と生産の関係、これをどう理論的に組み込むか。

この問いを前にしてウェッブ夫妻が提起したのは前章の結論である「消費者民主制と生産者民主制」であった。その前段として消費者民主制を担う消費組合は任意的消費組合と強制的消費組合に概念的に弁別される。違いは意志的に組合の構成員になるかならないか、である。ロッチデールはいうまでもなく前者である。後者については直接には自治体が意味され、学校教育、医療、水道ガスといった自治体が営む事業においては利益本位にではなく、実質的に消費組合的に機能されるべきだというのである。ここでも常に民主的統制のもとでの専門的・合理的管理に注意が払われている。正義や品性だけでなく税の合理的管理運用の能力が要求される。そのもとでどれくらいのサービスが供給されるべきかは、消費者の側が決めるべきであって、ここに自治が定位されているのである。行論から明らかなように、ウェッブ夫妻にとっては消費者として社会の全体を包含するこの消費者民主制が「肉体労働者および頭脳労働者の自治的組織」である生産者民主制よりも高い地位が与えられている。なぜなら生産の側ではどうしても利潤への誘惑が入り込み、また生産の場に存在する支配関係は民主制を妨げるからである。これらのゆえに生産者の「自主管理」が例外なく失敗してきたのは対照的である［Webb:Sidney & Beatris:1979:30］。だからといって生産者民主制が不要なわけではない。消費者民主制をさしおいてそれが社会を統制するのは避けるべきではあるが、消費者民主制の協議機関として機能すべきであり、そうすることによって労働者の権利、とりわけ肉体労働者が守られるべきであると考えられている［同:33以下］。また、生産における創造的機能や発明などには労働組合や自由職業組合などに担われる生産者民主制が絶対に不可欠とされている。この両民主制の延長にウェッブ夫妻は各種の協同組合からなる「協同組合国家」を構想し、消費組合は欠くべからざる「国家内の国家」となるべきものとされる。だがかれらの協同組合論、消費者民主制には制度上の諸問題に関心が集中していて、消費そのもののあり方や内容を問うという議論はまだ見られない。しかしそこに至る経路が示されていると考えることができよう。

ロッチデールの実践とウェッブ夫妻の理論を結ぶ線のなかに、消費組合におけるひとつの主要な潮流の特徴が今後の考察のためにここで確認できる。それは資本主義的な経済行為を通じた資本主義からの脱出という思想と消費がまず先決でそこから生産へ向かうべきであるという方向性である。この底流にあるのは共同的な自助の精神であって、剰余金から配当と割戻しを確保し、現金主義を墨守すること、言い換えれば経済的な成果を必ずあげなければならないことである。それを組合加入の任意性と出資高にかかわらない一人一票という民主的に支えられた社会的自立性を保持しつつ、なおかつ組合員相互の精神的な紐帯という共同性を持って実践するということである。

イギリスにおけるロッチデールの成功は国際的にも広がり、一八九五年、各国の協同組合を結集した国際協同組合連盟ICAに多くの消費組合も重要な構成単位として参加した。それは消費組合としての自然で順調な成長の経過といってもよかったが、「協同組合」全般になるとそうはいかない。時代は一九世紀後半から第一次大戦に至る激動期であった。労働組合が関われば資本主義の側からの弾圧、そして社会主義陣営内での対立という政治経済の波を受けて、消費組合についての理念や評価も大きく揺れる。とりわけフェビアン社会主義や第二インターナショナルの流れをくむ労働組合を労資協調、ブルジョア修正主義とみなす社会主義革命の側から、消費組合のもうひとつの理論と位置づけが形成されることになった。

2 モスクワ型消費組合

それは、消費組合を理論づけただけでなく、消費組合といえるかどうかは問題はあるものの、一定の運動組織として形をなさしめたのはロシア革命におけるレーニンの潮流であった。ただ、レーニンの消費組合観は時代と状況によりかなりの振幅があり(3)、政治的配慮や妥協もあって、一貫したものをもって実践に向かっていると見るのは困難である。したがってここでは何が結果したかという観点から見ておきたい。ロシアの状況としてはアルテリ（伝統的な手工業組合）の伝統もあって二〇世紀初頭革命前には協同組合、消費組合は発展しており、全国中央組織であるツェントロソユーズも組織され、ＩＣＡにも加盟していた。これらは政党からの干渉を嫌う非政治的な性格を有していたが、レーニンにとっては協同組合の可能性を高く評価していたからこそ、これを階級闘争の文脈で組み替えることが基本戦略であった。まず、一九一〇年コペンハーゲンで開催された第二インター大会での協同組合に関する委員会に出席したかれの記述が、ロッチデールとは決定的に違うその後の運動の分岐点を示している。

社会主義諸派のなかでも協同組合は大きなテーマであった。大会前に三種の決議案が用意され、論争によって委員会は開始された。協同組合によって社会問題が解決できると労働者が信ずることへの警戒感を示し、階級闘争の道具としてこれを利用し、社会主義政党と協同組合組織の緊密な結合を説くベルギー案、協同組合運動の中立性を説き、協同組合が社会主義政党に何らかの義務を負うことは害であるとするフランス社会党多数派（ジョレス）案、協同組合は労働組合のように階級的組織であるべきではないが、目的として労働者が協同組合に大衆的に参加することによって、政権奪取後の社会主義における社会制度を考える教育的任務があるとするフランス社会党少数派（ジード）の三つの決議案が示されていた。(4) ここにレーニンは協同組合を「プロレタリア的」階級闘争の道具とする見解と、階級闘争の限界を超えて協同組合の意義を拡張し、進歩的な経営者や小地主にも受け入れられる「ブルジョア的」（改良政策）見解との対立があることを看取し、自己の見解に最も近いベルギー案をさらに徹底させた「ロシア社会民主党代表者案」を提出した。採用はされなかったが、本章に関連する論点をあげれば以下の通りである。

協同組合、消費組合については、①プロレタリア消費組合はあらゆる種類の商業の中間者からの搾取の程度を減じ、供給する企業の労働者の労働条件に影響を与え、そして自身の被用者の状態を改善することによって労働者階級の状態を改善する。②これらの組合は、ストライキ、ロックアウト、政治上の迫害等に際して労働者を支援することによってプロレタリアートの経済的ならびに政治的闘争に大きな意義をもちうる。③消費組合の援助によって達成される改善がとるに足らないものであるのは、生産手段が社会主義の達成によって収奪する階級と同じ階級にある限りにおいてのみである。④消費組合は資本に対する直接の闘争の機関ではなく、他の階級の類似する諸組織と併存し、これらの諸組織が階級闘争やブルジョアジーの収奪なくして社会問題を解決する手段であるという幻想を覚醒せしめ得る［レーニン:1936:76-78］。

以上を通じた全体としての主張は、消費組合は革命運動に奉仕するために物質的、精神的にこれを支援するという役割に限定され、階級闘争に勝利することなしにそれのみの運動によって社会が変わるというのは幻想であり、したがって消費組合は道具として「利用」すべきもの、そして協同組合のなかでも消費組合が最重要であるということである。ロッチデールの「自主性」、「自立性」はここに否定され、利潤を取り戻すことによる資本主義の克服もまた否定されているということになる。

政権を奪取し、戦時共産主義を進める段階でのレーニンはこの延長において、重視してきた消費組合をソヴィエト全社会の基礎単位として、国家の統治の役割を担うべきことを布告する。一九一八年の「消費コムーナ（コミューン）」がそれであった。その内容は、①全国の市民は現地の消費組合に所属しなければならない、②各消費組合は、物資の購買と分配のほかに現地物資の販売業務も営む、③現在の消費組合は、国有化されその地方の全住民をひとりのこらずその中にいれる義務を負わされる、というものであった［レーニン:1958:425-426］、［今井:1988:338］。従来からある非ボルシェヴィキ中心の協同組合を無産階級だけのものに改変するという意図を込めて、その後レーニンは加入費および出資金の納入を廃止し、コムーナの経済活動は国家財政から賄われることとする。(5)

ここに至ってはロッチデールの「任意性」も完全否定されるのである。出資金がなければそれは「組合」とはいえず、「コミューン」というほかはない。そしてレーニンによれば、生産はこれまた国家によって管理された集団的なコルホーズが担うのであり、協同組合の介在する余地はない。スターリンが継承したのはこのことの徹底であった。生産と消費は国家が媒介するとはいえ、両者は有機的に呼応すべくもなかった。消費コムーナにおけるロシア人民は、自らの消費の質と量を問う主体である以前に生活物資の「配給」の客体という性格が濃厚であったといえよう。そしてコミューンを支える精神的紐帯はプロレタリアートとしての階級意識である。

確かにレーニンはナロードニキ的な、ロシアの伝統に基づく共同性の価値も早くから知っていたし、ロッチデールの自立性が西欧社会の民主的改革に果たした役割を「文化的遺産」［レーニン:1958b:204］として積極的に評価するところもあった。だが、民主主義的な改革をめざす段階での消費組合運動と共産主義をめざす段階でのそれとは異なるという認識をもって右の事態を正当化していった。

しかし、ロシア革命が成就したという政治的事実を背景に持ってレーニンの消費組合思想は国際的な広がりをみせる。その流れに日本のいわゆる新興消費組合運動のひとつの潮流があったのである。日本ではこれが通称モスクワ型消費組合と呼称されている。

3　日本の消費組合運動

（1）　黎明期

さて、西欧での消費組合の支配的なふたつの源流を確認したうえで日本の消費組合運動の歴史を振り返りつつ消費と生産の関係、消費組合運動の潮流と課題を考察していこう。

他のどことも同じように日本にも、もともと五保の割や報徳社のような協同組合的な組織は古くから存在したし、消費組合としては一八七九（明治一二）年に設立された共立商社のようなロッチデールを参考にした先駆的なものもあった。しかし、確固とした社会的基盤をもって実績をあげた最初の消費組合は、片山潜と高野房太郎が鉄工組合内に一八九八（明治三一）年に組織した「共働店」であった。この経緯と意義は本書第2章で示したとおりであるが、両者の違いを再確認しておくと、片山は労働者の経済的自立を基礎にした社会的、精神的自立を重視していた。さらにいえばこの自立という視座はかれの後の「都市社会主義」における都市財政の自立による都市環境の整備にも連続していて、ウェッブ夫妻の強制的消費者民主制の議論を先取りしていたものといえよう。ここには文化施設や都市景観などを含んだ総合的な消費者としての労働者の市民生活が国家から自立すべきであるという含意があった。他方高野は労働者の消費力すなわち経済的富裕度が国富の増大につながるという見地から経営を重視する立場[6]であった。

ロッチデールでは要であった剰余金の配分を「共働店」での高野作成の規約の雛形は、①準備積立金（純益の一割）、②出資金（払込金）への配当（同三割）、③組合事業積立金（二分五厘）そして④残額は利用高による払い戻しとしている。[7]総会規定や市価販売などとともにこの①、②、④はロッチデール原則に忠実であったが、規約上組合員は労働組合員に限られていること、および③は鉄工組合の事業に使用できるところが決定的に相違する。つまり設立の経緯からすれば当然のことながら労働組合を完全に母体にした消費組合であった。現金主義についての規定もないが、かれらはこのことの意義を理解していたにもかかわらず、当時の労働者の賃金制度や生活習慣から無理との判断があった。

この運動の発展と退潮もすでに示したとおりであるが、この輝きが一瞬にして消えたということは[8]、その後の行く手に待ち構える日本の消費組合運動の困難を暗示している。ひとつは労働組合や、当時としてはまだ萌芽的であったが、その方向性に影響を与える社会主義政党との関係をどう形成していくのか、いまひとつは消費組合の活動として剰余金をどう確保し、使っていくのかという問題である。生産と消費の関係について見れば、片山は労働者の自立に向けてかれらの日常生活を合理化することの必要を説いてはいるが、共働店運動はいうまでもなく労働者中心に組織され、市民を巻き込むに至らず、生産の側の論理が優位に立つ運動であった。

(2) 市街地購買組合

日本の場合、協同組合に着眼したのは労働運動、社会主義の側だけではなかった。むしろ片山らを取り締まる国家の側から組織されていくところにもうひとつの大きな流れがあった。本書第2章で見たように産業組合とその連合体である。産業組合法の制定とともに農業者中心、信用組合中心に育成され、信用、販売、購買、生産の四種組合が認められたが、消費組合としての購買組合は副次的なものにすぎなかった。しかし、日露戦争以降、官公庁に付属する共済組合的なものや大企業の社員に対する温情的なもの、また当時数を増やしつつあった給与生活者の共同購入の組織としての購買組合が次々に結成され、産業組合中央会といった連合組織に統合されつつ実績をあげていった。中央会はロッチデールの意義を啓蒙しはしたが、購買組合の制度、ましてや理念にロッチデール原則が生かされることはほとんどなかった。奥谷松治の指摘によれば、市街地購買組合と呼ばれる都市の給与生活者の組合は、結成・解散の動きが激しく、長期にわたる持続的な活動をしたものは少ない。不景気や物価高、とくに米価の高騰の時代には設立認可の数が増えるという統計的事実は、産業組合系の消費組合が、生活のために商品を安く買いたいという動機による文字通りの購買組合であったことを示している［奥谷 :1973:87］。

それゆえ、その後現れてくる労働組合系や無産政党系の消費組合よりもこれらの組合は出資高や取引高においてまさってはいた。とくに吉野作造の家庭購買組合は経営基盤も確固たるものがあり、広く市民を結集し、婦人部まで設けていて、新興消費組合の先駆けともなった。しかし全体として産業組合系の購買組合は消費者が中心に組織されていくという点に特質はあったといえるが、社会改革への理念ぬきで生活の便宜に訴えるだけでは、後に大政翼賛会に統合されていくように社会的な力にはなりえない。この点を消費組合が陥りがちな躓きの石として確認しなければならない。

(3) 共働社と共益社

片山・高野の労働者の消費組合運動の苦い経験がその後に生かされることなく後の消費組合運動家にはほとんど忘却されてしまったことを第3章の戸沢の言で紹介したが、それは日本の消費組合運動史のなかで特筆されるべきことであった。労働者や市民を巻き込んだ消費組合が再生されるのは前項の吉野の消費組合を典型として大正デモクラシーの機運とともにあった。多くの組合が結成されたが、三つの潮流に分類される。総同盟の友愛会系、岡本利吉の共働社系、賀川豊彦の共益社系である。さらには無産者、労働者の生活擁護を目的として共働社の流れをくむ関東消費者連盟（関消連）系も続いたが、相互に連携もし、対立もしあっている。この経過から消費組合運動の何たるかを学ぶことは大きい。

岡本の雑誌に賀川が寄稿しているといったこと以外に思想においても実践においてもあまり接点もない賀川と岡本だが、個人的なリーダーシップで組合を指導したということだけでなく、両者のパターンはかなり共通のものがある。まず、両者とも組合の精神的紐帯として宗教をおいたことである。いまひとつは、賀川は小説家としての印税、岡本は実業界からの集金能力という消費組合運動にとっては外部からの資金源を持ち、経営的に組合がゆきづまる場合、結果としてこれに注ぎ込んだ。いうなれば消費組合が経営そのもので剰余金を生み出すということを至上命題としなかった、あるいはできなかったことである。このふたつのことはもちろん関連している。

そして第一次大戦後に頻発した労働争議を闘い、弾圧を受けて左傾化する労働組合運動の流れに同調できずに袂を分かったという軌跡を描いたことも両者に共通する[9]。

終始一貫して独学の学者肌であった岡本は、本書第4章および第6章で紹介したようにもともと産業民主制に立脚する立場から企業立憲協会を主宰していた。企業内では資本家も労働者も同等の立場で「共働の自治」を実践するべきであるという労資協調的な色彩をもった組織を模索するなかで協同組合の重要性を認識し、純労の平澤計七とのいきさつから一九二〇（大正九）年共働社をつくった。剰余金の配分は積立金と購買高に比例した配当とする点はロッチデールに倣ったが、掛売り制であった。山本秋はこの組合を「労資協調的共働主義とサンジカリズムの混血児」［山本:1982:193］と性格づけている。岡本はその後、労働者の立場に身を置き、戦闘的に争議も指導していくが、その過程で労働金庫や労働会館創設など信用組合や労働者教育にも活動を広げていく。ちなみに労働者の相互啓発の場として労働者のたまり場所の重要性を強調していたのは片山潜でもあった。そしてロッチデールに学んで一九二二（大正一一）年、消費組合の連合体である消費組合連盟を組織した。そしてこれは後に関消連（関東消費組合連盟）、日消連（日本消費組合連盟）へと展開し、戦前日本消費組合運動のひとつの大きな流れを形成することになる。しかし、「美教」なる岡本の独特な宗教意識とアナ・ボル論争が先鋭になりつつあった労働組合思想とは相容れず、関東大震災後の平澤虐殺等の弾圧もあって次第に岡本は運動から遠のき、農本主義に根差す農村コミューンの建設へと旋回していく。この経緯は本書第4章で触れたとおりである。自治精神と連合体形成、この時点の岡本の消費組合運動に関わる基本姿勢はこれである。

一方賀川は第5章で見たように、階級闘争を前提とする社会主義の立場には立つことはなかった。しかしその思考や行動の遷移を追ってみれば、独特な進化論的思考、ギルド社会主義への傾倒、利潤を奉仕に置きかえて「科学的社会主義」を克服しようとする主観的「意識経済」の理論、神の国運動、戦後の日本社会党結成等、つきつめれば相互に矛盾する契機を孕んでおり、実践家ではあったが、理論家というには混乱しすぎていた。

賀川は一九一九（大正八）年、大阪に購買組合共益社を、翌年には神戸購買組合をつくる。総同盟の関西の指導者として議会主義を守りつつ、鎮圧に軍隊まで出動した川崎造船所や三菱造船所の労働争議を闘っている時期であった。共益社の綱領は利益処分に関しては積立金に購買高に応じた配当をとる点ではロッチデール型であった。薬局や医師の規定があり、その点は賀川の特色を反映している。神戸購買組合は川崎造船所の職工たちの「奸商征伐期成同盟」に端を発してはいるが、会社員、給与生活者、商工業者、自由業者等も広汎に含めていた。結成にあたっては賀川の印税が提供された。かれは同年に灘購買組合の設立にも関わったが、これには関西実業界の有志がバックアップしている。

このように消費組合員の構成が組織労働者のみであるか市民層であるかということは、運動の方向に大きく影響し、内紛も引き起こした。一九二〇（大正九）年の総同盟大阪大会は関東のサンジカリスト派と賀川派の衝突となり、賀川は労働運動から身を引く。[10] いきおい神戸と灘の購買組合もロッチデール型の市民中心の組合となっていくが、社会変革の色調は薄れていった。そして戦後まで命脈を保ち、その後合併して大発展を遂げて現在に至る消費組合ということになる。そして賀川は関東大震災を機に、慈善や奉仕の活動の拠点を東京に移し、購買組合だけでなく、医療生協や信用組合などの設立を画し、協同組合運動全般を推進していく。

この活動の経過のなかに賀川の消費組合論の特徴が確認される。かれには、本書第5章および第6章で検討したように隣人愛、兄弟愛にもとづく協同組合という大原則があって、消費組合とは協同組合の重要だが一構成要素という位置づけであった。消費組合の独自性、優先性はうかがえず、生産、消費、利用、信用等々の各協同組合は有機的に、とりわけ資金融通については緊密に結合しあって利益本位の資本主義の横暴を抑えなければならないということである。消費組合の剰余金を割戻しと消費者教育に向けるというロッチデール原則はこれを割り戻さずに社会奉仕に充当せよという主張に変えられた[11]。この認識は、神の国運動とも関連づけられて、宗教的協同組合国家の構想［賀川 :2009=1937: 第八章］にまで進んでいく。それはウェッブ夫妻の国家内国家に形式的には通底するものがあるが、かなり夢想的である。

しかし、かれには消費者というよりも生活者に対する生産者の横暴という視点がいち早くあった。それも直接には組合運動ではなく、小説家の領域においてである。『宇宙征服』は、大阪の煤煙問題を扱い、生産者本位からくる初期公害問題への警鐘を発した先駆的な作品である。

（4） 関東消費組合連盟

さて、岡本の抜けた消費組合連盟は、アナ・ボル論争を昂揚させつつ労働組合を中心に組織を広げていくが、ロシア革命成功の情報が後押しとなってボルシェヴィズムの色彩が濃くなっていく。ここには社会主義、無産主義政党、および労働組合の影響もあった。総同盟内も労資協調路線と社会主義派との対立が深まり、後者が分裂して結成した日本労働組合評議会のもとに消費組合が組織され、一部の総同盟系消費組合とともに消費組合連盟にも合流して、さらに複雑な構造になっていく。また、組織労働者だけでなく、知識のある市民、給与生活者が岡本の勧めで結成した東京中央線沿線の中野共働社（後の西郊共働社→城西消費購買組合）などもここに加わってくる。この組合は、組合事務所＝店舗を中心にした組合員の相互交流、産直のはしりのような生産者との交流、家庭会の創設[12]と啓蒙活動、国際消費組合デーへの積極的な参加など消費者市民としての特色を生かした活動を進めていった。

そして連合体の必要を説いた岡本の志は政治党派、労働組合を横断して一九二六（大正一五）年、消費組合連盟を発展させた関消連の結成となって実を結ぶ。政治的諸党派、労働組合諸派の入り乱れる社会運動のなかで、消費組合には自立した固有の立場がありうるという気概を示したといいうるだろう。関消連の綱領には①営利主義に基ける資本主義的経済組織の改造、②諸他の無産階級の運動と相提携、③全国的消費組合連合を期す［山本:1982:247頁］、というように各潮流の最大公約数的なものとなっている。そして国際的消費組合デーやＩＣＡへの参加など国際的な活動も担った。岡本は初代組合長であったが、先述の理由からほどなく関消連を去った。

関消連の方向であるが、結成に先立ち、日本労働組合評議会の全国大会において消費組合についての次のような決議が可決されている。「消費組合は階級闘争の一機関である。それは無産政党、労働組合と相並ぶ機関である。それは単なる経済的相互扶助の機関ではない。資本攻勢の今日に於ける労働者の闘争は消費組合の所有する日常生活必需品又は利益積立金等を以て背後より有力なる援助をなすこともできる……」［同:234］とあり、関消連のその後の進行はこれを巡る争いであった。そしてこのモスクワ型消費組合の線が主導していくのである。国際消費組合デーへのコミンテルンの声明もＩＣＡの声明と並んで情宣されるようになった。

したがって分裂はたやすかった。一九二九（昭和四）年の関消連の臨時大会で六組合が脱退し、消費組合連合会を作って総同盟系消費組合へと合流する。脱退声明は「本連盟に巣食う共産主義者の運動方針が消費組合本来の指導精神を没却せるがためである」［同:313］としている。それゆえ、分裂後に関消連が出版した「消費組合必携」は次のように記している。

「組合の統制は厳重に守られねばならぬ。即ち組合は組合員全部のものだから、時に意見が相違しても大衆的討議の統制には少数者は常に服従して、此の歯車を締めなくてはならぬ」「関消連の如き連合体にあっては、殊にその構成組合が労働者消費組合、農村消費組合、地区消費組合等雑多の場合は、常に労働者の指導権が確保されるよう、そのヘゲモニーによってのみ正しき階級的任務は遂行されるのだという事を充分に認識して、その上に立って前述の民主主義的中央集権による機関が組織されねばならぬ」［関東消費組合連盟:1931:3以下］。

他方で、この分裂の原因には組合の経営と剰余金配分の問題が関わっていた。それは小さな問題であったわけではまったくなく、関消連の機関誌『消費組合運動』にはしばしば組合の「無党派性」にからめて経営についての論争が頻出してくる。労働争議応援が党派的ではなかったかという組合内部の橋浦泰雄から出された疑問［橋浦:1933］に対して、「人類は悉く消費者なり、故に消費組合に階級なし」というのはブルジョア自由主義者の口吻であり、「無産階級的消費組合とブルジョア的のそれらとは異ならない筈がなく」、にもかかわらず無産者の利益を擁護する「経営重視」も絶対的に必要であるとの組合幹部の応答がある。ただし、経営重視と「剰余金第一主義」＝利潤本位とは区別しなければならないという条件が付されており、経営は消費組合の闘争であるという主張がなされている［土田:1933:31］。『消費組合運動』誌の立場[13]は、結論として組合に無党派性はありえないということであり、非合法団体を含む外部組織による消費組合引き回しは排すべきとしながらも、結果的に労働者階級のみの団結を核に「安いものを買いたい」広範な無産者大衆を引き入れること、そのための経営なのであるということであった［大山:1932, 1933］。当時の社会状況に規定されているとはいえ、「大衆」をこのように理解してよいのか、また利潤本位としての経営と、闘争としての経営はどう区別できるのかという点の認識についての問題性がここにある。いずれにしてもこの文脈から経営は当然のことながら、組合の方向を分岐するぬきさしならぬ問題であったことがおのずと語られている。

剰余金が購買高割り戻しどころでなく労働争議支援に回されるならば、経営的にはゆきづまり、組織は分裂していかざるをえない。ロッチデールの政治的中立性（無党派性ではない）、剰余金分配の精神はあたかもこの事態を予測していたかのようである。消費組合が消費者としての主張をしようとするならば、経営的に自立をしなければならないことと、剰余金をどう意味づけるかが決定的に大事であることがここから見てとれるのである。

そしてこの分裂後、消費組合は急進化することによって国家からの弾圧を受けて消滅するか、産業組合的に体制翼賛化して終わるかの道をたどり、いずれにしても割戻しはおろか剰余金すら満足にあげることもないまま、再びその歴史を閉じていくのである。

4 消費組合運動理論の系譜

これらの日本の消費組合運動の経過をアカデミズムの側はどう捉えていただろうか。次章で検討する東大の近藤康男や本位田祥男が、ロッチデールの紹介や協同組合論、産業組合論を理論的に構築しようとしているのに対し、消費組合運動の具体性に即しながら実践的・実証的にこれを論じたのは東京商大→一橋大学の学者たちであった。それも商学系と経済学系の分野から対照的な見解が提出されている。

まず商学（法学）系では上田貞次郎の産業組合批判が挙げられる。上田の論は産業組合系のメディアを舞台として執筆されたが、かれによればドイツ組合法の Erwerbs und Wirtschaftsgenossenschaft を産業組合と訳したのは大いなる誤りで「ゲノッセンシャフトが組合よりも遥かに強い自立協同の精神と社会改造の大精神」を持っていることを強調し、品川・平田による政府の庇護下の産業組合の成長は協同組合の堕落であるという。そのうえでロッチデールと同時期に成立して失敗したロンドンの文官消費組合が「購買高配当主義」をとらずに「出資額配当主義」をとった点をあげ、資本主義的企業になってしまったからだという。さらには、市街地の信用組合が組合員以外の貯金を受けることができる妥協的規定を持っているために産業組合法による税免除の特典を受け、「脱税銀行」になっている［上田 :1925a:3］と指摘する。「協同組合の美名の下に資本主義の実を行って政府の援護を受くるに至っては到底是認し得ざるもの」「協同組合を官僚的伝統から解放せよ」［上田 :1925b:88］と主張する。ただし上田はこのような官制組合の狡猾さを論難しているだけであって、資本主義は資本主義らしくというのが本旨である。この文章の前に「自由競争おこなはるる限り資本主義は少なくとも自主独立の精神を維持するだけの長所を有っている」[同 :87]との言がある。産業組合内の産業組合批判ということができる。

上田の弟子で三八歳で夭折した緒方清は修行時にイギリスに留学し、協同組合についてウェッブ夫妻の直接指導を受けた。フェビアンの立場からロッチデール型消費組合を墨守せよというのがかれの基本的スタンスであって、イギリスの消費組合の現状と問題点を踏まえたうえで、たとえば卸売組合と小売組合との関係といったテーマで産業組合を中心に日本の消費組合運動の実態の解明と提言をおこなった。とりわけ、消費組合の経営に焦点を当て、二〇世紀初頭以来アメリカで驚異的躍進を遂げたチェーンストアに着目する。もちろんチェーンストアは「資本主義的配給機関」であって、資本主義のなかから利潤を取り戻し、資本主義を変革する目的をもつ消費組合とはまったく異なるという両者の根本的相違は一貫して維持している。そのうえで、この違いがあるからこそ資本主義の経営の合理性という長所を消費組合はなぜ学ばないのか、逆に掛売り、配給網の重複、運動の分裂などといった短所に追従するばかりではないかというのである[緒方 :1935:283]。そして既存の一般小売商の攻撃を受け、これをはねかえしていったチェーンストアに、同様の立場にある消費組合は「科学的に」学べということなのである。しかも消費組合の運動が独立企業者の完全な排除を意味するわけだから、このセフティネットをどうするか、またかれらの存在は社会の健全な発達にとって必要不可欠であるかどうかを考えるべきであるとこの関連で問題提起する。

そしてこれに自答することによって自らの立場を明瞭に示している。「私は消費組合ないし協同組合運動論者の主張するコオペラチブ・コモンウェルスが相互扶助の理想に近づく早道なりと信ずるがゆえに、この理想に向かってのあらゆる努力を支持しなければならぬ。……これに反抗せんとする商人その他すべての企業家はすべからくひるがえって彼ら自身もまたその反面においては消費者たる所以を自覚しなければならぬ」[同 :310-311]。

このうえで経営に関する主な提案は、小売りを営まずに共同仕入れのみに集中する中央本部と、その統制下にあって経営を標準化する単位店舗を置くという組織上の合理化、有能な店舗支配人には高給を与えて人材確保に努めること、広告媒体の活用、信用力増大、店舗間の情報交換・危険分散といった原則のうえに手持ち商品の簡素化・限定、消費者の購買状況の的確な把握をするといったことが戦略として示されている。この背景にはやがてフォーディズム的大量消費へと向かうアメリカ社会の趨勢が視野に収められていて、当時の日本における消費組合運動が置かれた条件とは異なり、また単なる経営技術論に陥るゆえなしとしないが、組合の自主性、任意性、共同性を担保したうえでということであれば、戦前日本の消費組合運動の欠点を的確に射抜いているといえよう。

一橋経済系の消費組合論者は大塚金之助であった。一九三三（昭和八）年に治安維持法により検挙され、大学を追われたことが示すように、理論的にはマルクス恐慌論＝過剰生産の立場から消費問題、消費組合を論じた。世界恐慌以降、資本主義の矛盾は独占資本が労賃を切り下げる一方、過剰生産物とりわけ食料を含むそれを国内市場に回すことを制限することによって価格を吊り上げ、生産と消費の両面から人民大衆を搾取し、そして余剰分は自国には保護関税を、海外市場にはダンピングしている［大塚 1931:392 以下］ところにあるとする。したがって消費組合はまず、生活破綻した人民の、とりわけ増加しつつある失業者の生活防衛のために存在意義があるのであって、現金売りの原則を決議したＩＣＡは「あきなひ主義」＝「経営万能主義」に陥っている、いわば「資本主義商業の変形にすぎない」［同 :412］と論じる。ここでかれは実質的にはロッチデール型消費組合を否定し、「掛売をただ単純な商売的なものと見ないで、労働者連帯性の一部を実現するもの」として無産階級の立場に立って経済恐慌と闘うモスクワ式、プロレタリア消費組合の必要を主張するのである。「消費組合は数に於いて労役人民の最大の大衆組織である。この消費組合は、労働者階級の闘争を積極的に支持する組織」となるべきである［同 :459］と。

理論的にはこうであったが、大塚は城西消費購買組合、武蔵野消費組合の役員として、日々の消費組合業務に携わる消費組合論者だった。オウエンの理想主義についても理解があった。労働者消費組合の色彩の濃い関消連のなかでは特異な、東京山の手の知識階級や俸給生活者が多く構成するこれらの消費組合のなかで、かれは自らの経済理論と時代認識をひざ詰めで、わかりやすい言葉で消費組合に集う市民に説いていった。消費者の立場から生産をコントロールするということはもちろん理論外に置かれたし、ロッチデールの否定的な面を強調したが、相互扶助にもとづく消費組合の教育的機能を彼は身をもって実践していたといえるのではないだろうか。(14)

5　何を学ぶか――「経営」と「理想」、「生産」と「消費」

さて戦前の日欧の「消費組合運動史」諸潮流の物語は以上である。ここから冒頭に述べた眼前の「危機」に立ち向かう消費アソシエーションの可能性を探るには、社会的条件の異なる戦後の生協運動・消費者運動を念頭に置きながら、いくつかの注目すべき局面を検討しなければならない。ロッチデールとの齟齬はおろか、弾圧もないのに大塚のいう「あきなひ主義」に落ち込む惧れなしとしない現今の生協の実態を鑑みれば、どこに立脚点を置くのか、留意し克服すべき点は何であるのかは以上の考察からでも望見できるだろう。消費組合とは、現代社会の圏域の広さに鑑みて、ゲノッセンシャフト的な紐帯を基礎とした消費アソシエーションとここでは言い換えておきたい。

まず第一に、日本を含む経済的な先進国においては、広汎な層の市民が関わる都市的生活様式の基底にある消費生活の徹底的な問い直しが出発点にならなければならないのは何度も指摘してきたとおりである。生活における便宜さや個性や多様性を求めることは正当であっても、その社会的関連や結果に思いを巡らせて生産の側に要望する必要がある。これは消費者民主主義と生産者民主主義との関連で明らかになった論点である。とりわけ資源環境の問題においては、消費への反省から導かれる理想に沿うかたちで生産やその他の経済活動のありようを改めていくという社会運動が不可欠であろう。これが今、要請されている。そして自らの消費問題だけでなく、全世界的に関連する視野を持って消費を問わなければならない、その際には資本主義国家であれ、協同組合国家であれ、消費を社会システムの一セクションとして埋没させてはならない。かつての労働組合や政党から独立し、役割分担をするのはもちろんのこと、自主的な組織としての消費アソシエーションの主張を他の種類の運動体、組織体に積極的に働きかけていく道筋をつけることが求められる。その際に生産者とのバランスをどう考えるかという問題については、緒方の「消費者たる所以の自覚」がアソシエーション形成の鍵になる。この要求は既存の商業や小売りだけにあてはまるものではないし、ポスト・フォーディズム的なわがままな要求をもった消費者主権とも異なる。そのうえで消費者民主制が生産者民主制に優先するというウェッブ夫妻の論点も心しておかねばならない。

第二に、消費の問い直しから実践へと進むのは困難な道のりであるから、運動の長期的持続性が必然とされてくる。しかも利害関係の異なる人々を消費者という括りで相互理解のもとに民主的に運営していくという条件のもとでは「剰余金」を出すこと、すなわち「経営的合理性」が鍵になる。ロッチデールは中間利潤を消費組合員に取り戻す、次の段階で生産にも乗り出すということで資本主義的な利潤の概念を変えようとした。その際には到達すべき社会「体制」をあえて掲げず、また「慈善」にも立脚しなかった。生産の立場からする「利潤」の無限の抽象性を、品質の良い生活日常品の供給という具体性に変え、立脚点にした。同時に、出資制限は付けたものの出資に対する配当は残した。この現実性は運動の持続性、広汎な層の結集ということについて意味を持つだろう。

顧みれば「剰余金を出すこと」こそ消費組合の躓きの石であった。革命的労働組合の輜重隊として消費組合を位置づけるならば、おのずと剰余金への顧慮は希薄になっていくだろうし、逆に「少しでも安いもの」を買う所ならば「あきなひ主義」に堕ちていく。だが、いうまでもなく大塚のいう「過剰生産」や社会主義国家建設のための生産力の増強という視点に規定された「消費」は歴史的使命を終えている。それどころか「生協クレジットカード」がこの世の春を謳歌し、割戻しとは似て非なる「ポイント制」が幅を利きかせている。であればこそ、この歴史的使命も終わらせるべきではないか。重要なことは、生産や流通に握られていた利潤の管理や情報を消費者に行き渡らせ、それを生命の安心や安全の立場から組み立て直すことである。

第三にというよりも「剰余金」の延長だが、この一定部分を義務的に「教育」に振り向けたロッチデールの知恵を改めて認識し直すべきであろう。「教育」というと「上から目線」になるが、現在の状況に鑑みれば危機に等しくさらされている者たちの、生き生きとした相互啓発と相互扶助にもとづく自己形成の場所を確保するということになるだろう。そのなかから立場や意見を異にする者の合意が生まれなくてはならない。そういった場所の経済的基礎が当該の問題である消費活動を中心にもつアソシエーションから生まれることは大きい。片山も岡本も、そして多くの運動家もこの場所の重要性を認識していた。そのなかから消費をめぐる自主的な統制が共同性として自覚され、「あるべき姿」が模索されるならば、それは政府や自治体などの「上から」の統制よりははるかに実効性と持続性を持つだろう。

最後に、その「あるべき姿」としてオウエン以来の「理想」の問題を示しておきたい。グローバル化によって空間的には完全に引き離されてしまい、無機的な情報と数値で関係を保っている現在の生産者と消費者の関係を、お互い消費者であるという思いを込めて見つめ合い、生存と安心の具体性に立脚した相互交流ができる状態へと転換するには、「理想を語ること」が必要ではないだろうか。おそらく現在の消費問題は自らの行為に歯止めをかけること、そのことによって痛みを伴うことが随伴する。経済成長や雇用の創出が無前提に善であるという価値観や幸福感の見直しも「理想」の導きが必要になってくる。過去の消費組合指導者が人間性、道徳性をことさらに重視したゆえんはここにあった。そこで指導者のカリスマや個人的人脈、あるいは生な形での宗教の持ち込みなどがあって、それが分裂や憎しみを誘引した。この反省に基づいて、現在置かれた状態の消費についての理想、言い換えれば持続可能な社会を担保した「生産と消費の社会的一致」をはかることはまだ合意を獲得していない。しかし、たとえば現実に起きてしまった原子力事故がもたらしている気の遠くなるような長期間にわたるリスクの管理が解決されぬままに現在も続いているという体験をとおして、利潤の抽象的無限性が生存に与える脅威についての社会的認識へと至ることは可能であろう。ロッチデールは消費組合の歴史の中で、さまざまに都合良く解釈され、扱われてきたけれども、持続不可能な社会を前にしたとき、その先見性はなお原点たりうる。

注

（1）ここからベックはナショナルな現実政治に代わって「コスモポリタン的な現実主義」すなわちグローバルな危機への超国家的ネットワークへの自覚を促すが、それが一国のナショナルな行為の可能性を広げていくと見ている［Beck:2010:9］。

（2）イギリスにおけるその躍進ぶりは［Webb, Sidney & Beatris:1925:19 以下］に統計的に詳述されている。

（3）レーニンの協同組合観の振幅と歴史的遷移については［今井 :1988: 第三部第五章］を参照。

（4）この決議案は新聞 Sozial-Demokrat No.17,1910 に掲載されたものである。原資料を参照することができなかったが、高山洋吉による翻訳がある［レーニン :1936］。また、原文の英訳が http://www.marxists.org/archive/lenin/works/1910/sep/25.htm に全文掲載されている。本稿ではこの両者を参考にした。尚、［レーニン :1966:283-284］には、決議案だけがボルシェヴィキ中央委員会付属マルクス＝エンゲルス＝レーニン研究所の『レーニン全集』

（第四版 1941-51）から翻訳されている。しかし両者には相当の異同があり、たとえば全集では「プロレタリア消費組合」とあるべきところを「プロレタリア協同組合」となっている。

本論の趣旨からすれば、手稿の訳である全集からの引用のほうが、より「道具」が全面に出ていて適切なのだが、論旨が通らないところが多々あるので、先に発表されたSozial-Demokratに依拠した。

（5）［今井 :1988:339］によれば、消費コムーナの布告後、レーニンは既存の協同組合の反対によってこれに対する妥協案を出さざるを得なかった。

（6）高野は短くないアメリカ滞在の最中に何度か事業を起こし、失敗している［二村 :2008:47-64］。また労働運動から撤退して客死した清国でも事業を企図している。経営というのはかれの終生のテーマであった。

（7）『労働世界』一八九八年六月一五日号。この規約は［片山・西川 :1905=1956］に全文再録されている。

（8）本書第3章で叙述したようにその意をくむいくつかの小さな消費組合が続いた。平民社の呼びかけに応じた「直行団消費組合」、「東京複式消費組合」、呉海軍工廠の「消費組合自助会」などであるが、いずれも影響力を持った社会運動にはならなかった［奥谷 :1973: 第四章第一節］。

（9）ここで岡本と賀川の関係について見ておくと、岡本の賀川に対する評価は、消費組合のみならず労働運動、農民運動、宗教など共通するところが多々あるにもかかわらず芳しいものではない。「賀川君の如き変通自在の人間なら、アーメンを唱へ、愛を説き、消費組合を論じ、無抵抗主義を信ずる一方に、階級闘争を事実に行ふ労働組合の組合長になり得るが、私にはそんな変通自在の奇術をすることが出来ない」［岡本 1922.3:2-3］。賀川の岡本に対するコメントは特にない。

（10）この経緯を賀川の心境に即して描いたものとして［隅谷 :2009:117-127］がある。

（11）この賀川の認識は産業組合に対するスタンスに通じている。かれは組合員数だけ増加した産業組合は組合意識においては欠けたものがある［賀川 1963:237］としつつも、国民健康保険の構想には産業組合を利用することを主張しているし、自身の活動自体を産業組合運動と称している。

（12）熱心な組合員の家庭を集会場所としたこの活動は関消連婦人部の先駆となった。都市生活で家庭に閉じ込められた婦人にとっての消費生活や家庭生活に対する啓蒙としては意義の深いものであった。市街地購買組合にもこのようなものは萌芽的に存在した。［城西消費購買組合：1937］、［河畠：2011:32-41］等を参照。

（13）同誌一九三三年四月号三二頁のコラムに「消費組合ファシスト」賀川が「元祖ロッチデール」の名乗りをあげて活動しているとの記述がある。本稿で示すように賀川にしても関消連にしてもロッチデールからの実質的な逸脱が顕著なのであるが、依然としてロッチデールの旗を奪い合うことが消費組合運動の要であったことがうかがわれるのである。

（14）大塚の実践活動を示すものとして［城西消費購買組合：1937］や［大塚：1931=1981b］を参照。

第8章

消費組合論争史の諸相

私はあえて「生活協同組合」と記さず、主として戦前の呼称である「消費組合」として消費をテーマとする社会運動史やその思想を描いてきた。日清日露戦争から第二次大戦開始までの「生産」優位の時代にあって、外来の運動として「消費組合」に出会い、そこに社会的意義を見出した初期の運動に、今日の「都市的消費」に関わる諸問題や可能性を探るという問題意識があった。とりわけ現在的課題を前にして、「消費」を連帯の核にしたアソシエーションの可能性、役割、課題を考えるにあたって基本的な問題状況や答えへの示唆がクリアに顕現していると思われたからである。

しかしこれに加えて、この関連において「消費組合」の何たるかを理論的に把握しておくこともまた必須のことがらである。これについてはまた何ほどかの先行研究の蓄積があり、これを整理しつつ示唆するものを掬い上げること、具体的にいえば、当時のアカデミズムは理論的にどのように「消費組合」をとらえていたのか、何が争われその背景にあったものは何なのかということを運動史に対応させて検証しておく必要がある。とりわけ日本においても様々な種類の消費組合が社会運動としても行政組織としてもひととおり出尽くした一九三〇年代に、理論研究の成果と主張が一気に形をなして出現してきた。

前章において、私は東京商大（一橋）系の学者の見解を「実践的」な色彩を持つものとしてその一部を紹介しつつ検討した。本章ではこの続編として、より「理論的」に志向している東大系の研究――本位田祥男、那須皓・東畑精一、近藤康男――に光を当てておきたいと考える。(1)

1　初期消費組合理論の磁場

ロッチデールにはじまる消費組合運動の主たる活動の場所は、産業革命の伸展とともに増大する都市であった。

そして消費組合は経済活動における生産、信用、労働、利用等の各種の領域における相互扶助的な協同組織としてまとめられて「協同組合」という概念のもとにその意義や限界が論じられてきた。この議論はヨーロッパでは実践家たちによって担われることが多かったが、社会変革の理論として正面からこれに取り組んだ学者はベアトリス・ポッター(ウェッブ夫人)をはじめとするフェビアン社会主義の人びとたちであった。かれらは消費組合や協同組合を労働組合との関連にも注意を払いながら、これらの社会運動の経過を分析し、それぞれ見解の相違はあるものの、産業民主主義の社会理論を樹立していった。したがって日本の学者が消費組合を論じるとき、ロッチデールとフェビアンが主として意識されるのだが、これらに対してどのようなスタンスを取っているかは以下の考察の大きなポイントとなる。

だが、日本では協同組合を受容するもうひとつの、というよりも決定的に大きな受け皿は一九〇〇(明治三三)年の「産業組合法」に基づいて出発した産業組合であった。この組合の性格と伸長の様態は本書において随所に示してきたが、そこでは農村を主眼に置いた信用組合が主流をなしており、消費組合は重きを置かれておらず、最終的には大政翼賛会へと流れ込んでいった。この現実を前にすれば産業組合に対する学者たちのスタンスも考察の大きなポイントになる。

その際には、日本的特質として都市ではなく農村が舞台となる場合が多い。すなわちそこを基盤にした「協同組合」の枠組みで考察が進められ、都市の「消費組合」との関連が問われることになる。したがって、フェビアンと同様に協同組合論という広げられた視野のもとで消費組合を見るということ、その協同組合の現実的な定在は産業組合であり、とりわけ農業部門——帝国農会、地主小作関係——との関連や産業組合に反対して展開された反産業組合運動との関連を背景にして消費組合運動が論じられているところに日本のアカデミズムの消費組合論の磁場があった。

2 本位田の「消費」への着眼

さて、ロッチデールに範をとりつつ消費組合独自の社会的意義に着目した学者として、まず本位田祥男を挙げることができる。かれは東京帝大卒業後、農商務省にいったん入るが、一九二一（大正一〇）年に東大助教授に転じ、最初に手掛けたのが消費組合研究であった。(2) 一九二三（大正一二）年から二五年まで欧州経済史研究のためにヨーロッパに留学し、そのときの見聞をもとに書き下ろされた『消費組合巡礼』では、イギリスを中心としてヨーロッパで発展しつつあった消費組合運動の実態——店舗、事務所、連合組織、生産工場、国内および国際的な組合大会、政治運動、オウエン墓参等——が、臨場感をもって描写されている。そしてここでは後のかれの協同組合理論を形成する核になるような心情が語られている。

たとえば「聖地ロッチデール」を訪問した際に「我等にとって最も貴重なものは金銭でなくして人格である。我等の原理は争ではなくして愛である。競争ではなくして相互扶助である」[本位田 :1926:31] という感想を記述している。また運動の発展の成果であるマンチェスターの消費組合中央会の教育事業（夏期大学や奨学金）を見て「教育もせずして所謂『配当漁り』をやる様な組合は真の組合ではない。利益は出来るだけ自分の懐中に入れなければ満足できないという心理は、消費組合が戦おうとする営利主義の心情そのままであるからだ」[同 :46] などである。かれが消費組合を論ずるときに常に「利益」への敵視とともに「教育」が語られるのをここに確認しておきたい。

そしてこの実体験を基礎に一九三一（昭和六）年『消費組合運動』が執筆された。その後一九三六（昭和一一）年の『協同組合研究』へと研究が進められ、ここでは消費組合論はその一部として配置されている。この二著に一貫している基本姿勢は「消費は個人の経済行為の目的であるばかりでなく、社会の経済現象の目的である」[本位田:1936:116]というものであり、この文言の限りではアダム・スミスの慧眼(3)を想起させ、二〇世紀中盤以降における先進資本主義社会においてはますます現実化した主張ではあるが、生産(者)本位のこの時代の日本にあって「現代の統制経済は、それが単に企業家の利益の為に主張されない限り、社会公共の利益即ち消費者の利益を規準としなければならないからである(傍点引用者)」[同:2]という理由で語られていた。ここに存在する問題点は後に検討する。

さて本位田の消費組合論の特徴を見ていくが、かれはロッチデールに発する消費組合運動が無産階級の解放運動であると明確に宣命するが[本位田:1931:363]、無産者を生み出す資本主義社会の体制認識を問題にするのではなく、企業家の利益=資本主義経済の「利潤第一主義」に標的を絞る。次の通りである。

産業革命以降、生産を担う企業者の求める利潤は資本主義経済の最高の目的となり、この獲得が相互競争を伴って資本の専制のもとに社会的に進行した。そして消費者は労働者としては労働条件を切り下げられ、消費者としては高く売りつけられるという「二重の資格において搾取される」[同:15]。それ以前においては個人の必要な消費に基づいて生産がおこなわれ(4)、その延長に社会があったわけだが、こうして社会と個人の(消費)生活が分裂していく。この消費者の社会的負担を軽減し、消費により個人と社会を結びつけるためには「生産と消費との距離を短縮する」[同:14]消費組合をおいて他にない。そしてその目的は「利潤の撤廃」[同]ということになるのである。ロッチデール原則における商品の仕入値と市価による売価との差は、資本主義的企業活動においては利潤の一部を構成するが、これを消費高に応じて組合員に割り戻すことは、かれによれば「利潤」を撤廃することになる、従ってこれは暴力革命によるのではない「漸進的」(速度の遅い)な「資本主義経済の変革」[同:20]なのである。そしてこれに続く必然的な過程として、消費組合がある程度成長すれば、仕入れをせずに、利潤を積み立てて連合組織をつくって組合生産に乗り出し、さらには信用、利用、国際貿易といった部門も協同組合化されていくという生産と消費との距離短縮の発展経路が説かれ、その良き実例としてロッチデールに源を発するイギリスの消費組合の盛況ぶりが紹介されていた。

だが、かれはそこにとどまらず「利潤の撤廃」は消費組合運動の消極的側面であって、「新しい社会を作り出す」という積極的側面があることを主張する。それは個人が割戻しという「利益」を求めることは無視できないが、いやむしろ利益を求めるからこそ、他人を犠牲にせず（搾取せず）、他人とともに利益を増進し、各個人の利益と全体の利益が衝突しない、すなわち「相互闘争に代わる相互扶助、競争に代わる協同社会の建設」［同:22］という協同経済に基づく理想社会の建設へと至ることなのである。これが人間の本性として備わっていると考えられる「愛」や「相互扶助」に拠っているというところは「性格形成」を唱えたオウエンの衣鉢をかれは継いでいる(5)。

また、本位田は「相互扶助」の精神のなかに「宗教」の入る余地を排除していない。これに「人格」や「意識経済」をからめ、また「教育」の重要さを説きつつ消費組合運動、協同組合運動を担った本書第5章の賀川豊彦との内的親近性をここに見てとることができる。

さらに本位田は、この理想運動は「消費者の為の経営は消費者自らによって為されねばならぬ」［同:31］のだからロッチデールの一人一票制、加入脱退の自由を論拠として「産業民主主義を要求する」［同:25］点で、しかも消費者民主主義を標榜する点でウェッブ夫妻に従っている。しかし、後に検討することになるが、その民主主義観には異質な要素が資本主義と関連させて以下のように埋め込まれている。

「消費組合運動がこの産業民主主義の理想を確実に把握したのはかなり発展して後であった。けだし、自由と民主主義は資本主義社会の合言葉となっており、消費組合運動はその対蹠的文化をつくり出すものとして、協同と統制を合言葉としたからである。だが統制と対立する自由は、企業にとってのみ意味はあったが、本来は対立すべきものではない。統制されたる自由は存在する。それが民主主義である。……民衆が資本から解放を要求することは、単なる解放ではなくして、民衆自らの統制を意味するのだ（傍点原著者）」〔同〕。

以上は本位田の消費組合論の基本的な特徴であるが、『消費組合運動』は六〇〇ページ近い大著である。消費組合の組織、経営、事業、中央組織、国際組織といったあらゆる側面が——繰り返しも多いが——日欧の実態を反映させつつ具体的に詳述されている。また、消費組合の中の労働者の地位や賃金の問題、それに関連する生産者組合（生産者民主主義）との関連、政治運動とりわけ政党や労働運動との関係など当時の消費組合を巡り、そして現在でも争われている諸問題にも、論理的・組織的に明確な結論を与えているとは限らないが、分析の目は包括的に行き届いている。

そして時代的な背景としてマルクス経済学およびその社会変革（かれによれば暴力革命）への対抗が消費組合論の全体的な基調をなしている。生産力の増加が、現実の経済組織を桎梏なさしめ、経済社会が変革されるというマルクスによって示された見解へのかれの対応はこうである。

マルクスは社会変革の過程をよく説明していると本位田は断ったうえで、かれの持論である「消費が経済現象の目的である」という認識を欠くことによってマルクスは「消費を無視」しているというのがその骨子である。「人類の消費し得る以上に生産の必要なく、消費者の需要によって生産物の内容も規定される。ただ現在の経済では絶対的な需要に対して生産が足りないから……必要品においてはなお充分なる消費をなしえない大衆があるために……生産力を増加する他に道がないから……社会の弁証法的発展の、社会の変革の目標あるいは力点としたのだ。マルクスが最高目的としての消費を無視した事は、資本主義社会の人々が、現実に消費を忘れてひたすらに貨幣価値の増殖、利潤の獲得を目的としている社会の制約を無意識に受けたものと理解することができる」

［本位田 :1931:348-49］という言は、むしろ現代資本主義においては必需品を満たしたうえでなお過剰消費の開発に勤しむ経済指標先進諸国の問題性を先取りしていると思われるし、単なる主観主義的な見解とはいえないであろう。

以上のように、産業民主主義による無産者の漸進的な「相互扶助」による社会運動、その要件としての利潤の撤廃というのがかれの消費組合運動観であったが、この運動が社会的に拡大する根拠として、自助の精神に基づく「自己の利益」を動因として挙げている観点に今一度着目しておこう。ここには問題が含まれているからである。この「利益」とはロッチデール原則のなかの利用高における割戻しという「物質利益」を指していると思われるが、これはかれによれば「相互扶助主義と衝突するものではない」とし、「問題はその利益が全く相反するものとして、互いにこれを争うべきか、あるいはまたその隣人あるいは同僚と共に利害の共通する社会をつくり、互いに扶けあってその生活をまっとうするかにある」［同 :537］。すなわち組合員の利益＝組合全体の利益なのであり、ここに発展の基礎が求められている。だからこそ利益が出ればただちにその全てを配分するなどということは愚行なのであり、教育や文化生活の向上といった相互扶助精神の高揚のために使わねばならないとするのである。しかし、この「利潤の撤廃」においては「利潤」と「利益」の関係が不明瞭になっており、それは経済システムと、あるべき社会総体との無媒介的な混同を意味している。そして資本主義と自由との関係へと繋げられ、かれのその後の理論的・実践的な行程に影を落とすことになる。それも本章終結部で検討しよう。

3　那須の「協同組合主義」

本位田の『消費組合運動』が消費組合理論の先鞭をつけたのに続く翌一九三二（昭和七）年、東京帝国大学農学部の那須皓・東畑精一の共著になる『協同組合と農業問題』が出版された。タイトルからうかがえるように日本農村の地主小作関係という特殊性を背景にした農業協同組合を論じており、「協同組合主義」という言葉が学界に広まり議論される端緒となったものである。しかし共著のかたちはとっているものの、那須と東畑は執筆の分量も主張の内容も相違するところ大であり、東畑は戦後まもなく、那須執筆部分を切り離して改訂版を出版している。(6) そして「協同組合主義」とはこの本の最終部のわずかなスペースに当たる思想的部分を担当した那須に由来する。

那須の論調は「協同組合主義は資本主義にもあらず、社会政策主義にもあらず、また社会主義にもあらざる」[那須・東畑 :1932:464-5] ものであり、資本主義との差異は「営利本位の資本主義を否定して人格中心主義を高調する点」、社会政策主義との差異は「非営利的にして合理的、計画的生産分配組織の樹立」であり、社会主義との差異は「財産私有制度の撤廃と専制政治を生み出さない」ところにある。つまりそれ自身が目的とされるべき社会体制であって、前章で見たモスクワ型消費組合のように資本主義から社会主義への過渡期でもないという認識に基づく。

「わが協同組合主義なるものは、資本主義制度の内部にあって、しかもこれに囚われざる独立の地歩を占め、次第にその地盤を開拓して、最後には資本主義制度にとって代わりえるところの機能を有し、力を有している」[同 :456] という主張、その裏づけとして個人の完成と社会発展の調和という二元論を唱えること、個人の自主自由の心理の重視、平和的な社会化など本位田との共通点は多いが、情動的な反共意識がさらに強烈で、都市の労働者中心の消費組合運動に対しては冷淡であって感情的な否定にかかり、(7) 農業における協同組合に関しても、都市の工業労働者と同じく社会的弱者である小作人を排除して中産的階層を組合の担い手として重視するところ、産業民主主義の視点も欠落しているところなどが共著者である東畑との大きな違いとなっている。

4　東畑の「特定顧客関係と顧客企業者の同一性」

この共著は東畑の最初の出版物であり、かれも本位田と同じく協同組合を研究経歴の出発点にしている。かれは一九二六（大正一五）～三〇（昭和五）年にかけてアメリカやドイツに留学し、シュンペーターのもとで学んだ。帰国後は昭和研究会に参画し、戦後も農政の重要な役割を担った。

さて、共著でありながら那須に比較して東畑ははるかに分析的である。都市の消費組合や労働者生産組合などの論争の多いところは慎重に考察から除外し、協同組合と農業の社会化の関係に論点を絞っていくが、消費組合そして協同組合の原点であるロッチデール原則についても関係する叙述部分では明示的あるいは黙示的に確実に触れている。それは加入脱退の自由、一人一票性、剰余金の処分などについてであるが、とりわけ出資額の制限に裏づけられた非閉鎖主義（開放主義 Open membership）を、消費組合の地域性を特定するもの［同 :167］として高く評価している。貧小の農民や労働者階級がこれで加入しやすくなり［同 :168］、その組合の地域的特性が確保されるからである。(8) これに対して都市の工業労働者組合運動と消費組合の間の「人間としての連絡」が事実上おこなわれ、階級機関として機能しているのだから Open membership の原則を逸脱しているのではないかとの危惧に対しては、消費組合としては閉鎖的であるが労働者に対しては開放的であるので「訂正せられたる意味」［同 :180］における Open membership であると答えている。加入・脱退の自由、一人一票性などとともに、この限りでデモクラシーは担保される。そして農業分野においても小作争議の発生にともなって小作人のみの組合ができつつあるが、官庁はこれを産業組合として認めないのは遺憾であるとの言もある。

東畑はこれらの無産者が関わる協同組合についての評価は慎重に控え、事実の提示にとどめているが、那須のように敵視するような姿勢は示していない。「思想上の統一を考慮」［東畑 :1947:1］してかれが戦後版の『協同組合と農業問題』から那須部分を外したのも、この点や戦後の社会状況が反映しているのであろう。

資本主義経済下での協同組合における利益や利潤の問題についての説明はこうである。不特定の顧客から利益を得る資本主義的企業と違って協同組合は生産機関や設備を利用するのは組合員に限られる「直接利用団体」である。得られる利益は出資によるものではなくして利用に応じた利益である。従って「協同組合自体の利益」というものはない。(9) もちろんそれは帳簿上は計上されるが、一時的なものであり、特定組合員の特定利益の総計として観念されるものに過ぎない。「この意味において組合機能は設備であって企業ではなく、受託であって営業ではない」［那須・東畑 :1932:248］というのがかれの組合に対する基本認識なのであるが、これは次のように利潤追求の理解へと接続されていく。

経済的に言い換えるならば、協同組合のこの特定顧客関係と顧客企業者の同一性においては、不特定的顧客の奪取競争が存在しないのであるから、営利商品の生産は必要生産へ、商品の流通は商品の配給になっていく。協同組合の発展は「利潤を目標とすると否とに拘わらず、そもそも利潤が経済の過程のうちから出てくることが不可能になるような状態に接近していくことにほかならない」――というのが東畑の説明であり、これは「資本主義をその枠内から徐々に変革していく」というウェッブ夫妻や、漸進的な改良を目指す本位田の利潤についての考えを、より理論的に厳密に展開しているという意味で、その延長上にあるものである。

しかし、他方において東畑は極めて現実的である。というのは現実においては資本主義的経済関係の力は圧倒的であって、協同組合はこれを凌駕する状況にはないので、かえって協同組合も規模が大きくなれば、事実上「非協同組合的要素」を持たねば存続することもままならなくなるという。「協同組合をこの限りにおいて営利追求の機関と称するは事態の真相に触れているのであって、これを認めずして徒に利を追うを攻撃するは、単なる文芸作詩的なる淡き憤懣たるに過ぎない」[同:251]といいきる。つまり利潤追求の世界を縮小しつつ個々の組合が利潤追求することと、「全国民経済を覆う組合成立時における利潤追求の不可能とは別個の問題である」[同]ということなのである。「利潤の撤廃を通じた相互扶助の理想社会」とか「それ自身が目的とされる社会体制」といった協同組合主義者たちの主張の空虚さを、非デモクラティックな営利追求への敵視は共有しながらも、現実的に批判しているのである。そして「非協同組合的要素」は利潤だけに限らない。

ここでの「非協同組合的」要素を多分に帯びた「規模の大きな協同組合」とは実体的には産業組合を指しているのはいうまでもない。東畑は、たとえば市街地信用組合が所得税・営業税免除の目的にすり替わっていること、農村の信用組合が困窮する農民すなわち小作人らに融資せず、地主階層からなると思われる理事者自身の利鞘稼ぎになっていること、選挙資金に充当される目的で信用組合を通じて国から低利資金が回ってくることなどの腐敗を指摘している[同:176-7]。いずれにしてもこの論点は、国家およびその官僚制と結合し、その意図に従って非自主的に組織されているという日本の産業組合の特質への批判へと結びつけられていくのである。

5　近藤の「商業利潤の節約」と「抽象化された消費」

本位田、那須らの理論家たちや産業組合内の実践家たちを協同組合主義者、あるいは協同組合理想主義者であるとして、マルクスの経済理論からこれを批判する協同組合論を展開したのは『協同組合原論』の近藤康男であり、「商業利潤の節約」論として知られている。

近藤も那須・東畑と同じく東京帝大農学部の出身であり、母校の教授を務めつつ農林省統計局を兼務した。専門は農業経済学であり、協同組合についても消費組合に限らず協同組合しかも産業組合を念頭に置いた議論が多い。しかし一九四三（昭和一八）年、以下の研究傾向から推測されるように思想弾圧で東大を追放された。同書の「序」は二つの課題が挙げられているが、そのうちのひとつに次のように記されている。これがかれの消費組合への基本的見解である。

「協同組合は、資本主義社会の生産が社会的生産であるのに私的生産として行われ、ことに労働者の消費生活、小独立生産者の生産において無組織的であるところが要求しているところの新しい流通組織である。すなわち、流通過程の合理化（商業利潤の節約、市場の見とおし）を主要な任務とするものであって、資本主義の発展段階に伴い、その様相を異にするとはいえ、それが私有権のもとに作用する限り、生産を社会化する能力をもたない」［近藤：1935：序2］。

あえて説明すれば、「資本主義経済の基本的関係は産業資本家と労働者」［同：7］であって、利潤のすべてはこの関係における不払労働から生ずる。産業資本は流通・販売の時間を持たないからこれを商業資本に委ねる。だから商業資本における利潤とは、産業資本から与えられた、総剰余価値の一部としての報酬であり、従って産業資本にとっては、平均利潤率を低める必要悪である。生産者と消費者を直接結びつけようとする消費組合の運動はこの流通過程の費用を節約することによって、産業資本の利潤率を高くするように作用するということになる。消費組合は「利潤一般を否定するものではなく、商業利潤殊に商人利潤の否定である」［同：9］。そして近藤はこの議論では（中）小独立生産者に止目するのだが、これは自給経済部分を持つ「小資本家から、賃労働者より劣弱な経済を営んでいる手工業者・小作農民」である。それは近藤にとっては本来、協同組合を組織していくべき層であるが、産業資本にとっては、資本蓄積を妨げる狭溢な市場を、かれらを保持しながらその自給経済部分を破壊することによって「国内市場を維持拡張し、さらに海外植民地を求めて」［同：11］いくという関連に置かれている層である。これが「産業資本と相互補完の作用をなす」［同：14］近代的協同組合の本質である。だから近藤にとっては協同組合は協同組合主義者が主張するように資本主義社会に代わる新しい社会経済組織を生むのではないということになる。

本位田の「消費は個人においても社会においても経済の目的」というテーゼに対して近藤は「抽象化された消費」という概念をもってこれを批判する。問題は「消費者中心の経済というものが、生産関係における変革なしに可能であるものか否か」[同:27]ということにあり、近藤にはもちろん「否」である。あらゆる社会階級は「消費者」であるという点で利害が一致し、そのうえで協同社会を構想するならば、それを共通するものは本位田のいうように「廉く買わんとする心理」であって、これは「抽象化された消費」にほかならない。原材料の消費者としての資本家がこれを安く買おうとすることと、消費者が最終消費財を安く買おうとすることを同一視するならば「資本家のカルテルと消費組合の区別の線をどこに引くべきであろうか」[同:29]と反問する。

そのうえで議論は協同組合へと進められ、今度は東畑批判が展開される。これは経済理論上の対立である。同一地域性に基づく独立人格者の自由結合に基づく協同組合は統制的経済をもたらし、資本主義生産のように不特定の顧客を争奪しないので利潤は消滅し、必要生産(=利潤のための生産ではなく消費のための生産、流通から配給へ)になることによって資本主義は揚棄されると東畑の利潤についての理論的説明をまとめたうえで、近藤は利潤をこのように考えるならば、資本主義においては利潤とは資本主義的企業家の能力の差によって生じると解するしかないではないか、であれば能力ある企業家が能力のない企業家のそれを取得するなら平均利潤はどこから生じるのかと問いかえす。そして、利潤とは、協同組合主義者がいうように販売によって消費者から奪取されると解すしかないではないか――それは不払労働が利潤の源泉であるとする近藤の原則的立場からすれば誤っており、生産関係や産業資本の様態を無視しているということになる。マルキストとシュンペーテリアンの対質をここに見ることもできる。

さらに、東畑が協同組合の発展とともに生じていく統制経済（消費のための生産）という論点を近藤は引き取り、「如何なる種類の統制経済」かを問わねばならないとする。資本主義の揚棄には、協同組合が持つ非資本主義的萌芽から直ちにもたらされるものではなく、資本の所有の問題に触れること、すなわち「ひとつの真の統制的経済が成立し、協同組合がその特徴を十分に発揮するためには、主要な生産手段の社会有、少なくも国有なしには行われる筈がない」［同：50］。独立人格の自由結合ということそれだけでは、資本家クラブや、特に農村協同組合に顕著な中世的・封建的なものへの退歩をも含む非歴史的な概念なのであり、「所有権の社会的制限と、そのことによる労働の生産性の著しい増加が可能となって初めて社会主義的統制経済をいうことができる」［同：53］――ここから行き着くのは、消費組合運動に限っていえば「モスクワ型」であり、その論理的道筋は前章で示したのでここでは詳述を避ける。

6　近藤とロッチデール原則

では、近藤にとって「協同組合主義者」たちの「ロッチデール型」消費組合は無用であり、否定すべきものであるか(10)というと決してそうではない。「協同組合は一つの自由組合である。それが人の結合であるといわれ、特定人格の結合なりといわれ、また、地域的関係なりといわれるのも……労働者の消費生活、小生産者の生産における無組織性を前提とし、各構成員がその個別的経済における独自性を維持して、従ってそれぞれが平等の立場において結合した自由組合であるという意味においては正しく一つの特徴を示している」［同：121-2］というように、そのデモクラティックな側面に注意を促しているのである。ではこの見地は何を念頭に置かれているのか。

ロッチデールの諸原則が産業民主主義へと連なるものであることはすでに示したが、そのなかでも入退会の自由、一人一票制等と並んで「政治的中立」は、それが本来の民主主義の要件であるかはおくとしても、長らく消費組合の伝統となって、協同組合の運営にも継承されてきた。だが、実際の消費組合運動においては、労働組合との関係も含めて政治的党派との複雑な絡みが、国際的には第二インターナショナル内での対立において、また日本では新興消費組合運動内での対立において取り沙汰されてきたのは前章で見たとおりである。これらの状況をにらみつつ、近藤は「協同組合が階級的基礎を有せず、商業利潤の一部を低減するための労働者および独立小生産者の経済的組織であるという関係は、政治的表現において中立性への執着となって姿を現すのみならず、特に重要なことは、政治的権力からの影響を強く受けるということである」［同:116］とまず指摘する。ここでの影響とはモスクワ型とはイデオロギーの方向が逆だが、等しく協同組合の外部から作用する戦前日本の国家官僚制である。ここで近藤が念頭に置くのは、かれの研究のフィールドである農業部門における協同組合の圧倒的部分を現実に占める産業組合にほかならない。その状況は次のようであった。

品川・平田の手になる産業組合は、国家行政の後押し——免税や補助金等の特典——を受けて、日露戦争後、とりわけ農村で地主、富裕な上層農民を中心にして急速な発展を遂げつつあった。全国的組織として一九〇五（明治三八）年に大日本産業組合中央会も設置され、昭和恐慌が農村を襲うと政府は一層これに傾注し、当初の信用組合重視から進んで販売、購買、利用を加えた四種兼営を奨励していた。勢いづいた中央会は一九三三（昭和八）年からは「産業組合拡充五ヵ年計画」を邁進させる。それは産業組合未設置村の絶滅、農業者全員加入などロッチデールとは原則的に相反した組合であった。

他方でこれに対し、産業組合によって販路を阻まれている直接の利害対立者である肥料関係の小売商を中心に「反産運動」が日本商工会議所や政界の後押しも受けて展開される。さらにそれに反対して五ヵ年計画の推進主体となりつつあった産業組合青年連盟（産青連）が政治への進出、政党との連携や政党の結成を叫んでいた。いわゆる「反・反産運動」である。

これらを前にして近藤はいう。「昔、ロッチデールの開拓者は、長い準備と試練を経て成功した。天は自ら助くるものを助くという教義を実現したものはかれらであった。自由と協同はかれらの組合の経営において初めて確実に存在しえた。協同組合デモクラシーはその基礎を有していた。今、わが国でみられるものはそれと異なる、地方長官はわずか一、二週間の間に十数個の産業組合の設立に認可を与えて、管内の補助金受領組合や低利資金借受組合を完備する。町村の行政区域と農村の現実の経済関係が一致しない場合あるを無視して一町村一組合主義が強行される。どこに農民自身の思想がありえようか。どこに知恵を働かすべき余地が残っていようか。そこには天は自ら助くるものを助くといった資本主義発生期の思想とは全く反対の思想が支配する。国家資本主義による協同組合デモクラシーの圧殺、これが現代の協同組合運動の特徴である」[同 :121-22]。であれば、かれにとってこの流れの上で政治に志向する反・反産運動には固有の意義はない。

ここに近藤のアンビバレンスを見ることができる。「階級的基礎」を有する組合ならば国家官僚制とは逆からの左翼的な政治権力の影響を受けるだろうし、日欧の消費組合運動では実際に受けてもいる。この意味で政治的中立は近藤にとっては幻想である。しかし産業組合の現状を撃つにはロッチデールデモクラシーを以てせざるをえないということになる。無産者として同じく「無組織的な」消費生活で結びつく都市労働者と農村で地主に支配される下層農民を含んだ小独立生産者をともに協同組合の中核の要素とし、そこに日本経済の生産力の底上げを求めながら、両者のなかのロッチデール的な要素の意味づけが対照的になっている。近代的ではあるが未発達の都市の消費組合に対しては否定的に、発達はしているが前近代的な農村の協同組合＝産業組合には肯定的に。

7　反産運動をめぐって

その不整合性を残したままの、「都市の消費組合における未発達性と農村の協同組合の前近代性＝地主支配」という近藤の現状分析は、反産運動に対しても貫いていく。近藤によれば、肥料商は高利貸と同じく農村における価値法則の破壊者であって、地主と同じく前資本主義存在である。(11) 肥料業界では集中・独占が進み、生産者たる資本家は不況の場合にはことに商業の合理化を望み、商人の利益を圧縮しようとする。したがって肥料商は資本主義の発展とともに、消費組合の消長にはかかわらず没落していく運命にあるという。(12) 産業資本はこの意図のもとに「農民自身の流通過程における組織である産業組合」［同 :282］に「新しい関係」――すなわち流通過程の合理化――を要求するからである。だから肥料商・小売商困窮の主たる原因は産業組合の発展にあるのではなく、反産運動は日本経済の発展に寄与することもないから社会的意義を持たないということになる。そしてこの問題の根底にある国家資本主義によって官僚的統制をうけた産業組合こそが問題なのである。(13)

では産業組合は近藤にとって否定されるべき無意義なものであるかというと、これもそうではない。ことに「直接生産者の組織である」農村購買組合は、商人による流通組織より生産力が高いという。その理由として需要にせよ供給にせよ市場の見通しがきき、生産に計画性を与えるということ、そして組合員の「消費生活及び生産に対して指導的・教育的態度」［同 :284］をもつことができるからであるという二点が挙げられている。この「新しい商業」は生産や市場の無政府性に何ら変更を加えるものではないと断られてはいるものの、協同組合論では「教育」にほとんど触れず、したがって「教育」に対する評価が低い近藤にしては整合性を欠く印象を持たせる。現状の産業組合でいいわけはないが、その意図にかかわらずその日本経済発展への寄与をロッチデール的契機に求めているといえなくはないだろうか。

産業組合が抱えるこのような非自主性、非民主性、行政による庇護という現状については、協同組合を論じるどの学者もおしなべてこれを指摘し論難している。実践的に産業組合と繋がりの深い上田貞次郎の、市街地信用組合に与えられた特権が組合を堕落させているという主張［上田 :1925b:88］については前章においてすでに紹介したが、ウェッブ夫妻に直接師事した緒方清も昭和初年の産業組合の躍進について同様の趣旨から「純然たる消費組合とは著しくその精神を異にする」［緒方 :1935=1993:282］と批判している。

東畑も産業組合への実質的なコミットは深いが、那須との相違ですでに示したように単なる協同組合主義ではなく、その反・反産運動に関する記述を見てみれば、（中小）商人はむしろ産業組合の敵ではなく、真の敵は産業組合自身の自主性の欠如にあるというはっきりした認識もある。[14] それぞれ論点に違いがあるものの、産業組合の実情は、ロッチデールを知っている学者にとっては理論的には消費組合ではないし、協同組合ですらないのである。「産業組合」という用語ではなく「協同組合」を使用すべしとは、上田、本位田、近藤の共通の主張であり、かれらの不満と期待が込められているのである。[15]

だが、同じ反・反産運動の論陣を張っているにしても本位田の議論には独特なものが含まれている。ここでは『消費組合運動』の五年後の一九三六（昭和一一年）に出版された『消費組合研究』を見ておこう。産業組合が進展し、都市の消費組合運動が分裂対立を繰り返す状況のなかで、前著からの進展がいかなるものであったかが重要である。

ここでは「小売商を圧迫するものは消費組合を組織する民衆ではなく大産業資本家である」［本位田 :1936:371］という認識はある。「ここまで来れば産業組合は純粋に相互扶助的な団体から国家政策の一機関に変質したのである」［同 :423］という認識もある。だから利益は追うが利潤を追わない民衆の相互扶助組織としての産業組合と、商業利潤を求める商業とは相容れないとする。これはかれの『消費組合運動』の出発からすれば当然の帰結である。あくまでも敵は商人である。そして「問題は産業組合と普通の商業とのいずれを国家が歓迎するかにある」［同 :373］。

ここで本位田は商人が国家の中堅、中産階級であるということに注意を促し、商人ではない新たなる中堅が「その生活を安定し、利益を擁護するために消費組合運動を起こしつつある」（傍点引用者）［同 :379］という。この新たなる中堅とは「多くの俸給生活者および熟練職工」［同 :378］であって、産業組合内の購買組合を現実的に構成している部分にほかならない。国家の発展はこの新しい中堅の運動を擁護・助長すべしということになるのである。近藤と東畑が、未組織でかつ抑圧されている都市の無産労働者や小作人＝小独立生産者が経済構造のなかで自立するか否かが国家にとって将来の鍵であると考えるのとは際立った対照がここにある。見据える対象が本位田にはすでにズレてきてしまっているのである。そして消費組合運動は無産階級の解放運動であるという認識からも遠のいてしまう。

さらに産業組合が国家政策の一機関になっている著しい事実に対して本位田は「産業組合は単なる自由の享受者と見るべきではない、政務の実行者として見始めなければならない」と歩を進める。そしてこのように産業組合は「公共的性質」を帯びているのだから必然的に政治とも関わっていくべきであるとして産青連の政治運動を支持する。「常に青年はラディカルな理想主義者」［同 :424］であって、この理想の内実こそ「協同理想への憧憬」であるという。ここではロッチデールの政治的中立もデモクラシーも消え、かれの危惧は青年たちの運動が「現実の経営に無関心」［同］であるところにおさまってしまう。ここから産業組合を基礎にした理想社会をめざすための統制経済＝大政翼賛会経済政策部長への水路を見出すことに困難はないであろう。東畑やウェッブ夫妻のいう「消費のための生産」という意味での「統制《コントロール》」が、国家による資本主義的企業への統制へと、そして民主的合意抜きの国民生活の統制へと変質していくのである。そしてその萌芽が本位田の「民衆自らの統制」という初発から埋め込まれていたことを確認できるのである。

8　何を学ぶか——安心、安全のダウンサイジングとロッチデール

近藤には多少なりともその傾向が認められるものの、消費組合論争は相互に名指しで自らの論をぶつけあう形はとらなかった。それを浮かび上がらせるために、あえて私が対質を組み立てていった部分もある。また、ここでは一九三〇年代の著述に議論を絞り、運動は先行しているという含意もあって初期消費組合理論と名づけているが、これはもちろん言論統制の厳しかった時代にあたる。深読み裏読みも必要かもしれない。さらにかれらは戦後も文筆活動を継続しており、そこでの各人のたどった道をこれらの初期の議論と照らし合わせるのも興味を呼ぶ。

しかし戦後の協同組合論を見てみれば、近藤は一時、商業利潤節約の理論的継承者を得たが[16]、この領域では、現在となっては歴史的使命を終えた中国の合作社やソ連の協同組合への研究へと傾いたものの、本来のフィールドである農業経済学に戻っていった。東畑もまた、吉田内閣の農相としての入閣は固辞したものの、戦後の政府の農業政策に実践的にコミットしつつ、アジア・アフリカの地域研究や経済学史へと研究の幅を広げた。本位田は戦後にも協同組合論をいくつか執筆しているが、消費組合への直接のパッションはかなり背景に退いて、協同組合の教科書的な説明とICA等の国際協同組合運動についての情報の紹介などが主たる研究の色調となり、産業民主主義は戦後民主主義に交替している。

それらはそれで意義のある研究であり、そこでの認識は初期消費組合理論と通底するであろうが、おしなべて

問題を残したまま消費組合というテーマから離れていったという感は否めない。しかし、現実の生活協同組合が課題をかかえつつ展開しており、その担うべき役割を考えるとき、これらの初期消費組合理論は消費組合の原点と、それが常に直面しなければならない状況をより鮮明に示していると思われる。言い換えれば、問題の本質は変わっていないということであろうか。

まず近藤の「商業利潤の節約」について、現代では資本主義は当時とは異なる著しい変貌を経てきているが、資本主義である以上、現在の消費生活協同組合もこの規定をはっきりと受けている。とりわけスーパーマーケット的店舗、置かれている商品のかなりの部分を占める私企業の生産物を見るにつけ、むしろ組合の側から産業資本へと身をすり寄せていく感さえある。この点は近藤に素直に耳を傾けなければならないし、この傾向はどこかで合意による転轍を必要とする。

しかし、近藤のこの経済理論に拘泥するならば、消費組合は非デモクラティックなモスクワ型へと帰結するほかない。「階級的基礎を持たない消費組合は国家の支配を受けやすい」というのは大政翼賛会の経験にのみ当てはまるのではない。そこで近藤が論争の中で見落とした、あるいは過小評価した、二つの関連する論点への反省が浮き彫りになってくる。一つは初期消費組合理論が共通して欠落させ今日まで続く「都市と農村の有機的な連携」の問題である。この点については本位田から読み取れる消費概念を転回したうえでの生産者と消費者の結合、あるいは東畑の「特定顧客関係」の近接性の議論にさらに深く対応すべきであった。いま一つはそしてロッチデール以来意識されながらも、状況に流されて内容を突き詰めてこなかった、あるいは外部からの影響で次々に内容を変化させた消費組合における「教育」の問題がある。

国家と結びつきつつも国家を超えている今日の消費問題のありかは、近藤が批判してやまない生産の無政府性と本位田が強調する「消費が社会の目的である」という命題の自己肥大との無媒介的な結合および対立にほかならない。それが資源と環境の問題となってわれわれの前にある。ここで今求められているのは、いくつかの選択肢のなかでも、とくに経済先進国に不可避なものは、安心と安全のための消費のダウンサイジングであり、そこから帰結するところの生産による環境負荷の削減が第一である。そのためにまずは生産者と消費者は顔を突き合わせて問題のありかを確かめ、行動に移す必要がある。そしてそこに「教育」が生きる余地がある。「教育」といってもそれは上からの指導ではなく、さまざまな社会的立場や階層からなる人たちの、正確な情報やデータにもとづいて、自らの生活のありようを反省することをくぐり抜けた合意形成の手続きを作る相互啓発の場所である。ここからは本位田とは異なる意味での自己による「統制」もありうる。ロッチデールの出発における「教育」には少なくともその萌芽——個々の違いを確かめつつ平等という立場を尊重しつつ共同で生活および生活態度を具体的に点検するという契機——が含まれていた。やはりロッチデールは原点であるということの確認が本書の暫定的にして素朴な到達点である。

注

(1) なお、本書における消費組合の剰余金についての私の立場は「利潤」ではないが、以下の論者の説明においてはそれぞれの用語法にしたがう。かれらは戦前戦後を通じて行政にも関わるケースも多く、戦後は協同組合にたいする論調も、社会体制の変化に応じて動いてきているが、本稿では戦後の見解についてはさしあたり考察の外に置く。

(2) 本位田は同じ題名の『消費組合運動』を［本位田 :1921］と［本位田 :1931］の二回にわたって出版している。本章で参照するのは学位論文として執筆された後者である。

(3) 「消費はあらゆる生産の唯一の目標であり目的である。だから生産者の利益は消費者の利益を増やす必要のかぎりにおいてのみ考慮されるべきである」［Smith:1776=1976:660］。

(4) 本位田は欧州(とくにイギリス)経済史を東大で担当していた。産業革命以前の講義内容は、共産村落→荘園→ギルドという段階で説明されており、個人の必要に基づく生産というのは、ここで着想を得ている。

(5) しかし本位田はそれをオウエンのように閉じられたコミュニティにおける生産と消費の統一として実践しようとする意図はない。ちなみにオウエンは消費組合運動には軽蔑的であった。

(6) この異同については[篠崎:2008:99-103]の考証がある。

(7) たとえば次のような記述。「協同組合主義者は共産主義者とはその人生観社会観を異にするを一般とせしが為に、各国において協同組合主義者と共産主義者との関係は概して円滑なるものではない。但し共産主義者が自家の理想を達成すべき一手段として、協同組合を利用せんとすること往々なるをここに一言注意しておく」。[那須・東畑:1932:451]。

(8) 東畑は主に農業を念頭に置いているが「協同組合員の特定性はかれが一定の地域内に可能的に継続して生活する、あるいは居住するということにより て賦与せられる」[那須・東畑:1932:69]として、生活を共通基盤にした地縁団体を協同組合の基本的要件にしている。そのうえでの非閉鎖主義=門戸開放である。特定地域の特定人格というのは行論で示されるように東畑の協同組合論の中心であり、近藤は後に見るようにこれを正面から批判する。地域性についても反証をあげて地域性は協同組合の一つの特徴ですらない[近藤:1935:51]としている。

(9) ここに東畑は詳言を避けてはいるが、協同組合の所得にたいする免税の根拠と考えている[那須・東畑:1932:247]。

(10) 近藤と同じマルクス経済学者である大塚金之助は理論的にはロッチデール型消費組合自体を資本主義的商業そのものとして否定するに至った。ロッチデールの金科玉条である現金売りでなく、掛売を評価したことについてもそれが現れている。本書二一八頁を参照。

(11) 近藤は農村での高利貸を一物一価の等価交換という価値法則に基づいていない略奪者として見ている。「高利貸と商人とが農村において嫌悪されるのは、彼らが一目瞭然たる価値法則の破壊者であるからである。地主および肥料商は農民の生活を破壊することによって自己を破壊に導いたといわねばならない」[近藤:1935:272]。ここに近藤にとっては敵対者であるが品川・平田との共通の認識がある。

(12) 緒方清も近藤とまったく同様の見地から、反産運動は肥料商の失業問題という社会問題として考察すべきであると分析している。産業組合の真の敵は肥料商ではなく資本主義の牙城であるカルテルやトラストだというのである。このためには肥料商の淘汰、あるいは協同組合化は避けられないというのが緒方の見解である。だからといって自分は産業組合の提灯持ちではないのであって、「弱者の味方」である産業組合の現状がいいわけはなく、国家の庇護から脱して「自助主義」を貫くべきであると主張している［緒方 :1933a:347-9］。同様の趣旨は［緒方 :1933b:371］にもある。

(13) 近藤は反産運動については商業と商人の区別に強く注意を促す。直接の利害関係から行為する商人の行動に直接対応するのではなく、経済システムのなかでその客観的な役割を読み解こうとする方法態度であり、これは確かに本位田や緒方らの他の論者には欠けている。

(14) この点から近藤と東畑の親近性を論じたものとして［篠崎 :2008: 第3章］。

(15) 産業組合という名称自体の不適切さについてもほとんどの学者の共通認識であった。「近時の名称に改正の提案者は上田貞次郎氏本位田祥男氏等であろう。産業組合の為すところは単に産業に限るのではない。英国における供給組合、独逸における経済組合に該当するものもこれに含まれているのである。この意味においても協同組合の名称が適切であり、かつ一層協同の事実を想起せしめえるであろうからである」［那須・東畑 :1932:53-4］。上田の主張については［上田 :1925a］を参照。近藤もまた「産業組合という言葉は我が国の実際においては用い慣らされているけれども、この運動を理論的に、客観的に、したがって世界的に考察するには適当でない」［近藤 :1935:2］と著書の冒頭において述べている。

(16) ［井上 :1949］、［井上 :1972］、［三輪 :1960］など。

あとがき

おもいっきり単純にいうと、それぞれの生活に立ち向かい、政治や経済に対してさまざまな考えをもちつつも、ほとんどの人びとが不安に脅かされることもなく自分なりに納得のいく毎日を過ごしたいと希っているのに、どうしてそこから持続不可能な社会、しかも争いにまみれた社会という状況=危機にわれわれは投げ込まれているのか、そしてそれを何とかしたいというのが本書執筆の動機である。

答えに至る道すじはいろいろあるだろうけれど、私は「都市的消費についての合意形成」と問題を立てた。そして歴史に学び、現代と対話させてみた結果がこれである。歴史をかなりダイレクトに現代に接続させるのは問題もあろうかと思う。歴史とは現在の構造を総体として認識する過程である、というのが本書に向かう私の方法態度であるとことわっておきたい。

きっかけは片山潜だったと思う。二〇年ほど前のことである。革命家としておのれの価値観を人類全体の幸せに至る道と信じ込んで人びとに訴え、指導していくというイメージのあったこの人が、都市市民が生活に向きあう場面のこまごましたことに心を配り、そこから今に通ずる日本社会の病弊を欧米との比較を通じて的確に掴みとっていたこと、そしてその克服のために消費組合運動に先鞭をつけていたことに出会ったのは大きかった。そしてそこから消費組合運動家群像や諸理論を掘り起こすことになっていった。もうひとつのきっかけは、まったく文脈は違うが、勤務先の近畿大学日本文化研究所の叢書刊行にここ一〇年ほどかかわっていたことである。毎年一本ずつ原稿を提出しているうちに、考えが少しずつまとまってきて、加筆修正、全体の組み直しのうえに本書になった。怠惰遅筆のいいわけかもしれないけれど。

そしてこれらを契機として、ヴェーバーや欧米の社会学理論を中心にしてきた私の研究テーマが「日本社会」へと少なからず旋回していった。他方でそちらの社会研究、都市研究も続けてはいるが、それが方法的、内容的に本書に生きているかどうかはわからない。あるいは教師になりたてのころにかかわった愛知県労働運動史の遠い亡霊が顔をのぞかせていることもあるかもしれない。

ただ、それぞれの事情をかかえた個人が、その存在を全うすることによって社会という共同性を紡いでいくには――といったふうに極めて抽象的にしかいえないけれど、このような問いは一貫していたように思う。そして政治的党派、労働組合、地域の自治会、会社や学校の諸組織、さまざまなサークル活動……どれも大切だが、社会運動としての「消費組合」に、そのような問題の立て方においては答えに近づく可能性が最もあると思われたのである。そしてここから政治経済社会を問い直す道が開けるはずだとも思う。だがその具体性は描ききれていない。ヴェーバーの「買い物をするとか、暮らしの心配をすることを望む以外にこれといってお互いに共通するものを持たない人びとを糾合することは、極度に困難であります」(社会主義)という言葉を胸に刻みながら歩みを続けていこうと思う。

叢書以来ずっと風媒社の林桂吾さんの短いひとことふたことが、自問しつつ前に進むきっかけとなることが多々あった。お礼を申し上げます。

二〇一五年一〇月

堀田 泉

岡本生［1922.2b］「新社会だより」『新組織』第四巻第一号
岡本利吉［1922.3］「消費組合と其連盟」『新組織』第四巻第三号
岡本利吉［1927］「消費組合論」『社会問題講座第四巻　社会学及雑篇』新潮社
岡本利吉［1929］『規範経済学』平凡社
岡本利吉［1931.a］『人間理学（人生問題総解決）』純真社
岡本利吉［1931.b］『農村問題総解決』純真社
岡本利吉［1934］『美教と人間論』建設社
岡本利吉［1938］「真の日本精神」『日本及日本人』三五九号

岡本利吉［1920.7b］「官営事業の組織改造」『新組織』第二巻第七号
青空学人［1920.7c］「大阪鋳鋼所の職工自治」『新組織』第二巻第七号
無署名［1920.9a］「屋外労働者とギルド」『新組織』第二巻第九号
青空学人［1920.9b］「ロバート・オーエンと共働組合」『新組織』第二巻第九号
無署名［1920.10a］「団体主義の提唱」『新組織』第二巻第一〇号
岡本利吉［1920.10b］「労働組合幹部と直接行動」『新組織』第二巻第一〇号
青空学人［1920.10c］「ロヂデールの共働組合開拓者」『新組織』第二巻第一〇号
岡本利吉［1920.11a］「社会美の追慕」『新組織』第二巻第一一号
青空学人［1920.11b］「卸売共働組合（C.W.S）の大事業」『新組織』第二巻第一一号
岡本利吉［1920.11c］「或る特志家の計画」『新組織』第二巻第一一号
無署名［1921.1a］「団体主義と企業立憲」『新組織』第三巻第一号
岡本利吉［1921.1b］「腐敗せる支配階級」『新組織』第三巻第一号
青空学人［1921.1c］「労働組合の発生史」『新組織』第三巻第一号
青空学人［1921.2a］「同職労働組合の発達史」『新組織』第三巻第二号
無署名［1921.3b］「労働の世界」『新組織』第三巻第三号
青空学人［1921.3c］「教育改造の偉人」『新組織』第三巻第三号
無署名［1921.4a］「主張」『新組織』第三巻第四号
岡本利吉［1921.4b］「組織的運動」『新組織』第三巻第四号
青空学人［1921.4c］「労働組合の政治的活動」『新組織』第三巻第四号
無署名［1921.5a］「正義の観念下層より興る」『新組織』第三巻第五号
岡本利吉［1921.5b］「支配階級の総腐敗」『新組織』第三巻第五号
岡本利吉［1921.6a］「分離運動連盟」『新組織』第三巻第六号
青空学人［1921.6b］「労働組合の新運動」『新組織』第三巻第六号
無署名［1921.7a］「主張」『新組織』第三巻第七号
岡本利吉［1921.7b］「霊性に立脚せよ」『新組織』第三巻第七号
無署名［1921.8a］「主張」『新組織』第三巻第八号
岡本利吉［1921.8b］「平等だけが真理」『新組織』第三巻第八号
青空学人［1921.8c］「目下の労働組合の新運動」『新組織』第三巻第八号
岡本利吉［1921.9a］「社会監視」『新組織』第三巻第九号
青空学人［1921.9b］「働かずに食へるか」『新組織』第三巻第九号
岡本利吉［1921.10a］「大坂共働社の設立から」『新組織』第三巻第一〇号
岡本利吉［1921.10b］「社会監視」『新組織』第三巻第一〇号
青空学人［1921.10c］「自由競争とは何か」『新組織』第三巻第一〇号
岡本利吉［1921.11a］「アナーキズムとボルセビズム」『新組織』第三巻第一一号
青空学人［1921.11b］「需要供給の詐欺哲学」『新組織』第三巻第一一号
岡本利吉［1921.12a］「正義に立脚せよ」『新組織』第三巻第一二号
岡本利吉・平澤計七［1921.12b］「社会監視」『新組織』第三巻第一二号
青空学人［1921.12c］「愛憎の解剖」『新組織』第三巻第一二号
岡本生［1921.12d］「新社会だより」『新組織』第三巻第一二号
岡本利吉［1922.1］「人物非崇拝」『新組織』第四巻第一号
岡本利吉［1922.2a］「優生学に立てる人々」『新組織』第四巻第一号

消費組合論に関わる岡本利吉の著作

『新組織』について

・青空学人は『新組織』における岡本のペンネームである。同一巻号で岡本署名の著作が掲載されている場合にしばしば使用されている。岡本の心情を込めた名前でもあろう。
・岡本の無署名の文章は毎号のように掲載されているが、はっきり岡本の手になるとわかるもののみを掲げた。コラム的なものは除いてある。
・第二巻第一二号は発売禁止になり入手できない。

岡本利吉［1918.9］「積立労働保険」『大阪朝日新聞』→岡本利吉［1919.3］に収録
岡本利吉［1918.10］「防貧問題の基礎的研究」『社会と救済』→岡本利吉［1919.3］に収録
岡本利吉［1918.11］「労働問題と其の解決」『日本及日本人』→岡本利吉［1919.3］に収録
岡本利吉［1918.12a］「積立労働保険と其経営」『社会と救済』→岡本利吉［1919.3］に収録
岡本利吉［1918.12b］「防貧問題と積立労働保険」『日本及日本人』→岡本利吉［1919.3］に収録
岡本利吉［1919.3］『企業組織と労働保険』（企業立憲論集第二）文雅堂
岡本利吉［1919.10a］「企業組織改革の急務」『新組織』第一巻第一号
青空学人［1919.10b］「米国の工場立憲」『新組織』第一巻第一号
岡本利吉［1919.11a］「法治国を完成せよ」『新組織』第一巻第二号
青空学人［1919.11b］「工場に於ける労働代表制度」『新組織』第一巻第二号
岡本利吉［1919.11c］「労働文学の新工夫」『新組織』第一巻第二号
青空学人［1919.12a］「我国の模範工場」『新組織』第一巻第三号
岡本利吉［1919.12b］「労働文学に就いて」『新組織』第一巻第三号
無署名［1920.1a］「新しき太陽を迎へて」『新組織』第二巻第一号
青空学人［1920.1b］「米国工場立憲の範例」『新組織』第二巻第一号
青空学人［1920.2］「独逸の労働会館」『新組織』第二巻第二号
青空学人［1920.3］「大阪鉄板会社其他の立憲施設」『新組織』第二巻第三号
岡本利吉［1920.4a］『農業改造論』（企業立憲論集第三）企業立憲協会出版部
青空学人［1920.4b］「活道徳と活宗教」『新組織』第二巻第四号
岡本利吉［1920.5a］『農業改造論』企業立憲協会出版部
岡本利吉［1920.5b］「選挙の取締を人民に移せ」『新組織』第二巻第四号
青空学人［1920.5c］「企業立憲の世界的先駆」『新組織』第二巻第五号
無署名［1920.6a］「分配平等の原理」『新組織』第二巻第六号
無署名［1920.6b］「産業改造の為に奮起せよ」『新組織』第二巻第六号
岡本生［1920.6c］「農商務省労働組合法案を排す」『新組織』第二巻第六号
岡本利吉［1920.6d.］「労働不安と植林運動」『新組織』第二巻第六号
青空学人［1920.6e］「商人国を滅ぼす」『新組織』第二巻第六号
無署名［1920.7a］「分配不平等の合理的範囲」『新組織』第二巻第七号

――――［1962］『新版協同組合の理論』御茶の水書房
戸沢仁三郎［1959］「協同組合運動の先駆者」『労働運動史研究』第 18 号
――――他［1963］「座談会　純労働者組合・南葛労働会および亀戸事件」『労働運動史研究』5 月号
――――［1963］「純労働者組合と大震災」『労働運動史研究』7 月号
辻野功［1965］「高野房太郎の思想と生涯」『同志社法学』第 16 巻 6 号
――――［1970］『明治の革命家たち』有信堂
――――［1978］『明治社会主義史論』法律文化社
土田原生［1933］「無党派性と「経営重視」について」『消費組合運動』1933 年 4 月号
上林正矩［1951］「アメリカの消費組合について」『経済集志』第 21 巻 3、4 号
上田貞次郎［1925a］「協同組合の経営について」『産業組合』239 号、大正 14 年 9 月号
――――［1925b］「産業組合か協同組合か」『産業組合』237 号、大正 14 年 7 月号
内田義彦［1967］「知識青年の諸類型」『日本資本主義の思想像』岩波書店
Webb, Sidney & Beatris［1920=1979］Constitution for the Socialist Commonwealth of Great Britain, 岡本秀明訳『大英社会主義社会の構成』木鐸社
――――［1921=1925, 1928］The Consumer's co-operative Movement 山村喬訳『消費組合運動』同人社書店　第 6 章のみ同訳「消費組合の将来」『社会思想全集第 34 巻』平凡社
Weber, Marianne［1926=1965, 1975］Max Weber, ein Lebensbild　大久保和郎訳『マックス・ウェーバー　I　II』みすず書房
Weber,Max［1972］Religionssoziologie, in Wirtschaft und Gesellschaft, 5Aufl. 武藤一雄ほか訳［1976］『宗教社会学』創文社
――――［1920=1972］Zwischenbetrachtung, in Gesammelte Aufsatze zur Religionssoziologie,Bd.1. 大塚・生松訳『宗教社会学論選』みすず書房
山本秋［1982］『日本生活協同組合運動史』日本評論社
山内昭人［1996］『リュトヘルスとインタナショナル史』ミネルヴァ書房
山崎勉治［1928］『消費組合運動概観』文明協会
――――［1932］『日本消費組合運動史』日本評論社
――――［1954-55］「知識人『千石興太郎』の思い出」『農業協同組合』全国農業協同組合中央会 85 号
――――［1960］「賀川豊彦と協同組合思想」『生協運動』日本生活協同組合連合会 4 月号
八島京一［1921］「共働社の設立」『新組織』第 3 巻第 1 号
横山源之助［1954=1899］『内地雑居後之日本』岩波文庫

――――［1933a=1993］「現代に於ける肥料の配給組織と協同的統制の前途」
――――［1933b=1993］「配給論より見たる肥料商の反産業組合運動」
岡田宗司［1970a］「『東洋経済社員』セン・カタヤマ」『週刊東洋経済』1月31日号
――――［1970b］「片山潜と『東洋経済』」『週刊東洋経済』2月7日号
――――編［1970c］『片山潜遺稿　革命的社会主義への道』力江書院
奥谷松治［1973］『増補改訂　日本生活協同組合史』民衆社
大原慧［1995］「日本の社会主義―片山潜の思想形成」『片山潜の思想と大逆事件』論創社
大河内一男［1972］『幸徳秋水と片山潜』講談社現代新書
大嶋茂男［1998］『永続経済と協同組合 第二版』大月書店
大塚金之助［1931=1981a］「消費組合運動と生計費調査」『大塚金之助著作集第3巻』岩波書店
――――［1931=1981b］「非常時の生計客間開放の会」『大塚金之助著作集第3巻』岩波書店
大山要吉［1932, 1933］「消費組合とその他の大衆団体との関係に就いて（一）（二）」『消費組合運動』1933年10、11月号、1933年新年号
大和田茂［2002］「岡本利吉と平澤計七――オルタナティブへの志向と挫折」『初期社会主義研究』第15号
大和田茂・藤田富士男編［2003］『平澤計七作品集』論創社
Riesman, David［1964=1968］Abundance for what? 加藤秀俊訳『何のための豊かさ』みすず書房
労働運動史料委員会編［1897～1901=1960］『労働世界（復刻版）』中央公論事業出版
産業組合中央会［1925］『産業組合調査資料第九』
佐々木専三郎［1974］「“純粋でまじり気”のない労働組合」『アカデミア』（南山大学）第100集（経済経営学編43）
澤口隆志［2009］「賀川豊彦と生活クラブ運動」『at』15号
Schor, Juliet B［1998=2000］The Overspent American. 森岡孝二監訳『浪費するアメリカ人』岩波書店
生活協同組合久友会［1974］『戸沢仁三郎』自費出版
篠崎尚夫［2008］『東畑精一の経済思想』日本経済評論社
Schildgen,Robert［1988=2007］Toyohiko Kagawa. Apostle of Love and Soial Justice. 賀川豊彦記念松沢資料館監訳『賀川豊彦――愛と社会正義を追い求めた生涯』新教出版社
Smith, Adam［1776=1976］An Inquiry into the Nature and Causes of the Wealth of Nations,Vol.2. Clarendon Press.
隅谷三喜男［1960］『片山潜』東大出版会
――――［1968］「片山潜と社会的キリスト教」『日本の社会思想』東大出版会
――――［1995］『賀川豊彦』岩波書店
鈴木正［1959］「史料紹介　片山潜　北米日本人排斥の真相」『歴史評論』第104号
高野房太郎［1997］大島・二村編訳『明治日本労働通信』岩波文庫
鳥飼慶陽［1988］『賀川豊彦と現代』兵庫県部落問題研究所
東畑精一［1948］『協同組合と農業問題』改造社

――――［1967］『わが回想（上・下）』徳間書店
関東消費組合連盟［1930, 1931］『消費組合必携』（上、中巻）鉄塔書院
唐沢柳三［2002］「岡本利吉の思い出」『初期社会主義研究』第15号
河畠修［2011］『福祉の近代史を歩く』日本エディタースクール出版部
加山久夫［2009］「賀川豊彦の“神の国”を考える」『at』15号
木崎喜代治［2004］『幻想としての自由と民主主義』ミネルヴァ書房
北出俊昭［2012］『協同組合と社会改革』筑波書房
小松隆二［1968］「わが国における労働組合思想の生成」『経済学年報』11号（慶応義塾大学）
小南浩一［2000］「賀川豊彦と協同組合運動」『日本法政学会法政論集』第36巻第2号
――――［2009］「賀川の労働運動論と“社会化”主義」『at』15号
近藤康男［1935］『協同組合原論　増補版』高陽書院この初版は前年に発行されたが、本書ではこの増補版を使用する。また『近藤康男著作集第5巻』にも再録されている。
Kublin, Hyman［1959］『明治労働運動史の一齣』有斐閣
――――［1964=1973］Asian revolutionary : the life of Sen Katayama 辻野功ほか訳『アジアの革命家片山潜』合同出版
倉橋正直［2009］「賀川豊彦と満州キリスト教開拓団」『at』15号
栗林輝夫［2009］「不況の中で賀川の神学を再読する」『at』15号
レーニン, ウラジーミル［1936］高山洋吉訳『協同組合論』白揚書館
――――［1966］マルクス＝レーニン主義研究所訳『レーニン全集第一六巻』
――――［1958a］マルクス＝レーニン主義研究所訳『レーニン全集第二六巻』
――――［1958b］マルクス＝レーニン主義研究所訳『レーニン全集第二八巻』
松野尾裕［2008］「賀川豊彦の経済観と協同組合構想」『地域創成研究年報』第3号
松尾洋［1963］「友愛会－総同盟の労働組合化・戦闘化過程と三派の発生」『労働運動史研究』1月号
増田大成［2009］「今、生活協同組合の賀川を問う」『at』15号
南巌［1963.7］「南葛労働会と亀戸事件」『労働運動史研究』7月号
見田宗介［1996］『現代社会の理論』岩波新書
三輪昌男［1969］『協同組合の基礎理論』時潮社
宮川寅雄［1959］「片山潜と戸張孤雁」『歴史評論』第102号
三宅正一［1973］「激動期の日本社会運動史：賀川豊彦・麻生久・浅沼稲次郎の軌跡」現代評論社
中原准一［1972］「産業組合法の制定過程について（序）」『北海道大学農経論集』第28集
成田龍一［1984］「平沢計七と雑誌『新組織』」『大正労働文学研究』6月号
那須皓・東畑精一［1932］『協同組合と農業問題』改造社
日本協同組合学会訳編［1989］『西暦2000年における協同組合［レイドロー報告］』日本経済評論社
二村一夫［2008］『労働は神聖なり、結合は力なり―高野房太郎とその時代』岩波書店
野尻武敏［2009］「賀川豊彦の経済社会体制理論」『生活協同組合研究』2月号
緒方清［1935=1993］『協同組合研究』同文館復刻版

――――［1972］『協同組合論』雄渾社
石橋湛山［1933］「片山潜氏の思ひ出　一　二」『東洋経済新報』11月18日号　25日号
石川旭山［1904a=1972］「消費組合之話」『明治社会主義資料叢書4』新泉社
――――［1904b］「時局と消費組合」『週刊平民新聞』第27号
岩崎正弥［1997］『農本思想の社会史』京都大学学術出版会
城西消費購買組合［1937］『輝かしき今日を築くまで』（組合パンフレット）
角石寿一［1977］『先駆者普意識－岡本利吉の生涯』民生館
kagawa, Toyohiko［1937=2009］Brotherhood Economics, London　加山・石部訳『友愛の政治経済学』コープ出版
賀川豊彦［1921］「自由組合論」『賀川豊彦全集11』キリスト新聞社
――――［1926］「医療組合論」『賀川豊彦全集11』キリスト新聞社
――――［1927］「家庭と消費組合」『賀川豊彦全集11』キリスト新聞社
――――［1936］「キリスト教兄弟愛と経済改造」『賀川豊彦全集11』キリスト新聞社
――――［1940a=1963］「日本協同組合保険論」『賀川豊彦全集11』キリスト新聞社
――――［1940b］「産業組合の本質とその進路」『賀川豊彦全集11』キリスト新聞社
――――［1946］「消費生活協同組合法の制定に際して」『厚生時報』10号
――――［1947=1963］「新協同組合要論」『賀川豊彦全集11』キリスト新聞社
――――、山崎勉治［1936］『国民健康保険と産業組合』成美堂
片山潜生誕一〇〇年記念会編［1959,1960a.1960b］『片山潜著作集第1巻、第2巻、第3巻』河出書房新社　以下『著作集』と表記する。
Katayama, Sen［1899］Co-operative Movement in Japan, in The Labour World, Vol.2 No.7
片山潜［1897a］「演劇論」『国民之友』第351号
――――［1897b=1959］「英国今日之社会」『著作集第一巻』
――――［1897c=1960a］「労働団結の必要」『著作集第二巻』
――――［1899a］「市政と社会主義」『東京経済雑誌』987号
――――［1899b=1960a］「日本に於る労働」『著作集第二巻』
――――［1901a］『渡米案内』渡米協会
――――、西川光次郎［1901b=1951］『日本の労働運動』岩波文庫
――――［1903］「労働問題の将来」『週刊平民新聞』第2号
――――［1903a=1992］『都市社会主義』社会主義図書部、（復刻版）学陽書房
――――［1903b=1955］『我社会主義』岸本英太郎編『片山潜・田添鉄二集』青木文庫
――――［1903c］「労働問題の将来」週刊平民新聞第2号
――――［1907］「北米日本人排斥の真相」『二六新聞』
――――［1908］『消費組合』共同出版組合
――――［1910=1960a］「帝国憲法と社会主義」『著作集第二巻』
――――［1920=1960a］「日本とソヴェト・ロシア」『著作集第二巻』
――――［1925=1960b］「日本の協同組合運動」『著作集第三巻』
――――［1927］「余の日本帰国説に対する妄を弁ず」『實業之世界』12月号
――――［1930=1960b］「タタール共和国の一〇年祭」『著作集第三巻』
――――［1948］『搾取なき社会への熱情：親愛なる同胞に訴う』国際出版
――――［1954］『自伝』岩波書店

引用文献

安部磯雄［1901］『社会問題解釋法』東京専門学校出版部
安保則夫［2007］『近代日本差別形成史の研究』明石書店
Barou, Noah［1936=1988］Co-operative Insurance 水島一也監修『協同組合保険』共済保険研究会
Bauman, Zygmund［2005=2008］Work, Consumerism and the New Poor 伊藤茂訳『新しい貧困：労働、消費主義』青土社
Beck, Ulrich［2002=2010］Das Schweigen der Worter, Shurkamp 島村賢一訳『世界リスク社会論』ちくま学芸文庫
Featherstone, Mike［1991=2003］Consumer Culture and Postmodernism 小川・川崎編著訳『消費文化とポストモダニズム』恒星社厚生閣
藤井絢子編［2004］『菜の花エコ革命』創森社
藤田富士男・大和田茂［1996］『評伝　平澤計七』恒文社
呉世煌［1971］「アメリカにおけるコンシューマリズム（三）」『中京商学論叢』第18巻2号
Habermas, Jurgen［1981=1987］Theorie des kommunikativen Handels 丸山ほか訳『コミュニケーション的行為の理論（下）』未来社
花田達朗［1996］『公共圏という名の社会空間』木鐸社
橋浦泰雄［1933］「消費組合の無党派性について」『消費組合運動』1933年全国大会号
本位田祥男［1921］『消費組合運動』国分堂書店
―――［1926］『消費組合巡礼』日本評論社
―――［1931］『消費組合運動』日本評論社
―――［1936］『協同組合研究』高陽書院
―――［1973］『生活協同組合論』日本評論社
Holyoak, George J.［1892=1968, 1925］Self-Help by the People: History of the Rochdale Pioneers 協同組合経営研究所訳『ロッチデールの先駆者たち』財団法人協同組合経営研究所、『ロチデール消費組合の先駆者』産業組合中央会
本間照光・小林北一郎［1983］『社会科学としての保険論』汐文社
本間照光［1992a］「賀川豊彦の協同組合保険への軌跡と論理」『研究年報経済学（東北大学）』第53巻第4号
―――［1992b］「賀川豊彦の協同組合保険論」『北海学園大学経済論集』第39巻第4号
井口一夫［1933］「消費組合の無党派性について」『消費組合運動』1933年4月号
池田信［1972］「高野房太郎と社会政策思想」『社会科学論集』（大分大学）
―――［1971］「片山潜における労働運動論の展開」『社会科学論集』（大分大学）第29号
今井義夫［1988］『協同組合と社会主義』新評論
稲生典太郎編［1992］『内地雑居論資料集成五（復刻版）』原書房
井上晴丸［1949］『日本協同組合論』研進社

て

と

な

に

は

ひ

ふ

へ

ほ

み

ゆ

り

れ

ろ

さ

し

せ

た

ち

つ

事項索引

人名索引

［著者略歴］
堀田 泉（ほった・いずみ）
1949年生まれ。
近畿大学総合社会学部教授
著書『モダニティにおける都市と市民』（御茶の水書房、2002年）
編著『交響する空間と場所』（法政大学出版局、2015年）
『21世紀社会の視軸と描像』（御茶の水書房、2004年）
『「近代」と社会の理論』（有信堂、1996年）など。

装丁／三矢千穂

消費組合論――「消費」の再定義に向けて

2016年2月5日　第1刷発行　（定価はカバーに表示してあります）

著　者　　堀田　泉

発行者　　山口　章

発行所　名古屋市中区上前津2-9-14　久野ビル
電話 052-331-0008　FAX052-331-0512
振替 00880-5-5616 http://www.fubaisha.com/
風媒社

乱丁・落丁本はお取り替えいたします。　＊印刷・製本／シナノパブリッシングプレス
ISBN978-4-8331-0570-5